단소리 쓴소리
세상 그리고 사람 이야기

울산제일일보 김정주 논설실장의

단소리 쓴소리
세상 그리고 사람 이야기

김정주 | 金貞柱

canon

목차

1장 울산, 나의 울산

십리대밭 탐사	017
7월 6일, 북구청 대회의실	019
'울산의 지명'과 민긍기 선생	022
조각 공원, 그리고 울산	024
'왕버들 마당'	027
늦가을의 산책	029
주민들의 잔치 '골목 페스티벌'	031
어떤 안택제(安宅祭)	034
'울산 아가씨'	037
울산왜성과 '동백소녀'	039
'울산 영웅 71호'	042
'울산축구회' 44돌 행사	044
철새마을 스탬프 투어	047
충의사의 새해 해맞이	050
지역 인물 탐구 붐	052
'부울경 메가시티 합창단'	055

2장 사람 그리고 緣

큰스님과의 대화… 한지(韓紙) 上	061
큰스님과의 대화… 한지(韓紙) 中	063
큰스님과의 대화 下…통도사의 비사(秘史)	066
'마두희(馬頭戱)'축제에서 만난 사람	068
두 종교 지도자의 만남	071
문재인-노무현과 송기인 신부	074
외솔의 또 다른 모습	076
'울산 출신' 이정미 전 헌법재판관	079
성파 큰스님의 눈에 비친 울산 (上)	082
성파 큰스님의 눈에 비친 울산 (下)	084
송당(松塘)이 시집 선뵈던 날	087
어느 시인의 죽음	089
김오랑 중령과 백영옥 여사	092
15대 종정 스님과의 대화	095
유흥식 대주교와 통일부 논쟁	097
'괴짜 신부' 홍창진	100
휠체어에 의지한 서정자 여사	102
'옥수수 박사' 김순권	105
안산시장 윤화섭	108
한 우물 10년… '태화강 조류 조사'	110

3장 자연 그대로, 도로 제자리로!

"아롱아, 고마웠어"	117
탑골샘 나들이	119
바위그림과 그림문자	122
신음하는 대곡천	124
병상에 드러누운 암각화	126
보존 과학 옷 입는 반구대 암각화	128
방기리 알바위	131
플라스틱 조화	133
서운암의 바위그림	136
두꺼비 순찰대	139
백로를 처음 보았다는 학생들	142
플라스틱을 삼킨 해파리	144
물 문제에 대한 세 가지 궁리	147

4장 정치 그리고 국제

대통령 시계	153
宋 시장의 고뇌	155
달빛 동맹	158
류석춘, 사사카와 그리고	161
기시 노부스케	163
의전 혁신	166
인지부조화(認知不調和)	169
길거리 미터	171
'We are Asan.' (우리가 아산이다.)	174
'낭랑 18세'	176
'튀르키예'라는 나라	179
전범기의 재활용	182
탐험가 앤드류스와 장생포	184
일인(日人) 소설가 눈에 비친 장생포 사람들	187
평화 프리허그	190
<사운드 오브 뮤직>과 2·8 독립선언	193
레밍의 부활	195
올해의 신조어 '더불어한국당'	198
'평화·평등'의 상징 UN 기념공원	201
로비와 비리 사건	203
대필 정치(代筆政治)	206
피감기관의 접대	209

5장 역사 그리고 진실

태화루에서 들어본 '태화루 역사'	215
울산왜성을 바라보는 눈 (上)	217
울산왜성을 바라보는 눈 (下)	220
동상, 그리고 시대정신	222
김대건 신부 탄생 200주년과 희년(禧年)	225
램지어의 헛소리와 그 배후	227
희미한 그해의 5.18	230
부정(不正)한 기억의 소환	233
'서전병원'에 대한 추억	235
'박상진 역사공원'에 대한 고민	238
<올드 랭 사인> & '에키타이 안'	240
부림사건, 그 마침표	243
우리에게 베트남은?	246

7장 삶 속의 문화

전통 한지의 재발견	315
닥나무 심은 까닭	317
대공연장에 울려 퍼진 가곡 <물레방아>	320
사라진 통도사 수중 전시물	323
나훈아 현상	325
"민화, 한국화라 불러라"	328
어느 콘서트	330
'솔베이지 송'	333
아픈 고백. 그 이후	336

6장 세상 사는 이야기

호칭의 변화	253
진정한 성탄절	255
'눈 뜨고 코 베이징'	258
"종교는?" "무교(巫敎)이지요"	260
'월월정(月月停)' 유감	263
흰 소와 칡소, 그리고 흑우	266
결혼인턴제 유감	268
쉬운 공공언어	271
'확찐자'	273
"이 또한 지나가리라"	276
왜색 짙은 응원 구호 '화이팅'	279
호쾌대활(好快大活)	281
"여자도 놀 줄 안다"	284
어감(語感)이 바뀐 이름들	287
'워터파크'를 '물놀이 공원'으로	290
부활절 달걀(Easter Eggs)	293
장묘문화의 새 흐름 '흙장'	295
버스 도우미 그리고 옥천	298
해운대 옛 철길을 걷다가	301
아리송한 법조문들	303
'글 쓰는 판사' 문유석	306
술 취하면 더 엄하게 해야지	309

칼럼집을 내면서

책 출간은 난생처음 치르는 통과의례와도 같은 것이다. 주변의 권유도 있었고 또 칠순 고개를 넘겼으니 세상 살다 간 흔적이라도 남겨야겠다는 욕심이 용기를 갖게 했는지도 모른다.

몇 해 전, 일주일에 한 차례 칼럼을 쓰기 시작할 무렵, 연재 칼럼 명패 달기에 앞서 주변의 조언부터 구했다. 몇몇 제안 중에 은근히 마음을 끄는 것이 있었으니, 그것은 '쓴소리 단소리'란 명패였다. 울산제일일보에 실린 연재 칼럼 '단소리 쓴소리'는 그런 과정을 거쳐 바깥세상에 이름을 알리게 되었다. '쓴소리'보다 '단소리'를 앞세운 것은, 칼럼을 쓰는 내내 쓴소리로 얼룩진 세상보다 단소리로 가득 찬 세상을 바라는 마음이 간절했기 때문이기도 했다.

책을 펴내는 과정에서 귀한 인연 '도서출판카논'에 글 보따리를 맡기기로 했다. 교열부터 순서를 매기는 뒷손질까지 출판사에 부탁했다. 600편 남짓한 칼럼 가운데 115편을 먼저 간추려 실으면 좋겠다는 전갈이 왔다.

첫 칼럼집의 초점은 주로 '울산 지역의 수려한 자연경관과 문화적 가치, 그리고 가슴 따뜻한 울산 사람들'에 맞춰져 있다. 글 속의 등장인물 대부분은 마음만 먹으면 지금이라도 대면할 수 있는 분들이고, 그래서 신경이 더 쓰였다. 의도와는 달리 필자가 쓴 글로 인해 마음에 작은 상처라도 입지 않을까 해서였다.

10월이면 필자가 울산에 둥지를 튼 지 27년 반이 된다. 울산시가 광역시로 승격되던 해인 1997년 4월 19일, '한울신문' 창간 식구의 한 사람이 된 김에 울산에 보금자리를 마련했고, 그때부터 단 한 번도 떠난 적이 없으니 "나는 울산 사람"이라고 자신 있게 말할 수 있다. 어쩌면 필자가 태어나 고교까지 다녔던 부산보다 울산을 더 사랑할 수밖에 없는 이유가 여기에 있는지도 모른다.

여권 사진과도 같았던 '단소리 쓴소리'가 소리를 멈춘 지 2년이 다 되어 간다. 그렇다고 절필(絶筆)을 결심한 것은 아니다. 과거 신군부의 군홧발에 짓밟힌 '해직기자'의 한 사람으로서. 더러는 씁쓸한 '언론밥'을 '정론직필(正論直筆)'의 한결같은 일념으로 먹어온 지난 세월 동안 필자는, 단 한 순간이라도 투철한 기자 정신을 망각한 적은 없었다.

부족한 글이 한 권의 책으로 나오기까지 격려와 도움을 주신 임 채일 사장을 비롯한 울산제일일보 가족 여러분과 울산지역 언론인, 그리고 도서출판 카논 임직원에게 다시 한번 감사의 말씀을 전한다.

2024년 10월, 글쓴이 김정주

1장

단소리 쓴소리
세상 그리고 사람 이야기

울산, 나의 울산

심리대밭 탐사 017 | 7월 6일, 북구청 대회의실 019 | '울산의 지명'과 민긍기 선생 022 | 조각공원, 그리고 울산 024 | '왕버들 마당' 027 | 늦가을의 산책 029 | 주민들의 잔치 '골목 페스티벌' 031 | 어떤 안택제(安宅祭) 034 | '울산 아가씨' 037 | 울산왜성과 '동백소녀' 039 | '울산 영웅 71호' 042 | '울산축구회' 44돌 행사 044 | 철새마을 스탬프 투어 047 | 충의사의 새해 해맞이 050 | 지역 인물 탐구 붐 052 | '부울경 메가시티 합창단' 055

십리대밭 탐사 | 2020.09.13.

말 그대로 '쑥대밭'이었다. 큰바람(태풍)이나 큰물(홍수)이 지나갈 때마다 둘러보는 게 습관이었지만 이번 태풍의 뒤끝만큼 처참한 광경을 눈여겨본 적은 한 번도 없었다.

약속은 토요일(12일) 오후 3시로 정했다. 코스는 십리대밭교~태화강 십리대숲 산책길(중구)~오산못~만회정~가칭 '오산인도교'~철새공원(남구)~태화강 전망대로 잡았다. 태화강 십리대밭 탐사가 드디어 시작됐다. 거의 2시간이나 걸렸다. 남구 둔치와 회오리(나선형) 다리를 지나 십리대밭교에 올랐다. 그 순간 두 손이 모자에 갔다. 다른 사람도 몸놀림이 비슷했다. 강풍 특보도 없었는데 왜 이렇게 세지? 문득 '바람과 해님'이 내기하는 동화가 생각났다. 뜻이 '해신(海神)'이라는 10호 태풍 '하이선'도 떠올랐다. '쑥대밭'의 원인을 대부분 '하이선'에서 찾으려 했기 때문이다.

신기하게도 십리대밭교 아래에선 바람이 잠잠했다. 다리 위에서 체감한 바람은 강바람이 분명했다. 우산을 챙겨왔지만 얼마 안 가서 접기로 했다. 주말 대숲과 강변으로 산책 나온 시민들의 발길이 꾸준히 이어지고 있었다. 그때마다 휴대전화 셔터로 기록을 남겼다.

'정비의 손길'이 한바탕 스치고 지나간 덕분일까? 강변 산책길은 비교적 말쑥했다. 드문드문 피어있는 코스모스꽃 몇 잎이 강아지풀 더미 속에서 살포시 얼굴을 내밀고 있었다. 그러나 대숲은 겉과 속이 달랐다. 갈가리 찢기고 기억 자로 꺾이고 큰 대자로 드러누운 대나무의 잔해들이 시야를 점령하기 시작했다.

얼마나 시달렸으면 허연 속살까지 다 드러났을까? 가슴이 먹먹해져 왔다. 중구 태화동 주민들이 범서읍 서사마을에서 옮겨다 심었다는 '맹종죽(孟宗竹) 군락지'도 예외가 아니었다.

연상언어가 꼬리를 물고 부들 가루처럼 피어올랐다. '폭격 맞은 한강철교', '조물주의 저주', '자연의 심술', '아마추어의 설치미술', '중세 병정의 창검놀이'…? 순간 '꺾일지언정 휘지 않는다.'던 대나무의 생태 풀이가 거짓말로 들려왔다. '대한민국 20대 생태관광지', '울산 12경 십리대숲'의 한가운데로 난 대숲 산책로는 제멋대로 휜 대나무들로 치장한 '아치형 사열대' 전시장 같았다.

휴대용 줄자를 꺼냈다. 톱자국이 난 대나무의 지름이 궁금했다. 어른 주먹만큼 큰놈은 줄잡아 8~9cm. 그런데 이게 웬일? 어른 손가락만 한 오죽(烏竹)들은 의외로 말짱했다. 어느 생태 전문가의 말이 스쳐 지나갔다. "대나무는 억지로 솎아내면 큰일 납니다. 은폐처가 못 되니 새들도 보금자리로 삼을 수 없고…." 반론의 여지는 찾아봐도 없었다.

태화강 국가정원 대숲 간벌(間伐)의 본보기가 됐다는 전남 담양군 '죽록원(竹綠苑)'도 비슷한 태풍 피해를 겪었을까? 그런저런 상념에 잠겨있을 무렵 흥미로운 안내판 하나가 시야에 들어왔다. '임금님 귀는 당나귀 귀!' 'AR 동화 사용 방법'이란 부제도 달렸다. 시에서 누구 들으라고 단 안내판일까?

오산 만회정(晚悔亭) 가까운 십리대숲 초입. '2004년 6월 9일'이란 날짜도 선명한 '에코폴리스 울산 선언'이 객을 반겼다. 바위에 새긴 세 가지 다짐을 셔터로 담았다. 두 가지 다짐은 이랬다. "△우리는 모든 분야에서 환경과 자연생태계를 최우선적으로 고려해 지속 발전이 가능한 도시로 만드는 데 최선을 다한다. △우리는 아름다운 자연환경을 보전하고, 훼손된 생태계를 복원하여 잘 가꾸어진 자연자산을 후손에게 물려준다."

남구 쪽 피해 정도는 그나마 적은 편이었다. 어느 쪽이든 '국가정원'이라면 뒤처리도 빨라야 한다는 생각이 들었다. 내친김에 백서(白書)도 남기라고 조언해 주고 싶었다.

7월 6일, 북구청 대회의실 | 2018.07.08.

2018년 7월 6일 오후 4시, 울산북구청 대회의실에서 의미 깊은 행사가 열렸다. '한국자유총연맹 북구지회 초대 및 제2대 회장 이·취임식'. 입구는 '북구청 개청 이래 가장 많은' 화환이 행사의 무게감을 더해주고 있었다.

객석 200개가 모자랄 정도로 열기로 가득 찬 행사장. 그러나 개막 시간이 정시를 넘기게 되면서 고개가 갸웃해졌다. 알고 보니 바로 옆 북구문예회관 공연장에서 열린 '양성평등주간

기념행사'와 시간이 맞물린 것이다. 이·취임식은 이동권 신임 북구청장의 도착시간에 맞춰 시작됐다. 구의원과 시의원, 국회의원 등 북구 출신 당선인 전원이 그와 보조를 맞추며 들어왔다. 누런 금배지의 물결이 출렁거렸다.

필자 역시 초대받은 손님의 신분. 하지만 일부러 뒤쪽 자리에 가서 앉았다. 행사장의 전체 분위기를 몸소 느끼고 싶어서였다.

지난 7월 6일 역시 의미 깊은 날이었다. 문재인 대통령이 독일 순방길의 쾨르버(Koerber)재단 초청 연설에서 '베를린 구상'을 발표하던 바로 그날이 7월 6일이었던 것. 베를린 구상의 5대 기조였던 △한반도 평화 △한반도 비핵화 △항구적 평화체제 △한반도 신경제 구상 △비정치적 교류 협력은 고스란히 '4·27 판문점 선언'에 담겼고, 이 구상은 6·12 싱가포르 북미 정상회담의 불씨를 지폈다. 전쟁 종식을 바라는 국민적 염원이 마침내 '한반도 평화와 번영'의 홀씨를 퍼뜨리기에 이른 것.

'아시아 민족 반공연맹 대회'를 계기로 1954년 6월 이승만-장제스에 의해 창설된 이후 64년의 역사를 자랑하는 반공단체 '한국자유총연맹(KFF=Korea Freedom Federation)'. 과연 KFF도 '한반도 평화와 번영'의 바람을 반기고 있을까? 호기심은 마이크를 잡은 몇몇 VIP의 목소리에 귀를 기울이게 했다. 김칠석 신임 지회장은 취임사에서 지난 64년간 자유총연맹이 자유민주주의 수호에 앞장서 온 점을 상기시켰다. 이어 "새로운 글로벌 시대에 부응하는 변화와 쇄신을 위해 회원과 함께 땀을 흘리고 있다."고 힘주어 말했다.

그러나 '27년간의 황무지' 울산 북구에서 지회를 손수 조직한 후 3년간 가꾸고 보살펴 온 신명숙 초대 지회장(여·제6대 시의원)의 이임사는 온도 차이가 컸다. 그녀의 말에는 뼈가 있었다. "제비 한 마리 왔다고 통일이라도 된 것처럼 착각에 빠져선 안 된다. 오늘 대한민국의 존재는 자유총연맹의 호국 역사와 순국선열·장병의 희생이 있었기에 가능했다."

"현 정부의 교육부가 초·중등 교과서의 '자유민주주의' 표현에서 '자유'를 삭제하겠다는 것은 대한민국의 헌법 가치와 국가 정체성을 훼손하는 일이다. 행사장 입구의 반대 서명에 다 같이 동참하자."

박민호 자유총연맹 울산지부장의 치사, 이동권 북구청장의 축사가 끝나자 이번에는 사회자(북구지회 청년회 총무이사)가 프로그램에도 없던 축사를 이상헌 국회의원에게 부탁했다. 순간 장내는 술렁거렸다. 이름을 이재헌으로 잘못 부른 것. 그러면서 양해를 구했다.

"사회가 초짜라서…."

이 의원이 특유의 몸짓으로 일어나 태연스레 마이크를 잡았다.

"사실 오늘은 인사를 안 하려 했는데 이름도 알릴 겸 올라왔다. 우리 북구에는 그동안 진보니 보수니 하며 말이 많았다. 하지만 이제는 정말 (자유총연맹 구호처럼) '국민통합' 시대로 가야 하고, 그래야 북구가 발전할 수 있다. 민주당이 시의원, 구의원, 구청장 자리를 다 차지하게 됐다고 해서 불안해할 것 없다. 까딱없으니 걱정하지 마시고 같이 대화나 하자."

남북, 북미 간 화해 모드가 한창이라지만 울산 북구에는 아직도 냉전논리가 우세한 것 같았다. 두 진영 사이에 실존하는 마음의 크레바스는 언제쯤 메울 수 있을지….

'울산의 지명'과 민긍기 선생 | 2021.03.07.

창원대 명예교수(국어국문학)이자 국가지명위원회 위원이기도 한 민긍기(68) 선생을 알게 된 것은 우연이었다. 울산에서 아스트라제네카 백신을 처음 접종하던 날(2월 26일 오전) 남구보건소에 들른 것이 계기가 됐다.

'접종 현장'에는 취재진 외에 저명인사 몇 분도 눈에 띄었다. 누군가 부르는 소리가 들려 돌아보았다. 평소 면식이 있는 박병석 시의회 의장의 수행비서였다. 그는 의장의 뜻이라며 동승을 청했다. 접견실에서 받아쥔 것은 한 권의 두툼한 책이었다. 나중에 안 일이지만, 이 책의 집필에 쓰인 글자 수는 5천 장이나 됐고, 페이지 수만 690쪽을 헤아렸다.

'도서출판 누리'에서 펴낸 이 묵직한 저서의 이름은 <울산의 지명>이었고, 저자의 이름은 '閔肯基'였다. 고마우면서도 한편으론 궁금증이 생겼다. 이 저서가 어떻게 박 의장의 손을 거쳐 나한테까지 들어오게 됐을까? 지은이는 울산과 어떤 인연이 있을까? 다리를 놓아준 이는 박 의장이 현대차 노조 위원장이던 시절 인연이 깊었다는 모 국회의원의 수석 보좌관 조 아무개 씨였다.

민 선생은 이날 오전 내내 전화를 받지 않았다. 조 보좌관은 민 선생이 원래 그런 분이며, 그래서 얻은 별명이 '공중전화'라고도 했다. 통화는 단념하고 기대도 접기로 했다. 그러던 중 이날 오후 5시 20분쯤 전화가 걸려 왔다. 민 선생이었고 6시간 48분 만의 답신이었다. 둘 사이의 통화는 자그마치 25분 49초를 끌었다. 그의 이실직고는 흥미를 배가시켰다.

알고 보니 민 선생은 '서울 영등포갑' 출신 김영주 국회의원(66)의 부군이었고, 아내 자랑에도 일가견이 있었다. 학생(서울 무학여고) 때는 70년대 국가대표였던 '전설의 가드' 강현숙 선수와 단짝을 이루며 한창 잘 나가던 농구선수였다고 했다. 소개팅으로 만났고 열애 끝에 부부의 연을 맺었다는 얘기도 덧붙였다.

'부부의 출판기념회' 소식이 시야에 잡혔다. '2013년 9월 9일 오후 2시. 국회의원회관 2층 대회의실.' 다음은 초대의 글 일부다. "영등포갑 김영주 국회의원과 창원대 민긍기 교수는 부부입니다. 두 분이 <영등포의 정치와 문화 이야기> 책을 냈습니다. 정치 이야기는 김영주 의원이, 문화 이야기는 민긍기 교수가…."

몇 줄을 더 보태기로 하자. "창원대 국문학과 교수인 남편은 고전을 전공했다. 그동안 자신의 전공을 살려 <역주 창원부읍지>를 집필했고, 경상남도 문화재위원을 맡아 관련 분야 활동도 해왔다. 그런 남편에게 영등포의 뿌리 연구도 좀 해 달라고 했다." 이래서 나온 저서가 <영등포의 역사와 지명 이야기>였다는 것. 이 밖에도 그는 <창원도호부권역 지명연구>, <김해의 지명>, <역주 김해읍지>, <역주 시흥현읍지>도 펴낸 바 있다.

민 선생은 충남 당진에서 태어나 '연세대 국어국문학과'를 졸업하고 여기서 문학박사 학위도 취득한 연세인이다. 그런 그가 <울산의 지명>을 펴낸 까닭은? 단순한 학문적 열정 때문에? 아니면 '창원대 재직 38년'이란 이력이? 책 뒤표지에는 이런 글이 적혀 있다. "<울산호적대장>과 <언양호적대장>을 만나게 된 것은 나에게 크나큰 행운이었다. (이 두 권은) 그 자체로도 엄청난 문화재이지만 … '지명이 문화재'라는 평소의 내 주장을 뒷받침하는 데 조금도 부족함이 없는 자료였다."

조각 공원, 그리고 울산 | 2020.12.20.

공립 조각공원, 그것은 울산문화예술관 소공연장의 서쪽 자투리땅 안에 있다. '자투리땅'이라 했으나 넓이로 치면 만만하게 볼 것이 아니다. 지난 상반기에 전임 관장이 심혈을 기울여 꾸민 야심작이기도 하다.

그는 소공연장의 시야를 가리고 있던 큰키나무들을 과감하게 잘라내고 시원스레 시야부터 틔웠다. 그런 다음 땅을 고르고 고급 잔디를 입혔다. 발판으로 삼을 바닥의 돌은 나름의 의미를 붙여 하트(♡) 모양으로 깔았다. 맨 나중에 모습을 드러낸 것은 이 예술적 전시 공간의 주인공 격인 조각품 다섯 점. 그러나 지금은 눈여겨보는 이가 없다. 과장법을 좀 보태자면, 강아지 한 마리도 얼씬거리는 일이 없다. 새 단장을 마무리한 지 1년도 더 넘었을 옛 '쉼터'처럼 '개점휴업(開店休業)'이란 표현이 딱 들어맞지 않을까.

전임 관장은 이 조각공원에서 수시로 초대전을 열겠다고 벼른 적이 있다. 하지만 코로나 마스크에 가려져서일까, 이젠 그 말도 허공으로 달아나 버린 지 오래다. 물론 코로나19 탓이 제일 클 것이다. 그러나 호사가 중엔 후임 관장의 무관심도 한몫할 거라고 겁 없이 쓴소리를 내뱉는 이도 있다. 반년 가까이 소리 소문도 없이 망각 속으로 빠져드는 걸 보면 '말도 안 되는 헛소리'라고 나무랄 처지도 못 되지 싶다.

이따금 조각공원 앞을 지나칠 때가 있다. 그때마다 작품들은 말이 없었다. 짐짓 말문을 닫은 것일까. 어제도 오늘도 그들은 묵묵부답이었다. 겸연쩍은 구석이 있어서 그랬던 것일까.

하루는 속살을 들여다보고 싶었다. 개장(開場) 초기와 달라진 게 눈곱만큼이라도 있을까 하는 호기심도 한몫 거들었다. 숫자는 변함이 없었다. 작품도 여전히 그대로였다. 이제는 고인(故人)이 된 조각가 정기홍 특유의 '새싹 이미지' 작품 앞에서는 고개부터 먼저 숙였다. 제목은 <자연으로부터-우주>(2008년 작). 나더러 곧잘 '형'이라고 부르던 그의 넋은 지금도 작가(作家)의 혼(魂)을 불사르려 영원의 공간 속에서 끊임없이 헤매고 있는 것은 아닐까.

다른 작품들에 대한 발품도 차례로 팔았다. 흥미로운 사실이 나를 놀라게 했다. 조각가 5인 중 3인이 동일인임을 알게 된 것. 조각가 이인행이 그 중심에 있었다. <도심 속의 꿈-쉼터Ⅲ>(2006년 작), <도심 속의 門-공간>(2002년 작), 그리고 또 한 작품. 나머지 한 점은 제13회 울산미술대전 수상작인 박기준 조각가의 <구조와 개채>(2009년 작)였다.

문득 머릿속에서 어느 지인이 비아냥거리듯 하던 말이 떠올랐다. "아마도 몇몇 작품은 남구문화원 뜰에 방치돼 있던 것을 어찌어찌해서 옮겨다 놨을 겁니다."

엄밀한 계획 하에 옮겨놓은 것이 아니란 말로도 들렸다. 명색이 울산을 대표하는 조각공원이 그 정도밖에 대접을 못 받는단 말인가. 울주군 발리의 민간 정원 '발리동천' 속 이채국 조각가의 개인 조각공원보다 못하다는 생각도 들었다. 울산문화예술회관 여기저기에 흩어져 있던 조각품들을 한자리에 모아 놓은 수고만으로도 찬사를 보내야 할지…. 아직은 정리된 생각이 없다. 이내 '대작(大作)' 소리 들을 만한 지역 작가들의 작품도 적지 않겠다는 생각도 고개를 치켜들었다. 한데, 그런 작품 대부분은 제대로 된 대접은 엄두 밖인 것도 엄연한 울산의 현실이 아니던가. 하다못해 남구 롯데마트 언저리에라도 한 번 가 보시라고 권하고 싶다. 누군가 총대 메는 모습을 보고 싶다. 신임 관장이 그 일을 해낼 수 있을까. 아니면 <새천년의 소리>(2000년 7월 작)의 작가인 현 울산예총 회장이 그 일을 감당해 낼 수 있을까. 고양이 목에 방울 달 사람이 기다려진다.

'왕버들 마당' | 2020.11.15.

　지난 주말, 태화강 둔치와 십리대밭교를 거쳐 국가정원 야외공연장 쪽으로 걸음을 옮겼다. '느티나무 광장'(일명 '느티마당')에서 의연한 자태를 뽐내고 있을 '왕버들'을 가까이서 눈여겨보기 위한 걸음이었다.

　야외공연장 옆 늙은 나무(老巨樹·노거수) 두 그루는 나들이 나온 시민들에게 운치 있고 넉넉한 그늘이 돼 주고 있었다. 그 중에서 좀 더 멋져 보이는 한 그루의 밑동에는, 언제부터인지 알 수 없지만, 나무 이름표를 단 팻말이 보였다. <왕버들/ 버드나무과/ 꽃은 4월에 잎과 같이 피고 암, 수꽃이 딴 그루에 달리며 열매는 5월에 익는다. -울산광역시> 아하, 그렇구나. 거리공연가인 지인 A 씨가 '느티나무 광장'의 이름을 '왕버들 광장'으로 바꾸자고 목소리를 높이던 이유를 이제야 알만하네.

　사실 요즘 SNS에는 그런 그의 목소리에 호응하는 네티즌들이 하나둘 늘어나기 시작했다. 거기에는 "태화강 국가정원의 중심인 '느티나무 광장'의 이름을 백 년 이상 이곳을 지켜온 터줏대감 '왕버들'의 이름을 따서 '왕버들 광장'으로 바꿉시다."

　그러자 그는 곧 이름을 '왕버들 마당'으로 바꾸어 부를 것을 제안했다. '광장(廣場)'보다 순우리말 '마당'이 더 낫지 않겠느냐는 지인의 조언을 흔쾌히 받아들인 것.

　행동파인 A 씨가 15일엔 이런 글을 올렸다.

"△바른 이름 찾아주기 캠페인에 참여하기 … 태화강 국가정원 느티나무 광장의 바른 이름 찾아주기 캠페인 및 작은 음악회에 함께하실 분을 모십니다. △일시=11월 20일(금) 오전 11시~오후 4시. △장소=태화강 국가정원 느티나무 광장…(중략)…△본 행사는 작은 시민 운동입니다. 행사에는 누구나 함께하실 수 있습니다. (행사 관련 문의=010-△△△△-5758)"

알고 보니 그는 그보다 이틀 전인 13일 시 국가정원과에 미리 작성한 행사계획서를 제출하고 승인이 나기만을 기다리는 중이었다. "담당 주무관의 친절한 안내와 따뜻한 배려에 힘을 얻는다."면서도 조바심은 감추지 못하는 듯했다. "오졸 없는 축갱이 짓이란 자괴감이 든다."고도 했다. 자칫 잘못해서 관계자의 자존심이라도 건드릴지 모른다는 걱정에서였을까?

다시 십리대밭교를 거쳐 태화강 둔치로 돌아오는 길목. 이름표와 설명이 큼직한 돌에 새겨진 늙은 나무 한 그루가 시야에 잡혔다. 이름은 '처용 팽나무'였고 설명은 제법 길었다.

"이 나무는 울주군 온산읍 처용리에서 300여 년 동안 자생한 아름다운 팽나무입니다. 처용리 일대에 신산업단지 조성 공사가 시작되면서 사라질 위기에 처한 것을 울산광역시가 이곳에 옮겨 심었습니다. 이 나무가 실향민에게는 향수를 달래고 시민들에게는 자연을 생각하는 상징이 되어 태화강을 더 푸르게 할 것입니다. 자생지=울주군 온산읍 처용리 285-1번지/ 크기=높이 15m, 둘레 3.2m, 수관 15m/ 이식=2009년 4월 10일."

이같이 두 종류의 나무가 각기 다른 대접을 받는 이유는 무엇일까? 순간 머릿속에서 2009년이라면 당시 시장이 누구였더라? 하는 궁금증이 일었고 또 하나의 기억이 떠올랐다. 그 무렵 태화들 샛강(일명 '실개천') 가에 드러누운 늙은 버드나무-'왕버들'이었는지 여부는 알 길이 없지만-를 보기 흉하다 해서 당시 시장 지시로 하룻밤 새 잘라내 파문이 일었던 사실이 되살아난 것. 잘리지 않고 남아있었다면 지금쯤 어떤 대접을…?

어쨌거나 지금 생각은 온통 '왕버들 마당'뿐이다. 시에서 '시민 여론 수렴 후 결론을 내겠다.' 했다니 A 씨의 캠페인 마당에 가서 눈도장이라도 찍어나 볼까?

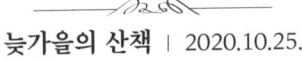

늦가을의 산책 | 2020.10.25.

화창한 늦가을 주말 나들이를 재촉했다. 10월 24일이면 '유엔의 날(United Nations Day)'이기도 해서 오랜만에 부산 고향 동네에서 가까운 '유엔 기념공원'을 찾아갈까 하다가 그만뒀다. 태풍이 두 차례(9호·10호)나 내습했을 때 쑥대밭이 돼버린 태화강 국가정원 십리대숲의 안부가 더 궁금했기 때문이다.

점심나절에 들른 만추(晩秋)의 국가정원은 시민들의 천국. 샛노란 국화꽃밭 사이에서 연신 셔터를 눌러대는 상추객(賞秋客)들부터 '2m 거리'를 애써 지켜가며 텐트촌을 덮어버린 가족 단위 나들이객까지…. 이 모두 방역 당국의 거리두기 완화가 가져다준 또 하나의 축복일까. 그런 생각도 잠시. 눈길을 다른 곳으로 돌려보기로 했다.

　한 달 보름 만에 다시 찾은 중구 쪽 십리대숲. 겉보기에는 아무 일이 없는 듯이 보였다. 하지만 대숲 속은 여전히 상처투성이였다. 휘어지거나 꺾이고, 더러는 비스듬히 또는 수평으로 드러눕고…. 아직 치유의 손길이 미치지 않은 이유를 알게 해주는 안내판 두 개가 눈에 들어왔다. "십리대숲의 건강 회복을 위해 관찰 중입니다.-피해 대나무는 금년 내 제거할 예정임.", "내년 건강한 죽순을 위해 뿌리 생장 휴면기(11~2월) 중 피해 대나무 제거 예정입니다." 모두 '태화강 국가정원'이란 꼬리표가 달렸다.

　나중에 안 사실이지만 울산시는 최근에 2억 4천만 원이나 들어가는 '2020년 십리대숲 태풍피해 복구 사업' 입찰공고를 냈다. 10ha에 이르는 십리대숲 대나무 가운데 강풍으로 넘어지거나 부러진 대나무가 28% 정도라니 그나마 다행일까? 누군가 안내판 글귀의 뜻을 귀띔해 주었다. "쓰러졌다고 대나무를 베어버리면 뿌리 생장에 지장이 생겨 내년에 올라올 죽순까지 영향을 받는 모양입니다."

　발길을 '태화강 국가정원 지정 1주년 기념 야생화 전시회' 쪽으로 돌려 수십 개도 넘는 분재(盆栽)를 감상하기 시작했다. 눈길을 사로잡는 것이 있었다. 모양과 크기가 개다래를 닮았다는 주홍색 어린 감나무 '노아시(老鴉枾)'와 '마디감' 두 가지였다. 코끼리 귀처럼 생긴 알로카시아(=alocasia)를 '알록카시아', '무뉘토란'이라 표기한 것은 왠지 쓴웃음을 자아내게 했다. 피라칸다(pyracantha→피라칸사 혹은 피라칸사스)를 '피라칸샤스나무'라고 이름 붙인 건 또 무슨 조화인가.

다시 발길을 돌려 느티마당 근처 수생식물원 주위를 돌아보았다. 이곳은 십리대숲보다 손질이 덜 갔다는 느낌이 들었다. 작은 새들의 접근을 가로막고 있는 '모네의 다리' 주변이 잡초로 무성해 보이는 이유는? 누렇게 바랜 메타세쿼이아 잎이 흉물스러워 보이는 이유는? 모든 것이 코로나 탓이었겠지, 일손도 모자랐을 거고….

수은주가 한 자릿수로 곤두박질을 한 이날 밤, 공연장 두 곳을 더 둘러보았다. 신문사가 '만남의 다리(울산교)' 아래에서 마련한 '향수 콘서트'와 김외섭 무용단이 태화루에서 마련한 '예인(藝人) 전화앵' 공연이 그것. 갑작스러운 추위도 관객의 뜨거운 호응 앞에서는 꼬리를 내린 밤이었다. 이것도 코로나가 몰고 온 또 하나의 해프닝은 아니었을까?

주민들의 잔치 '골목 페스티벌' | 2017.09.24.

'울산시 동구 중진1길' 골목의 2층짜리 일본식 가옥 '부산이불점'. 오랫동안 이발소였던 이 건물 1층 머리맡에 못 보던 글씨가 나붙었다. '전시실'이란 예쁘장한 글씨다. 그 옆 벽면엔 '방어진항 도시재생 현장지원센터'란 글씨도 돋보이게 붙여놓았다.

겨우 몇 뼘 남짓한 다다미방이 온통 전시품 천지다. 방어진으로 시집온 각국 결혼이주여성들이 일본 가가와현(香川縣) 출신 사카시타 사나에(坂下苗, 47) 씨의 지도를 받으며 만들었다는 갖가지 소품들이 빈틈을 허락하지 않는다. 천으로 모양을 낸 '가자미'는 이 골목처럼 제법 살아 꿈틀거리는 느낌을 준다. '부산이불점 주인 할머니'가 돌아가신 뒤 비게 된 공간을 세를 주고 지원센터로 꾸몄다고 했다.

"'방어진국민학교' 졸업생치고 이불점 하시던 이 댁 모친 신세, 안 진 사람 없을 겁니다. 학생들이 명찰에 이름을 새겨야 했으니까…." 8대째 방어진 토박이라는 김학섭(58, 통장) 씨가 옛날얘기를 넌지시 들려주었다. 또 한 가지 눈길을 끈 것은 이불점에서 마주 보이는 길 건너편 언저리의 공중목욕탕 '장수탕'이었다. 주민들 말을 빌리면 '울산서 제일 먼저 생긴 목욕탕'이다. 일제강점기에 오카야마현(岡山縣) 비젠시의 히나세(日生) 마을 주민들이 집단 어업이민 모양새로 들어와 살던 무렵의 일이라면 100년은 족히 됐을 것이다. 누군가의 입에서 '히나세 골목'이란 말이 튀어나왔다.

200개 남짓한 행사용 의자가 하나둘씩 채워지기 시작했다. 나이 지긋한 할머니, 할아버지들이 의자를 메워 나갔다. 팥빙수도 파는 '밀양 보리밥집' 앞자리까지 거의 다 채워졌을 무렵 너비 6미터, 길이 100미터의 좁다란 골목에도 활기가 되살아나기 시작했다. 저녁 6시쯤 격려사를 마친 권명호 동구청장도 행사를 선 채로 구경을 해야 했다.

이날 행사 '방어진항 골목 페스티벌'은 한마디로 '주민들의, 주민들에 의한, 주민들을 위한' 순수한 마을 잔치였다. 현장지원센터장 겸 총괄기획자인 우세진 울산과학대 교수(공간디자인학부)가 분위기를 전했다. "철저히 주민들이 주인 노릇을 하도록 기획한 행사입니다. 2020년쯤 마무리되는 방어진항 도시재생 사업도 마찬가지고요. 그래서 공식 초청장은 VIP 아무한테도 보내지 않았습니다." 행사장을 찾은 구청장이나 박학천 시의원, 김수종·홍유준 구의원한테도 마찬가지였다고 했다.

방어진항에 남아있는 일본식 가옥은 많아야 여섯 채. 이 가운데 네 채가 '골목 페스티벌'이 열린 중진1길 32번지 일대에 몰려있다. 사업비 지원 정도만 해준다는 권명호 구청장이 '히든 스토리'를 들려준다. "개발 소문이 도니 업자들이 덤벼듭디다. 아파트를 지으면 할머니들이 가실 데가 없잖습니까? 안 되겠다 싶어서 구청 예산(7억 원)으로 골목집 두 채를 얼른 사들였지요."

도시재생 사업은 2년 전 정부가 '국비 50% 지원' 조건으로 내놓은 주민공모 사업. 전국적으로 33건이 선정됐고 '방어진항 도시재생 사업'도 동반 당첨(?)의 행운을 거머쥐었다. '골목 페스티벌'을 기획한 우세진 교수는 이에 힘입어 차근차근 꿈을 키워나가고 있다. 골목 입구의 '장녹수 식당'을 사들여 '사료관'으로 꾸밀 참이다. 내년 1월엔 '제3기 도시재생대학'을 열어 마을활동가를 더 배출할 참이다. 사업 종료 시점엔 다문화 가정도 참여하는 마을기업 3개가 만들어져 있을 것이다. 그동안 도시재생대학 1, 2기 수료생들 가운데 13명이 선진지 견학

(부산 '감천 문화마을', 대구 '김광석 스토리하우스' 등)을 거쳐 마을활동가 자격을 땄고, 7개 팀으로 나뉘어 방어진항 재생의 불쏘시개가 되고 있다.

주민들의 자발적 움직임에 용기를 얻은 '월계수사진관' 집안에선 가업을 4대째 계승할 준비가 한창이다. 20년 전 대구에서 건너온 '오징어 선주' 신추화(여, 55, 마을활동가) 씨는 이런 기대를 내비쳤다. "10년 전만 해도 외지 멸치잡이 배가 20개 선단이나 들어와 불야성을 이루던 우리 방어진항 아닙니까? 이젠 재생 사업이 다시 일으켜줄 겁니다."

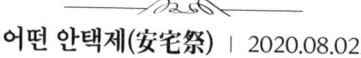

어떤 안택제(安宅祭) | 2020.08.02.

'난생처음'이란 표현이 어울리는 체험이었다. 우리 민속 한편을 눈으로 익히면서 가슴에 갈무리할 수 있었던 것은 뜻밖의 행운이기도 했다. '8월 1일 오후 4시 30분, 울주군 두서면 수정길 167-23, 덕장산방(德藏山房)'. 같이 가자는 제의를 세 차례나 받고 나서야 결심을 굳혔다. 제의해 온 지인과 함께 서둘러 목적지에 도착했다. 마을 분위기부터 살폈다. 여기저기 산허리를 차고앉은 펜션 급 주택 여러 채가 신흥 개발지 분위기를 물씬 풍겼다.

이윽고 식전 행사로 거창한 의식이 하나 열리기 시작했다.

잿빛 승복(僧服) 차림의 승려 네댓 분과 악기가 한데 어울려 내는 엄청난 굉음은 산골 마을 전체를 압도하는 느낌이었다. 어떤 행사일까 싶어 축하 화환에 시선을 꽂았다. '축 입택(祝 入宅)', '축, 갤러리 개관'…. 참, 철제 대문 왼쪽에 '덕장산방'이란 문패가, 오른쪽엔 '알프스 사랑방'이란 문패가 있었지. 겨우 감이 잡히는 듯했다.

이날 주인공은 산방 주인장인 이택우 선생(68, 전 삼원테크 대표이사). 그의 사돈 권영택 대구한의대 겸임교수(62, 풍수지리 전공)가 행사명을 '안택제(安宅祭)'라 귀띔했다. '안택제'라면 음력 정초, 가신(家神)에게 복을 빌고 집안의 평안을 기원하던 척사진경(斥邪進慶) 의식이 아니던가. 그러나 요즘은 폭이 조금 넓어졌나 보다. 일찌감치 초청장을 보낸 김언배 울산대 교수(섬유디자인학과)는 알기 쉽게 '집들이'라고 정의했다. 겸사겸사 마련한 자리였던 것.

신축건물 내실에서 축복(祝福) 의식을 마친 승려들의 탑돌이를 닮은 바깥 돌이 의식이 이어졌다. 대형 목탁 소리와 함께 들려오는 태평소와 소라 나팔 소리가 이채로웠다. '소라 나팔 소리를 다 듣다니!' 식사 시간에 안택제를 주관한 금강 스님(김해 '대법륜사 회주')의 설명을 잠시 들을 기회가 있었다. "티베트에서는 그 두 악기가 기(氣)를 부르는 소리지요."

악귀 쫓는 구실도 겸하는 것은 아닐까. 안택제가 시작될 무렵 건물 바깥 스테인리스 그릇 속에서 쑥이 향을 뿜으며 타던 장면이 문득 떠올랐다. 모기향 구실인 줄 알았는데 그게 아니라 했다. 쌀 위에 얹혀 있던 이 쑥 역시 삿된 것을 몰아내는 척사(斥邪) 의미를 지니고 있었다.

하얀 모시옷 차림의 제관(祭官) 이택우 선생에게 몇 마디 말씀을 청했다. 이날 2부 사회를 잠깐 맡은 김용주 변호사(석남사 신도회장)는 '덕장(德藏)'이 불자 이택우 선생의 불교식 이름(法名, 법명)이라 했다. 덕장 선생이 말했다. "산방 전체는 1천100평, 지은 지 3년째 됩니다. (손으로 가리키며) 이 집(맨 아래채) 2층은 손님들이 오시면 담소라도 나눌 수 있도록 꾸민 사랑방입니다. 1층은 지인들이 오시면 회의도 할 수 있도록 꾸민 회의장인데 방 2개에 찜질방도 있지요. 순수한 게스트하우스라 보시면 됩니다. 가운데 건물은 저희 내외의 안방이 있는 본채이고요. 그리고 오늘 안택제를 지낸 저 건물(맨 위채)은 제가 갖고 있는 그림 200여 점을 전시할 갤러리로 꾸미려고 했다가 제가 전국차인회 고문도 맡고 있어서 차인(茶人)을 위한 차방(茶房)으로 삼기로 했습니다."

그래선지 이날 차 대접 순서에서는 김미숙 지회장을 비롯한 '석정차회' 회원들의 숨은 뒷바라지가 돋보였다. 또 조용수 반구새마을금고 이사장(전 중구청장)을 포함한 '육기회(六機會=울산공고 6회 기계과 동기 모임)' 회원들은 끝까지 자리를 지키며 우의를 과시했다. 다음날 어느 단체대화방에는 이택우 선생을 15세기 이탈리아 르네상스의 주역 '메디치 가문'에 비유하거나 '조선의 메디치'가 되어 창원에서 했던 '메세나 활동'을 울산서도 꾸준히 이어달라는 청을 올리기도 했다.

'울산 아가씨' | 2019.10.20.

　평소 '풍이 좀 센' L 씨가 행사 다음 날 너스레를 떨었다. 18일 오후 억수같이 퍼붓는 빗속에서 열린 태화강국가정원 선포식에서 귀에 익은 노래 '울산 아가씨'가 불렸다는 얘기였다. 사실인 양 노랫말까지 흥얼거리기에 그런 줄로만 알았다. 그러나 이틀 뒤 확인해보니 아니라는 답이 돌아왔다.

　'울산 아가씨'에 대한 설(說)은 좀 구구한 데가 있다. 성악가 조수미·강혜정, 가수 금비단비도 불렀으나 작사가·작곡가가 누구인지도 모르고 넘어가는 것도 그런 이유 때문인지도 모른다. 이유가 무얼까. 울산의 시인 J 씨와 언론인 H 씨의 전언에서 그 까닭을 조금은 헤아릴 수 있었다.

　2005년 7월 20일~25일 북한에서 열린 민족작가대회에 남측대표단 일원으로 참가했던 J 씨는 그쪽에서 입수한 것이라며 '조선의 노래(1995)' 등 3권의 북한 노래집을 사흘 뒤 지역 언론에 공개했다. J 씨는 이 노래집('조선의 노래')에 '울산 아가씨'가 들어 있어 눈이 휘둥그레졌고, 울산이 낳은 시인 서덕출의 '봄 편지'와 가수 고복수의 '타향살이'·'사막의 한'도 같이 수록돼 있어 놀라웠다고 했다. 울산 노래가 북녘에서도 불린다는 사실이 반가웠다는 그는 '울산 아가씨'의 작곡자 '리면상'이 조선노동당 최고인민회의 대의원, 음악가동맹위원장 등 요직을 거친 인물이었다는 말도 덧붙였다.

한편 H 씨는 1998년 4월 11일 자 리포트에서 어느 귀순 용사의 말을 빌려 '울산 아가씨'가 북한에서도 같은 곡조로 불리고 있다고 전했다. 그는 1989년에 세상을 떠난 '울산 아가씨'의 작곡가가 월북 인사 '임현상'이며, '피바다'와 '금강산 처녀'도 작곡해 북한에서는 최고 음악가 반열에 올랐다는 설명도 곁들였다. 흥미로운 것은, 듣기에 따른 차이로 짐작되지만, J 씨와 H 씨가 말한 '울산 아가씨'의 작곡가 이름이 '리면상'과 '임현상'으로 조금 차이가 났다는 사실이다.

지휘자 김명엽(한국합창지휘자협회 고문)의 설명이 가장 그럴듯했다. '김명엽의 합창 노트(2018.07.01.)'에서 그는 '울산 아가씨'를 '1943년에 가수 황금심이 불러 전국에 널리 알려진 신민요(新民謠)'라고 정의했다. 또 작곡가는 월북 인사 '이면상(1908~1989)', 작사가는 개성 태생 고한승(1902~1950)이라고 했다. 노랫말도 소개했다.

"(1절) 동해나 울산은 잣나무 그늘/ 경계도 좋지만 인심도 좋고요/ 큰 애기 마음은 열두 폭 치마/ 실백자 얹어서 전복쌈일세/ 에헤야! 동해나 울산은 좋기도 하지/ (2절) 울산의 아가씨 거동 좀 보소/ 임 오실 문전에 쌍초롱 달구요/ 삽살개 재놓고 문밖에 서서/ 이제나저제나 기다린다네/ 에헤야! 울산의 아가씨 유정도 하지/" (3절 생략)

이 노랫말에서 '실백자(實柏子)'란 '껍데기를 벗긴 알맹이 잣'을 뜻한다. 그러나 '재놓고'에 대한 설명은 없고, '경계'는 '경개(景槪=경치)'의 오기로 짐작된다. '재놓고'란 표현의 풀이는 또 다른 '울산 아가씨' 노랫말 어디에도 볼 수가 없고, 일부 노랫말에는 '제놓고'란 표현도 쓴다. 혹 '재워놓고(=잠자게 해 놓고)'란 뜻은 아닌지 연구가 필요해 보인다.

어쨌거나 L 씨의 '풍'은 '울산 아가씨'의 작곡·작사가가 누구이며, 남북한에서 두루 애창되는 이유가 무엇인지에 대해 알게 해주었고, 새로운 학문적 과제까지 던져준 것 또한 사실이다. '월북 인사'였기에 입에 올리기가 조심스러웠을 노래 '울산 아가씨'의 작곡가 '李冕相'. 이제라도 이 분야의 토론이 시작돼 '용어 통일'부터 이루었으면 하는 희망을 가져 본다.

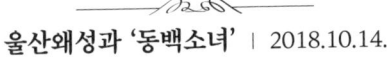

울산왜성과 '동백소녀' | 2018.10.14.

'관광입도(觀光立都)'를 꿈꾸는 지자체라면 군침을 삼킬만한 게 있다. '이야기가 있는' 캐릭터·조형물이다. 그런 종류의 캐릭터라면 세계적 인기몰이를 하는 일본 구마모토현의 '구마몬(くまモン)'을 빼놓을 수 없다. 이 '빨간 볼이 귀여운 검은 곰'은 규슈 신칸센의 완전 개통에 때맞춰 현(縣)이 개발한 관광 캐릭터다. 개발 4년 후(2015년)부터 들어오는 연간 수입이 1조 원을 웃돈다니 가히 '관광 대박'인 셈이다.

울산에도 이를 흉내 낸 것으로 보이는 관광 캐릭터가 있다. 종갓집 중구가 공들여 만든 '울산큰애기'다. 자초지종을 모르는 사람은 속아 넘어가기 쉬운 것이 문화의 거리에 있는 '울산큰애기 하우스(2017년 8월 25일 개소)'의 설명문이다. '울산누리' 기자가 4월 20일, 있는 그대로를 글에 담았다. "1960년대 대중가요로 즐겨 불렀던 가수 김상희의 '울산큰애기'는 전국 어느 지역보다 인물 좋고 마음씨 좋은 반구동 처녀들을 노래한 것이다."

과장은 좀 더 이어진다(문장은 맞춤법에 맞게 조금 다듬었다.) "160cm 중반의 키에 단발머리 아가씨다. 주근깨 얼굴은 복스러운 어머니를 닮았으나 체형은 요새 젊은 층과 같다. 배춧국을 좋아하고 머리핀과 A형 원피스를 즐겨 입는다. 얼굴의 주근깨가 유일한 단점으로, 항상 블러셔(blusher) 화장을 한다. … 취미는 관광객과 사진 찍기, 그리고 태화강에서 자전거 타기이다."

사실 '스토리텔링'이란 게 으레 그렇듯 '인물 좋고 마음씨 좋은 반구동 처녀'는 김상희의 노랫말 이미지에 그럴싸하게 이야기를 입힌 '억지 화장' 비슷한 것이다. 하지만 외지 손님이나 영문 모르는 시민들은 울산큰애기가 정말 그런 줄 알고 고개를 끄덕일 것이다. 이쯤 되면 이야기를 입힌 캐릭터의 위력은 기대 이상이 아니겠는가.

이번 글에 '울산큰애기'를 애써 불러올린 이유가 있다. 며칠 전 사설에서 '전국 인기 3위'를 차지한 울산큰애기 얘기를 끄집어내다가 번지수를 잘못 짚은 일이 있었기 때문이다. 수상(受賞)에 대한 찬사까지는 좋았으나 중구 학성공원(울산왜성)

맨 꼭대기 화단의 소녀상(얼굴 조형물)을 울산큰애기로 잘못 알았던 것이 화근이었다. '한 방'을 직감한 것은 중구청 담당자의 전화를 받고 난 직후의 일이다. 그가 친절하게 말했다. "그 조형물은 울산큰애기가 아니고 중구문화원에서 '울산 동백'을 의인화해서 만든 소녀상입니다."

지난 토요일 오후, 학성공원을 일부러 찾은 것도 그 때문이었다. 알록달록하게 치장한 '울산 동백과 소녀'란 안내판이 시야에 잡혔다. "울산학성이 원산지인 울산 동백을 임진왜란 때 왜장 가토 기요마사가 일본으로 가져간 이후, 400여 년 만인 1992년에 다시 울산으로 돌아온 것을 의인화하여 표현한 작품"이란 설명과 '울산광역시 중구청'이란 글자가 또렷했다.

어쩌자고 '동백소녀'를 '울산큰애기'로 잘못 보았을까? 의문은 다시 꼬리를 물었다. '울산 동백'이라면 '오색팔중산춘(五色八重散椿)'을 가리키고, 이 희귀식물의 원산지가 학성공원이란 설(說)에는 거부반응을 보이는 이들도 있지 않던가? 심지어는 '사기'라고 몰아치기까지…. 어쨌거나 중구청은 울산 동백 열세 그루를 일본서 주민 세금으로 사들여와 구청 화단과 학성공원에 나눠 심었다. 그런데 지금 중구청에 남아있는 것은 한 그루뿐이다. 학성공원의 여섯 그루도 도난방지용 삼각(三角) 철창에 갇힌 채 오지도 가지도 못하는 신세다. 400여 년 전이나 지금이나 팔자가 사나운 탓이겠거니….

차제에 중구청이 멀리 내다보는 마음으로 공원 꾸미기 작전을 바꿨으면 좋겠다. 울산왜성에 도통 어울려 보이지 않는 '동백소녀'를 설치한 것도 모자라 '동백공원'으로 꾸민답시고 공원 전체를 국산 동백으로 뒤덮어 가는 모양새가 보기에 안타까워서 하는 소리다.

'울산 영웅 71호' | 2018.07.22.

중국 영화감독 장예모(張藝謀)의 2004년 작품을 말하려는 게 아니다. 악성(樂聖) 베토벤이 나폴레옹을 위해 작곡한 제3번 교향곡을 언급하려는 것도 아니다. 모처럼 보통 사람을 곧잘 사로잡는 '영웅(英雄, Hero)'을 말하려는 것이다.

국립국어원에서 펴낸 사전 '우리말샘'의 뜻풀이는 크게 두 가지다. ① 사회의 이상적 가치를 실현하거나 그 가치를 대표할 만한 사람. 또는 지혜와 용기가 뛰어나 대중을 이끌고 세상을 경륜할 만한 인물. ② 어떤 분야에서 보통 사람으로서는 도저히 할 수 없는 일을 이루어 대중으로부터 열광적으로 사랑받는 사람.

이런 논리라면 필자는 감히 그 근처에도 못 갈 존재다. 하지만 사람 사는 세상에선 있을 수 있고, 있기 마련이며, 다수가 본받고 싶어 하는 것이 바로 '영웅'이다. 주목할 것은 그런 '영웅'을 추대하는 행사가 한 달에 한 번씩 그것도 울산에서 5년간 열리고 있다는 사실이다.

지난 20일 저녁, 달려간 곳은 '중구 문화의 전당' 지하 소극장 '어울마루'였고, 행사명은 '울산 영웅 71호 인증식'. 하루 전 초대받은 탓에 어리둥절한 것도 잠시 의문의 실타래가 풀리기 시작했다. 이날의 주인공은 문병원 직전 울산시의회 의원. 며칠 전까지만 해도 시의원 배지가 잘 어울리던 지역 정치인이다. 여전히 변하지 않은 건 '지체장애 2급' 흔적인 '목발'의 존재감.

그는 대기실에서 목발을 짚고 걸어 나온 후 무대 한가운데 의자에 편하게 앉으라는 권유를 뿌리쳤다. 한 시간이 넘는 강연을 당당하게 서서 하겠다는 의지의 표현이었다. 강연 주제는 '함께 사는 좋은 세상 만들기, 감사함을 나누며 살자!' 강연의 문은 유머로 열렸다. "문병원입니다. '문'자를 뒤로 갖다 놓으면 '병원 문'입니다." 70을 채운 객석에서 웃음이 터져 나왔다. "직업도 한약 도매상을 한 20년 했습니다."

'원고 없는 스피치'가 70분을 지배했다. 그의 정치철학, 인생 역정이 계속 이어졌다. "제가 시의원이 돼서 처음 한 것은 민선 6기 선배 의원들의 의정활동 내용(조례안 발의, 시정질문, 5분 자유발언, 서면질문 등) 조사였습니다. 컴퓨터로 여러 날 밤새워 가며 꼼꼼히 살폈습니다. … 가장 열심히 한 분은 허령 의원이었고, 4년간 70건이나 됩디다. 저는 그분보다 더 열심히 하겠다고 결심했고, 마침내 약속을 지켰습니다. 4년간 93건 해냈습니다." 이번엔 우레 같은 박수가 쏟아졌다.

열강이 끝난 뒤 필자도 무대로 불려 나갔다. '한 말씀'을 부탁받았다. 주인공 문 전 의원이 '저의 멘토'라고 소개한 게 빌미였다. "조금 전 고이는 눈물 땜에 안경 벗는 분을 보았습니다. 여러분도 아셨겠지만, 문 의원은 사람을 웃기고 울리는 재주가 남다른 양반입니다. 가장 큰 그의 달란트(재능)는 치열한 열정과 때 묻지 않은 진정성, 그리고 순수함일 겁니다. 그는 4년 내내 엄청나게 베풀면서도 대가 한 번 바란 적이 없었습니다. 그리고 문 의원이 한 이 말, 한 번쯤은 음미할 가치가 있을 겁니다. '정치를 6선, 7선씩 할 게 아니라 재선, 3선에서 만족할 줄 알아야 한다'던 말을…."

달마다 '영웅'을 발굴해 인증식을 갖는 단체는 최혜숙 회장이 이끄는 '꿈파쇼(=꿈을 파는 강연 쇼)'. 이 단체가 발굴한 '울산 영웅' 중엔 현대중공업 명장도, SK에너지 평사원도 있었다. 그동안 탄생시킨 '울산 영웅'만 71명. 뒤늦게 기념사진 속에서 찾아낸 그들의 '영웅' 개념은 사전 속의 그것과는 사뭇 달랐다. "꿈과 열정으로 맡은 바 소임을 다하며 타인에게 선한 영향력을 행사하는 당신이 바로 우리의 영웅입니다."

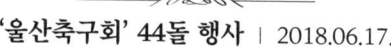
'울산축구회' 44돌 행사 | 2018.06.17.

지방선거 나흘이 지난 17일 오전, 중구 십리대숲 축구장이 유월의 햇볕을 서서히 빨아들이고 있었다. 주최 측이 장만한 푸짐한 돼지고기, 막걸리는 잔칫집에 열기와 신명을 보태고 있었다. 이날의 분위기는 태화강 남쪽 십리대숲을 뒤로하고 내걸린 대형 현수막이 상징적으로 전해주고 있었다. '울산축구회 제44주년 창립기념 친선경기'.

창립기념 친선경기는 호스트인 울산축구회(←울산조기회)가 해마다 이맘때쯤 친분 두터운 축구 동호인들을 초청해서 여는 연례행사다. 이날 행사에는 태양 FC와 언양 FC, 중구 OB(50대 및 60대)가 초대를 받았고 내빈 명단에는 5선 중진인 정갑윤 국회의원도 이름을 같이 올린 가운데 역대 회장단도 거의 빠짐없이 얼굴을 내밀었다. 김동룡, 정부남, 배영철, 최동환, 이기화, 정갑윤 … 이백호, 주재명, 남중황, 김대학. 배현민 총무이사의 사회를 시작으로 표창장 수여, 고기봉 회장의 개회사가 차례로 이어졌다.

다음은 정갑윤 의원의 축사 순서. 그런데 갑자기 주인공이 보이지 않았다. 뒤늦게 안 일이지만 멀찌감치 떨어져서 '통화 중' 신호를 몸짓언어로 보내고 있었다. 그 때문에 순서가 바뀌었다. '울산축구회의 살아있는 전설' 김동룡 초대·3대 회장(전 울산시약사회장, 울산약국 대표)이 먼저 마이크를 잡았다. 울산조기회를 1974년 7월 4일 일으켜 세운 주인공이다. 카랑카랑한 음색의 격려사가 십리대숲 축구장을 뒤덮기 시작했다.

"44년 전, 제가 처음 울산 와보니 조기회가 하나도 없습디다. 창립 몇 년 후 회원이 130명으로 불어서 '삼성조기회', '제일조기회'를 하나씩 떼 주었는데 지금은 유명무실해졌다니 서글픈 생각이 듭니다.", "제 나이 이제 여든셋. 44년간 많은 것이뤄냈지만 그중에서도 가장 소중한 게 울산축구회입니다. 옷(유니폼) 안 마크도 제가 도안할 정도로 애착이 많았습니다. 지금 남은 거라곤 제 나이의 반을 바친 울산축구회뿐입니다. 기념행사에 이렇게 참여해서 기뻐해 주시니 제 마음이 한두 살 더 젊어지는 기분입니다. 많이 드시고 즐겁게 운동하시고….”

순간, 누군가의 독백이 태화강 바람처럼 귓전을 스쳤다. "노병은 죽지 않아. 다만 사라질 뿐이지.”

다시 정 의원의 차례. 사회자의 간청에 마이크를 잡은 정 의원이 입을 열었다. "오늘 울산축구회 창립을 축하하러 함께해주신 마니아 여러분, 환영합니다. 오래 전통을 이어오게 해주신 창립 멤버 여러분께도 감사 말씀드립니다. 아까 많은 분을 만났더니 오히려 저 보고 걱정하고 격려해 주시던데, 고맙습니다. 이번 6·13 지방선거 때 자유한국당 울산선거 책임자로서 부단히 노력했습니다만 결과적으로 실망만 시켜드려 미안하게 생각합니다.” 그의 말에는 비장함이 서려 있는 것 같았다.

"이젠 자유한국당이 아니고 보수의 새로운 집합체를 만들어야 합니다. 조금 전 동료의원들이 전화로 '국회 초·재선 의원 중심으로 새로운 모임이 출발한다'고 알려왔고 내일부터 일정이 잡혀 오후에 올라가기로 했습니다. 세상은 너무 일방적이어선 안 되고 서로가 보완적일 때 나라가 제대로 발전할 수 있습니다. 특히 얼마 전엔 남북, 북미 정상회담이 있지 않았습니까? 머잖아 평화 선언이라도 있게 되면 그땐 정말 지각변동이 일어납니다.”

"그런 때에 대비해서라도 상호 보완을 이루는 정치집단이 있어야 합니다. 그래야 제대로 챙기고 제대로 발전할 수 있는데, 한쪽이 완전히 몰락해 버렸기 때문에 그런 역할은 못 할 것이고 그래서 많은 국민들이 걱정할 거라 생각합니다. 그런 걱정에 부응해서 제가 제 역할을 할 수 있도록 열심히 하겠습니다. 성원해 주시고 격려해 주십시오."

개회식 후, 전화 뒷얘기를 넌지시 물었다. 이런 답이 돌아왔다. "김무성 의원이 차기 불출마 선언했듯이 친박 중진(서청원 의원을 가리키는 듯)에게도 누군가 그런 말을 좀 하라는데, 저 말고 또 누가 있겠습니까?"

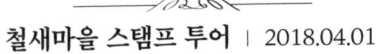

철새마을 스탬프 투어 | 2018.04.01.

하루 평균 최다 인파가 몰리기로 소문난 '궁(弓)거랑 벚꽃 한마당'이 지난 주말(3월 31일~4월 1일) '벚꽃 엔딩' 분위기 속에서 궁거랑 일원을 수놓았다. 올해로 열 번째 맞이한 벚꽃 한마당에는 이색 프로그램 세 가지가 선을 보였다.

"울산제일일보에서 깔아놓은 멍석, 우리도 한바탕!"하는 생각에 삼호동 주민센터에서 따로 마련했다는 '벚꽃 노래마당'과 '종이배 접기', '스탬프 투어'가 바로 그것. 신청이 많아 16명만 받기로 했다는 '벚꽃 노래마당(주민 노래자랑대회)'에도 관심이 갔지만 오후 2시부터 시작하는 스탬프 투어에 점을 찍기로 했다.

'스탬프 투어(stamp tour)'란 문자 그대로 'OO를 거쳐 갔다.' 는 표시로 코스별로 스탬프를 찍어주는 답사 프로그램. 코스는 주민센터→삼호섬→철새공원→와와공원(철새홍보관 건립 예정 지)→정광사→주민센터 순이었다. 스탬프 5개를 다 찍은 참가 자에게는 식기가 기념품으로 건네질 참이었고, 예정 시간은 2시간 남짓. 삼호철새마을 밑그림 그리는 일에 동참하고 있는 김성수 조류생태학박사가 해설을 맡는 가운데 답사가 시작됐다.

 "옛말에 '밤새 울고 누가 죽었는지 모른다.'는 말이 있지요? 삼호동에 살면서 이 정도는 알고 있어야 자부심이 생깁니다. '삼호동이 뭡니까?', '나는 모른다, 니 알아서 해라.'하는 것보다야 안 낫겠습니까?" 입담 하나 걸쭉한 김 박사의 구수한 경상도 사투리 해설은 삼호(三湖)마을 유래가 새겨진 둥근 표지석 앞에서부터 시작됐다.

 삼호섬 다음 순서는 삼호대숲 철새공원. 밀짚모자를 눌러쓴 김 박사가 다시 마이크를 잡았다. "십리대숲에서 보존이 제일 잘된 곳이 어딘 줄 아십니까? 바로 삼호대숲입니다. 오산이나 용금소 쪽 대나무는 보기 좋으라고 가지를 쳐서 속이 훤하지만 여기는 안 그렇습니다. 옛 어른들은 집 뒤뜰에 대나무가 죽어 얽히고설켜도 간벌은 안 했습니다. 수명이 다 된 대나무가 꽃을 피울 때 딱 한 번밖에 안 했습니다."

 대나무가 꽃을 피운다는 것은 따지고 보면 번식을 겨냥한 식물의 본능적 몸부림이다. 수명 다한 소나무가 꼭대기에 솔방울을 많이 다는 이치와 다르지 않을 것 같다. 김 박사의 구수한 입담이 이어졌다. 대나무를 간벌할 때 옛날 어른들께서 묵은 된장을 물에 풀어 대나무밭에 뿌렸다는 얘기도 양념거리로 삼았다.

"대나무 겉과 바닥은 모이스처(moisture) 화장품처럼 늘 촉촉해야 합니다. 저~기, 색깔 시커멓고 뿌리 잘 뻗어나간 대나무가 보이시지요?" 하긴 그렇다. 간벌 안 한 대밭은 항시 습기를 머금어 대나무 생육에 이롭다는 게 전문가들의 말이 아니던가.

김 박사는 삼호대숲이 가치 있는 것은 떼까마귀와 백로가 6개월마다 '바통터치'를 하기 때문이라고 했다. "애들이 왜 꾸준히 삼호대숲을 찾을까요? 의식주가 한꺼번에 해결되기 때문입니다." 백로의 배설물이 산성이지만 떼까마귀의 그것은 중성이란 말, 그리고 삼호대숲에는 꿩도 둥지를 틀고, 터줏대감 너구리 두 마리도 자연사한 철새들의 청소부 역할에 바쁘다는 해설…. 삼호대숲 지킴이 김 박사가 아니고선 누구도 할 수 없는 말이지 싶었다.

김 박사는 삼호마을의 미래도 펼쳐 보였다. 태양광 발전 사업에 '물 순환 사업'이 이어지고, 게스트하우스(철새홍보관)가 곧 들어서고, 고압전선 지중화 사업도 5년 안에 매듭지어질 거라는 것. 애물단지였던 떼까마귀·백로가 효자 모습으로 되살아나고 있는 삼호마을. 벚꽃 구경도 할 겸 삼호동 사는 친구 따라 놀러 왔다고 하는 K 씨가 말미에 한 말씀을 보탰다. "생태환경 끝내주고 고압선도 지하에 묻힌다니, 지금 당장 빚을 내서라도 땅 좀 사둬야겠소. 허허."

충의사의 새해 해맞이 | 2018.01.01.

새해 해맞이를 어디서 하는 게 의미가 있을까? 정유년 섣달 그믐날, 궁리 끝에 가닥을 잡았다. 그래, 충의사로 가자! "충의사 모르는 사람이 어찌 울산 사람인가?"

언젠가 들었던 지역원로 한 분의 말씀이 떠올랐다. '충의사(忠義祠, 중구 학성동)'라면 임진·정유 왜란 때 왜군과 싸운 울산 의사(義士)들의 충의(忠義) 정신을 기려 위패를 모시고 봄·가을에 제향(祭享)을 올리는 사당으로 2000년 7월 준공을 보았다. 처음 '239휘'이던 위패는 17년이 지난 지금 '242휘'로 늘어났고, 이름 없이 전사한 분들의 위패인 '무명제공신위(無名諸公神位)'도 함께 봉안돼 있다. 안내판은, 충의사가 자리 잡은 학성산 구릉은 정유재란 당시 조명(朝明)연합군 수장이 머물던 곳으로, 치열한 격전장이었던 울산왜성을 굽어보는 위치에 있다.

무술년 정월 초하루, 한반도에서 해가 가장 먼저 뜬다는 간절곶 해돋이 시각(오전 7시 31분)에 맞춰 충의사를 찾았다. 전망 좋은 상충문(尙忠門) 앞에는 이미 60~80대 어르신 세 분이 먼저 와 계셨다. 반구동에 사신다는 김 선생(61)과 박 여사(64)가 거의 동시에 탄성을 질렀다. "저기 보세요. 지금 막 올라오네요!", "정말 구름 한 점 없이 깨끗해요." 충의사 해맞이가 두 번째라는 박 여사는 눈부시게 솟아오르는 무술년 첫해를 향해 집안의 안녕을 두 손 모아 빌었다. 그러나 더 이상의 해맞이객은 나타나지 않았다.

다시 창의문(彰義門)으로 향했다. 잠시 후, 학성공원이 손에 잡힐 듯했다. '조명연합군의 화공(火攻)작전'이 여기서라면 얼마든지 가능했겠다는 생각이 들었다. 정유재란 때의 도산성 전투(島山城 전투, 1차 1597.12.23~1598.1.4/ 2차 1598.9.22~25) 장면과 함께 말의 피와 자신의 소변까지 받아 마셨을 대머리 왜장(倭將) '가토 기요마사'의 초췌해진 얼굴이 스쳐 지나갔다. 1차 철군 사흘을 앞둔 1598년 1월 1일, 새해 해돋이 무렵의 도산성도 겹치기로 떠올랐다.

이번엔 발길을 '전시관'으로 돌렸다. 임진·정유 왜란의 전투연보와 울산 의병의 주요 전투연보가 걸려있고, 울산 지역 의사들의 실기·교지가 비치돼 있으며, 일본인이 그린 도산성 전투도 사본과 당시의 갑옷, 그리고 병기들이 소량이나마 전시돼 있는 공간이다. '도산성'에 대한 기록이 시야에 들어왔다. '신라의 계변성이라 불리던 성'이란 표현이 새삼 눈길을 끌었다. 충의사 준공 당시 그대로의 표현이란 말인가. '계변성'이 요즘은 '도산성'이 아닌 '학성산' 또는 '서원산'으로 추정되고 있는데…. 의아한 느낌이 들었다. 표기상 오류쯤이야 별 문제 안 된다는 것인가?

상충문 근처에 놓인 방명록에는 2017년 11월 8일~12월 30일 사이에 서명한 숫자가 모두 해서 31명이다. 서명 안 한 방문객과 단체 참배객까지 합하면 늘어나기야 하겠지만 고작이 정도란 말인가. 매일 3교대로 근무한다는 경비 인력의 불친절에 이해가 갈 만도 했다. 한데 자세히 보니 정월 초하루인데도 향로와 향통에 향(香)이라곤 한 낱도 안 보였다. 이틀 전(12월 30일) 오후 2시쯤 방문했을 때도 향통이 비어있기는 마찬가지였다.

충의사에서 해를 맞이하고 돌아오는 길에 왜장 동상 건립 문제로 한동안 시끄러웠던 학성공원 서쪽 입구를 흘끗 쳐다보았다. '왜군 진영'을 묘사한 부조의 건립은 이미 끝났고 '조명연합군 진영'에 대한 부조의 마무리 작업이 한창이었다. '왜군 진영' 부조(북쪽)와 '조명연합군 진영' 부조(남쪽)의 위치가 뒤바뀐 것이 신기했다. 밑자리 면적 때문인가, 아니면 일부러 그렇게 한 것일까? 충의사 새해 해맞이는 그런대로 보람이 있었다.

지역 인물 탐구 붐 | 2019.03.31.

인물 탐구는 쉽지 않다. 더군다나 생존 인물 탐구는 조심스러운 일이다. 섣불리 손댔다가는 '생사람 잡은' 혐의로 봉변을 당할 수도 있기 때문이다. 다만 자서전이나 회고록을 대신 써주는 대필작가(代筆作家)라면 예외일 수 있다. 의뢰인의 입맛에 맞게 조리만 잘해주면 그만이기 때문이다.

드물지만, 울산에도 그런 인물이 있다. 회고록 한 편에 1억

넘게 받았다는 작가가 두 손가락은 된다. 그중 한 사람은 회고록 주인공의 성대한 출판기념회에 초대도 받지 못했다며 서운해했다. 그래서인지 학자나 향토사학가들은 사자(死者)의 탐구에 주력하는 경향이 있다. 하지만 이것도 쉬운 일만은 아니다. 유족이나 후손의 반발에 부딪혀 멱살을 잡히거나 때론 법정 다툼도 각오해야 한다. 그들이 대필작가(代筆作家)와 다른 점은, 비난과 비판을 무릅쓰고서라도 '진실'과 '양심'을 최고의 가치로 삼으려고 애쓴다는 점이 아닐까.

지난해부터 두드러진 현상이지만, 근자에 조명 또는 재조명되기 시작한 울산 출신 인물들이 더러 있다. 이분들은 항일·독립운동, 노동운동에 몸을 바쳤거나 문화예술 분야에서 굵은 획을 그은 분들이다. 북구 송정동에서 태어난 박상진(1884~1921, 항일독립운동가, 광복회 총사령), 동구 일산동 출신 서진문(1901~1928, 항일·노동운동가)과 성세빈(1893~1938, 독립운동가, 보성학교 설립자), 울주군 입암리 출신 손후익(1888~1953, 유학자·독립운동가)과 이관술(1902~1950, 독립운동가·사회주의운동가), 그리고 동구 방어진이 고향인 천재동(1915~2007, 문화예술인)이 그분들이다.

여기에도 한계는 있다. 사회주의 계열 인물에 대한 탐구가 특히 그렇다. 뜻있는 이들에 의해 발자취의 상당 부분은 베일을 벗었지만 아직은 음지의 영역에만 머물러 있을 뿐이다. '색깔'에 민감한 사회적 분위기와 무관치 않다. 최근에는 울주군 양등마을 출신 송석하(1904~1948, 민속학자)와 그 집안에 대한 탐구 움직임이 국내 민속학계 일각에서 일고 있어 관심이 쏠린다. 그 일차적 초점은 그의 부친 송태관의 친일(親日) 행적에 맞추어져 있다.

흥미로운 것은 '송태관 파헤치기'의 바람이 울산이 아닌 충남 태안 일원에서 불고 있다는 점이다. (울산의 한 저술가는 송태관에 대한 인물 평전에서 '울산을 넘어 부산·태안·파주도 아우르는 전국구 부호'라고 묘사하기도 했다.) 며칠 전 논문 준비도 할 겸 울산을 다녀간 한 민속학자는 "충남 태안에서는 송태관을 염전(鹽田)으로 엄청난 부와 권세를 누린 '친일 부호'로 알려져 있다."고 귀띔했다.

다음은 '송태관과 송석하 부자의 생애와 행적'이란 그의 논문 초고(草稿) 앞부분이다. "… 여러 논문이 발표되었음에도 송석하의 가계에 대한 고찰은 없다. 다만 송석하가 태어난 울산의 향토사가 사이에서 그의 아버지 송태관의 친일 행적에 대한 논란이 있을 뿐이다. 학계에서 호의적인 평가를 하는 것과는 다른 양상이다. 문제는 아버지 송태관은 1940년에 사망할 무렵까지도 조선 총녹을 어렵지 않게 만날 수 있을 정도로 사회적 영향력이 컸던 인물이고 … 송석하의 연구 활동에서 아버지가 미친 영향력은 없었을까? 본고는 이를 엿보기 위한 시도일 뿐이다."

'서울대 인류학과의 초석을 다진 인물'로도 평가되는 송석하와 그의 부친 송태관에 대한 조명은 의외로 큰 파장을 몰고 올지도 모른다. 송태관에 대한 연구는 그의 뒤를 물심양면으로 받쳐준 울산 서원마을 출신 김홍조(1868~1922, 학성공원 기증자)에 대한 재조명의 의미도 담고 있기 때문이다. 혹자는 그를 '인재 양성과 대한독립을 위해 살다 간 선각자'로 묘사하기도 한다. 그 정도로 울산에서는 그에 대해 긍정적 정서가 강한 것도 사실이다.

'부울경 메가시티 합창단' | 2020.11.22.

경남(부산, 울산)을 하나로 묶는 '부·울·경'이란 표현이 한동안 뜸한 듯하더니 다시 고개를 드는 분위기다. 그동안 '부·울·경'하면 '돈 되는 것'만 추구하려 한다는 지적에서 벗어나기 힘들었던 것이 사실이다. 관광산업이 그랬고 광역 교통망도 그랬다. 문화·예술적 관점의 접근은 그래서 더 신선한 느낌으로 다가온다. 문화·예술적인 분야는 경제적인 가치를 누르고도 남는다는 사실은 이미 알 만한 사람은 다 안다. 최근 '세 광역지자체 시민의 정서적 융합'을 메시지로 들고나온 예술인도 바로 이 경우에 속한다고 볼 수 있다.

김광일 지휘자는 고향이 부산이지만 현주소는 김해다. 마산시립합창단에서 지휘봉을 들고 인제대학교에도 출강한 이력이 그를 김해 시민으로 만들었다. 이전에는 48년 역사의 부산시립합창단에서 한동안 지휘를 맡았다. 막간에 그의 미국 유학 생활 11년(1990~2001)이 존재한다.

2019년 7월 자료를 보자. "김광일. 연세대학교 음대 작곡과 졸/ 美 Northwestern University 박사과정 수료/ 인제대학교 음악학과 교수 역임/ 현 (사)인코리안 심포니오케스트라 전임지휘자/ 600회 이상의 연주회 지휘 경력…." 이런 경력을 지닌 그가 지난 주말 울산을 다녀갔다. 필자를 만나기 위해서였다. 그에게는 울산이 전혀 낯선 곳은 아니다. 지난해 10월 29일 저녁, 울산문화예술회관 대공연장에서 울산시립합창단 제110회 정기연주회의 객원지휘자로 무대에 오른 일도 있었다. 이날의 타이틀은 <세계 3대 오라토리오 하이라이트(Highlights)>. 하이든의 '천지창조(The Creation)', 멘델스존의 '엘리야(Elijah)', 헨델의 '메시아(Messiah)' 연주가 그의 지휘에 따라 이루어진 순간 객석은 감동의 물결로 뒤덮였다. (사실 그는 필자에게 부산 B 고교 합창반과 그 지역 고교 혼성합창단 '노엘'의 1년 선배다. 지휘자 데뷔를 고3 때 '노엘' 무대에서 했으니 꽤 빠른 편이다.)

다시 상봉의 기쁨을 나눈 것은 그 후 1년 뒤. 필자의 의견을 구하고 싶다고 찾아왔다. 그의 말에 귀를 기울여 보았다.

"울산과 경남, 부산에 있는 민간합창단을 공연 때마다 한 팀씩 선정한 다음 분기별로 세 지역을 돌아가며 합동 순회공연을 선보이는 겁니다. 그렇게 연을 이어 나가다 보면 서로 정서적 융합을 이루게 되고, 더 나아가 문화예술의 다른 장르에서도 자연스레 교류의 물꼬가 트이지 않겠습니까?"

지난해 10월 울산을 다녀간 후, 그 나름의 예술적 밑그림일 거라는 생각이 들었다. 그는 세 지역 합동 순회공연이 코로나 19 사태 탓에 당장은 어려울 것으로 내다보았다. 첫 공연 시기를 내년 하반기쯤이라도 잡을 수 있으면 좋겠다는 희망도 곁들였다.

부산, 경남에 비하면 아직 '걸음마' 수준일지도 모를 울산에도 메가시티 합창단이 새로 선보인다면…. 궁금하던 차에 '메가시티 합창단'의 성격과 규모에 대해 질문했다. '혼성, 30명 이상, 민간'이란 답이 돌아왔다.

한 지역에서 30명 이상이라면 세 지역을 합쳐 90~100명 안팎의 단원이 호흡을 맞추게 된다는 계산이 나온다. 울산에 그런 성격과 규모에 걸맞은 합창단이 현존할까? 없다면 새로 꾸미는 작업을 시작하면 되겠다는 생각이 들었다. 내년 연말의 합동 순회공연을 겨냥한 가칭 '메가시티 울산 합창단'의 창단을 기대해 본다.

2장

단소리 쓴소리
세상 그리고 사람 이야기

사람 그리고 緣

큰스님과의 대화… 한지(韓紙) 上 061 | 큰스님과의 대화… 한지(韓紙) 中 063 | 큰스님과의 대화 下…통도사의 비사(秘史) 066 | '마두희(馬頭戲)축제'에서 만난 사람 068 | 두 종교 지도자의 만남 071 | 문재인·노무현과 송기인 신부 074 | 외솔의 또 다른 모습 076 | '울산 출신' 이정미 전 헌법재판관 079 | 성파 큰스님의 눈에 비친 울산 (上) 082 | 성파 큰스님의 눈에 비친 울산 (下) 084 | 송당(松塘)이 시집 선뵈던 날 087 | 어느 시인의 죽음 089 | 김오랑 중령과 백영옥 여사 092 | 15대 종정 스님과의 대화 095 | 유홍식 대주교와 통일부 논쟁 097 | '괴짜 신부' 홍창진 100 | 휠체어에 의지한 서정자 여사 102 | '옥수수 박사' 김순권 105 | 안산시장 윤화섭 108 | 한 우물 10년… '태화강 조류 조사' 110

큰스님과의 대화… 한지(韓紙) 上 | 2023.05.02.

금요일 오후, 지난해 겨울 한 차례 들렀던 통도사 경내 서운암 토굴로 발길을 옮겼다. 또 베어낸 걸까. 토굴 앞 텃밭은 서너 달 사이 몰라보게 달라져 있었다. 수십 그루밖에 안 남았던 30년도 더 된 감나무가 그루터기마저 안 보이게 몽땅 자취를 감추고 만 것. 손님맞이 아랫집(게스트 하우스) 앞 연못이 훤히 내려다보이고 그 아래 온실 지붕마저 한눈에 들어오는 것도 그 때문이었나 싶었다.

토굴 주인 성파 스님은 이날도 온화한 미소로 일행을 맞아주셨다. 백성 스님(김성수 박사)을 따라 큰스님께 절을 올렸다. 대한불교조계종 제15대 종정에 대한 최소한의 예의라는 생각에서였으나 큰스님은 늘 그랬듯이 손사래부터 치셨다. 다과 대접을 받으면서 말문을 열었다. 강원도 원주시가 5월 5일 어린이날에 '한지(韓紙) 패션쇼'를 연다는 소식부터 전해드렸다. 큰스님이 말을 받았다.

"한지라면 원주를 빼놓을 수 없지만, 거기만은 아니지. 한지 인간문화재가 경북 고령서도 한 명 나왔다 하고."

백성 스님이 한마디 거들었다. 큰스님과 백성 스님은 한동안 통도사에서 수행을 같이하기도 했던 사형-사제지간이다.

"울산 운흥사에 오래된 닥나무가 한 그루 있다고 해서 베지 말고 잘 보존하라고 일러두었지요."

큰스님이 다시 말을 받았다.

"신흥사, 월봉사하고 통도사 말사(末寺)인 고성 옥천사도 (불경 인쇄용) 한지를 많이 뜨던 사찰이었지."

이번엔 필자가 '한지 유네스코 세계문화유산 등재 추진사업'에 앞장서고 있는 이배용 전 이화여대 총장의 근황을 물었다. 즉답이 돌아왔다.

"이배용 총장, 3년간 한지 연구와 자료 수집, 참 많이 했지."

이배용 전 총장은 '불교사찰'과 '향교'의 유네스코 세계문화유산 등재에 공이 커서 큰스님의 신임이 높다. 큰스님의 한지 이야기는 이때부터 시작됐다.

"세계에서 제일 오래된 출판물이 우리 한지야. 불란서(佛蘭西=프랑스) 루브르 박물관에 소장된 '직지심경(直指心經=直指心體要節)'도 불국사 다보탑에서 나온 '무구정광대다라니경(無垢淨光大陀羅尼經)'도 재료는 모두 한지였지, 서구(西歐=유럽)에서는 13세기 말에 종이가 처음 나와. 그전엔 없었고. 그 무렵 서구에서 종이로 만들었던 책이나 미술작품이 지금은 수명이 다 돼서 수리를 한꺼번에 해야 한다고 해."

큰스님의 말씀에 힘이 실리기 시작했다.

"그런데 그 사람들, 얼마 전만 해도 복원하는 종이로는 일본 종이가 최고인 줄 알고 있었다는 거야. 세계 종이 시장이 1년에 3조나 된다는데 대개 다 일본 종이였어. 일본 종이, 중국 종이는 벌써 유네스코 세계문화유산이 됐는데 우리 한지는 아직 안 돼 빠져 있는 거라." 이 말씀은 큰스님이 한지의 유네스코 등재에 관심을 쏟게 된 배경 설명이기도 했다.

서운암 토굴 앞 텃밭은 3년 전에도 엄청난 변화를 겪은 적이 있었다. 게스트 하우스 바로 옆 연못과 온실 사이의 널찍한 텃밭이 특히 더 그랬다. 그 유명한 '서운암 단감'의 밑천이었던 30년생 감나무를 수백 그루나 베어내고 그 자리에 한지 원료인 1~2년생 닥나무를 천 그루도 더 넘게 심었던 것.

필자의 물음에 큰스님이 답했다. "2, 3년 전에 심어놓은 닥나무가 지금은 제법 쓸 만해. 그래도 한지로 뜰 생각은 없어."

이번엔 옆자리의 김언배 울산대 명예교수(섬유디자인 전공)가 한마디 거들었다. "그럼 왜 심었어요?" 큰스님이 답했다. "전국 사찰 중에서 한지를 제일 많이 떴던 통도사의 상징으로 남겨둘 생각이야."

큰스님과의 대화… 한지(韓紙) 中 | 2023.05.09.

성파 스님의 끝 모르는 한지 사랑은 울산 나그네들을 오래전 지구촌 속의 한지 세계로 빠져들게 했다. 이야기는 조선 시대로 거슬러 오른다.

"일본이 서구하고 물물교류할 때 인기 상품은 일본 종이와 도자기였지. 그런데 그 무렵에 일본에는 도자기가 없어, 임진왜란을 '도자기 전쟁'이라고도 하는데, 전쟁을 왜 일으켰겠어? 그때 강제로 끌고 간 조선 도공들에게 도자기를 많이 만들게 했고, 그걸로 서구와 물물교류할 때 이용했다 그러거든. 그다음 한지는 어떻게 되냐."

큰스님의 말씀에는 이따금 옛날 용어도 섞여 들었다. '한일합방(韓日合邦)'(→한일병합·韓日倂合, 경술국치·庚戌國恥)이나 '왜정(倭政)'이란 말이 그런 사례다.

"한일합방 후에 일본 사람들이 조선종이(한지)를 지역마다 많이 만들게 했는데 종이 공장이 제일 많은 곳이 의령의 신반(경남 의령군 부림면 신반리)이었지. 원주나 그런 데는 적었고, 여기(신반)는 교통이 좋아 일본에 가져가기가 수월했던 거라."

길손들은 여든 중반 큰스님의 해박한 지식에 새삼 놀랐다. 이번에는 우국충정(憂國衷情)의 말씀이 이어졌다.

"그렇게 조선에서 나온 종이를 사 간 일본 상인들은 '조선종이'라 안 하고 '일본 종이'라고 해서 서구에다 팔아. 손기정이 (마라톤대회에) 일장기(日章旗)를 달고 나가고, 군에 징용돼 가면 '일본군'이지 '조선군'이 아니었듯이…. 보국대고 뭐고, 국가가 없으면 그래 되는 거라. 조선 사람이 국적이 없다 보니 일본 국적으로 나가기도 한다니까."

성파 스님의 말씀은 누에고치 풀리듯 길어졌다.

"왜정 때는 고려인삼하고 조선종이를 의도적으로 장려했고, 그다음이 양잠(養蠶)이었지. 진주나 대구에서는 그걸(누에고치)로 실크를 많이 만들게 해서 조선 사람도 먹고살게 하는 척하며 일부러 일본 걸로 만들어 다 보내는 거라. 그런 식으로 조선종이도 일본 종이로 둔갑시켜 유럽에 팔았는데, 알고 보면 조선종이 하고 일본 종이는 질에서 차이가 엄청났지."

특별강의는 다시 조선종이 한지(韓紙)로 되돌아왔다.

"몇 년 전 '직지(直指)' 때문에 유럽에서 한지에 관심을 가지기 시작했어. 과학적으로 실험하고 분석해 보니 우리 한국 종이가 제일 좋은 거야. 그동안 서구의 문화재 수리를 일본 종이로 했는데 그것이 조선종이라는 사실을 뒤늦게 알게 된 거지. 요즘도 (프랑스) 루브르 박물관 팀이 한국에 몇 번이나 와서 조사하고 갔어요. 한지가 아직도 일본 종이보다 훨씬 우수하다는 것을 알게 됐기 때문이지."

말씀에 따르면, 루브르 박물관 팀은 재작년에도 작년에도 한국을 여러 번 다녀갔다. 원주나 문경에서 현지답사를 많이 했고, 지금도 한국 종이를 꾸준히 사 가고 있다. 그런 일로 어떤 변화가 있었는지도 들려주셨다.

"문경 장에서 평발 한 장에 2~3천 원 하던 것이 지금은 4만 원, 5만 원이나 불러. 유네스코 등재도 그래서 추진하는 거야." ('평발 한 장'은 옛날 문종이 한 장 크기다.)

한지의 유네스코 세계문화유산 등재 추진 진도가 어느 정도 나갔는지도 궁금했다. 큰스님의 답변은 거침이 없었다. 그만큼 돌아가는 사정을 훤히 꿰뚫고 계신다는 증거인 셈이다.

"올해 안에 한국 문화재청에서 먼저 지정이 돼야 한답니다. 지금 인삼재배 기술하고 종이하고 (등재 신청) 경쟁이 붙어 있고, 그래서 종이가 되면 내년 5월에 (유네스코에) 신청할 거라고 해요. 지정을 한국에서 먼저 받아야 한다는 얘기지. 한지 생산하는 사람들, 전에는 종잇값이 헐하고 생산비가 비싸서 먹고 살지 못했는데. 앞으로는 생산해도 좋은 기회가 온 거라."

예정에도 없었던 큰스님의 특강은 하편으로 이어진다.

큰스님과의 대화 下…통도사의 비사(秘史) | 2023.05.25.

시간이 갈수록 성파 스님의 말은 힘이 실리고 길어졌다. 지금은 고인이 된 손위 스님들한테서 들은 이야기인 데다 폐사(廢寺) 직전의 통도사를 기지로 살려낸 뜬구름 같은 이야기인지라 더 그랬는지도 모른다.

이 이야기의 실마리 역시 '한지'였다.

"조선 시대에 종이를 많이 뜬 곳은 말사(末寺)까지 합치면 통도사가 제일이었지, 그런데 일이 꼬이기 시작했어. 나라에서 종이를 사는 게 아니라 공출로 앗아갔고, 그 바람에 통도사가 폐사 위기에 놓인 거지."

방안은 조용했고 큰스님의 말씀은 계속됐다.

"운흥사 몇 축, 어디 몇 축, 하는 식으로 종이를 1년 내내 죽도록 떠서 달라는 대로 갖다 바치면 관리(아전)는 먹으로 '不良(불량)'이라고 매기는데 그러면 또 떠서 가져가야 하는 거라. 중이 안 살고 떠나면 절이 망하거든. 통도사에서 그런 일은 없어도 운흥사에서는 종이를 뜨다가 죽을 지경이 된 스님들이 절에 불까지 질렀다는 말을 얼핏 들은 기억이 나."

큰스님 말씀에 따르면, 조선조 말 조정에서는 당파싸움이 그칠 날이 없었고, 지방에서는 농민들이 난을 일으킬 정도로 관리들의 부패가 심하고 나라가 어지러웠다. 그래도 통도사는 억불(抑佛)정책의 마지막 보루라고 여겼는데, 종이 공출만 심한 게 아니라 잡역(雜役)의 짐까지 짊어져야 했다. 그런 탓에 온 절간이 뒤숭숭해질 수밖에 없었다.

그 무렵의 상황에 대한 설명은 이랬다.

"밭에 나가 일하고 종이 뜨고 하면 우린 사실상 손이 없었어. 그런데도 숫자로 따져 몇 명 보내라 하는데, 절에는 위계질서가 있잖아요. 큰스님들이 계시는데도 저쪽에서는 큰스님 작은 스님 안 따지니 할 수 없이 나이 많은 스님도 부역을 나가야 했고, 그래서 도저히 살 수가 없었던 거라."

큰스님은 그때를 떠올리다 잠시 숨을 돌린 후, 다시 말씀을 이어갔다.

"온 스님이 '우리가 폐사 직전인 건 다 아는 사실인데, 스님이라야만 이 절을 폐사에서 구제해 줄 수 있다.'면서 그 스님에게 절을 해대는 거라. 그러자 이 스님이 '최고 큰스님도 아닌데, 각중에(갑자기) 와 이라노, 이 사람들이.' 하며 정신이 없어 하는데, 대중 스님들은 '저 스님이면 되겠다.'는 것을 미리 알았던 거라."

일행은 큰스님의 이야기 속으로 점점 더 빠져들었다.

"왜 아느냐? 통영에 지금의 지사 격인 관찰사로 '권돈인'이 부임해서 취임식에 지방 유지들을 초청했는데, 이 스님(경암 스님)이 관가의 작은 출입문이 아닌, 관찰사나 조정의 높은 사람이 다니는 큰 솟을대문으로 들어간 거야."

권돈인(1783~1859)이라면 조선 후기에 우의정·좌의정을 거쳐 영의정까지 지낸 문신이자 서화가다. 다음은 큰스님의 부연 설명…. "그런데 통영 관찰사 권돈인이 취임할 때 솟을대문으로 들어간 이가 바로 통도사의 이 스님이었고, 다른 스님들이 그 사실을 알았던 거라."

조선 후기, 영축총림 통도사의 스님들이 지역(紙役)과 잡역을 면제받고 통도사가 폐사 위기에서 벗어나 유네스코 세계문화유산 반열에까지 오르게 된 이면에는 이 같은 비사(秘史)가 숨어있었던 것 같다. 팔순 성파 스님의 말씀에는 젊은이의 힘이 넘쳐나고 있었다. 통도사 부도전(浮屠殿)에는 지금도 '스토리텔링이 빠진' '경암당(스님) 지역 혁파 유공비'가 세워져 있다.

'마두희(馬頭戲)축제'에서 만난 사람 | 2018.06.24.

올해로 다섯 번째 마두희축제. 행사의 하이라이트인 '큰 줄당기기'도 볼 겸해서 해가 서녘으로 막 기울 무렵 '종갓집 중구'의 상징인 옥교동 시계탑 네거리로 발걸음을 옮겼다. 행사 현장은 큰 줄 당기기 시작 두어 시간 전부터 발 디딜 틈이 없었다. 먼발치로 낯익은 일행 세 분이 네거리 모퉁이를 돌고 있었다.

예년 같았으면 오색 관복(官服)으로 차려입었을 분들인데. 헷갈린 것은, 그분들의 윗도리가 모조리 오렌지색 유니폼이란 점 때문이었다. 똑같은 옷차림으로 길바닥에 주저앉은 한 남자분에게 물었고, 이내 궁금증이 풀렸다. "과장 이상 공무원과 진행요원, 집행위원들일 겁니다."

일행에게 다가가서 인사했다. 얼굴이 검붉게 그을린 박성민 중구청장과 낯익은 김영길·강혜순 중구 의원과 오랜만에 수인사를 나누었다. 이분들의 호칭에는 7월부터 '전(前)'자가 붙어 있었다. 박 청장에게 말을 건넸다. "마두희 행사, 청장님이 애쓰신 흔적 아닙니까?" 곧바로 답이 돌아왔다. "100% 제가 만든 겁니다." 그 순간, 서쪽으로 기울던 햇빛 때문일까, 그의 눈이 영롱하게 빛나 보였다.

강혜순 의원이 소매를 끌었다. 네거리 모퉁이 P 베이커리 매장 안의 높다란 탁자는 걸터앉아 있기는 불편해도 땡볕을 피할 수 있어 좋았다. 통·번역 전문가 신제현(여, 씨에스코리아 대표) 씨가 세 사람을 소개했다. 중국 영화감독 위시아양(56) 씨와 CCTV 다큐 감독 왕화위에(60) 씨, 그리고 우란무치 예술단의 꺼루러투(여, 38) 단장이라고 했다. ('우란무치 예술단'은 마두희축제 개·폐회식 때 2차례 공연을 펼쳤다.)

이들은 네이멍구 자치구(內夢古自治區)의 마두금(馬頭琴=줄감개 끝에 말머리 장식을 한 몽골의 전통 현악기)과 울산 마두희(馬頭戲)의 연관성을 찾는 작업에도 열중하는 듯했다. 마두금과 마두희 사이에 무슨 연관성이 있을까? 여하간, 동군-서군으로 나뉘어 풍년을 기원하던 울산 중구의 320년 차 전통놀이가 이방인들의 눈에는 어떻게 비쳤을까? '마두희'에 대한 이방인들의 느낌이 궁금했다.

궁금증을 제현 씨가 풀었다. "신기하면서도 예술성, 오락성, 실용성을 두루 갖추고 있다고 느끼나 봐요. 그분들 식으로 하자면, '인민들에게도 잘 어울리는 놀이' 같은 거라고나 할까요." 죽 듣고 있던 강 의원이 한 말씀을 거들었다. "이분들이 이번에 오실 수 있었던 것은 작년 8월 박성민 청장이 단군신화가 서린 '붉은 산' 제단을 직접 다녀오신 덕분이죠. 사드 문제가 완전히 안 풀려서 과연 나올 수 있을까 하고 걱정하던 차에 찾아주신 터라 귀한 걸음을 해주신 셈이죠."

듣다 보니 친근감이 생겼다. 헤어질 땐 왕화위에 감독에게 접이식 부채 하나를 정(情)의 징표로 선물했다. (유머 감각이 풍부한 그는 특이하게 생긴 '캐리커처 명함'을 건네며 자신의 인물 그림이 '마오쩌둥'을 닮지 않았느냐고 너스레를 떨기도 했다.)

해 질 무렵 사회자의 질문과 박성민 청장의 목소리가 쩌렁쩌렁 마이크를 타고 행사장을 뒤덮기 시작했다. "동군 새신랑과 서군 새신부는 아들딸을 한 다스쯤 낳아서 전통과 역사가 살아있는 중구에서 절대 떨어지지 말고 120세까지 검은 머리가 파뿌리가 될 때까지 부디 오래오래 사시기 바랍니다." 이날 행사장에는 울산도호부사 복식 차림의 박문태 중구문화원장과 관복 차림의 정갑윤 국회의원, 고호근 시의원, 신성봉 구의원도 줄 당기기 행사에서 어깨를 나란히 했다.

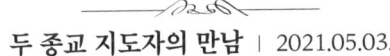

두 종교 지도자의 만남 | 2021.05.03.

이날따라 더없이 쾌청한 날씨. 인공 연못 물속에 의연한 자태로 드러누운 울산의 국보 두 점의 옻칠 작품도 가지산 쌀바위에서 떠오기라도 한 듯 청정해 보였다. 4월 마지막 날, 영축총림 통도사의 장경각 앞마당에는 필자를 포함한 일행을 기다리고 있던 백성 스님(김성수 철새홍보관장)이 반갑게 맞았다. 울산에서 온 객은 천주교 부산교구 소속 김영규 안셀모 울산대리구장 신부님과 박창현 평신도사도직협의회 회장, 그리고 필자까지 모두 4명. 목적은 통도사 방장 성파 스님 예방이었지만 먼저 둘러본 것은 스님이 직접 빚은 장경각 내 도자(陶瓷) 경관 1만 6천여 점. 장경각 내실은 미로(迷路)의 연속이었다.

백성 스님이 먼저 입을 열었다.

"여기를 통과하면 팔만대장경 전체를 읽었다는 의미가 있습니다." 신심 깊은 불자들이 '마니차'를 돌리던 티베트 불교 생각이 났다.

안셀모 신부님은 반구대·천전리 암각화 작품에도 관심이 깊었다. 시계는 오전 10시 반을 가리켰다. 서둘러 발길을 재촉했으나 토굴에는 성파 스님이 보이지 않았다. 오전 8시부터 2시간 가까이 기다리다가 자리를 뜨셨다고 했다. '일정을 상세히 알려드리지 못한 게 실수였구나.' 83세의 스님이 코로나 예방 백신을 맞는 날인 것도 몰랐고…. 전화로 사과부터 드렸다.

성파 스님의 토굴 안방. 뒤늦게 상견례가 시작됐다. 안셀모 신부님이 먼저 예를 갖추었다.

"저희가 준비한 다과입니다. 책도 하나 들고 왔습니다."

다과는 박창현 회장이 솜씨 좋은 신도에게 부탁해서 특별히 마련했다는 다식(茶食)이었다. 책 표지에도 눈길이 갔다. 표지 속엔 '老子 道德經'이란 글자도 얼핏 눈에 띄었다.

신부님이 설명을 시작했다. "중국의 감산 스님이 해석한 노자, 장자에 관한 책입니다. 스님이 그림을 그리시고 옻칠 작업도 하시는데 장자는 미(美)하고 관계가 있으니 도움이 될 것 같았습니다."

두 종교 지도자가 덕담을 주고받았다.

"가져오신 것 좀 드시지요." "예. 스님은 옻칠 작업을 얼마 동안 하셨습니까?" "그리 오래는 못 했습니다."

신부님이 토굴 한구석에 놓인 그림 병풍을 가리키며 질문을 던지자 다시 문답이 이어졌다.

"병풍 그림 저건 옻칠 작품이 아니잖습니까?" "물감은 옻이지요." "저건 영축산입니까?" "금강산이지요. 종이는 한지고, 한지에 옻칠한 그림이지요."

잠시 자리를 떴던 스님의 손에는 아름다운 옻칠 스카프가

한 움큼 쥐어져 있었다. 답례용 스카프는 일행의 목을 차례로 휘감았다. 다음은 옻칠 작품인 찻잔이 한 아름 선을 보였다. 화기애애한 분위기가 토굴 안을 감돌았다.

"스님도 중국 다녀오셨지요? 어디에 계셨습디까?" "주로 북경이었는데, 산수화를 배우고 왔지요." "저는 대만에서 공부하는 사이 중국에도 1년에 두세 차례는 다녀왔고, 친구도 많았지요." "나는 중국에 갔다 와도 친구 사귀는 그런 건 통 안 했어요." (안셀모 신부님은 대만에서 10년간 동양철학을 수학한 중국통 신부님이다.)

말 머리는 백신 접종 쪽으로 돌려졌다. 필자도 대화에 끼어들었다.

"오늘 양산시문화회관에 사람 참 많이 왔대. 800명인데 보통 오래 기다린 게 아니지." "접종하고 나서도 예후 본다고 오래 기다리셨겠지요?" "꼼짝 말고 있으라 하대."

차가버섯 차를 따르시던 큰스님이 한 말씀을 더 보태신다. "앗다, 어떤 노인 한 분은 너무 오래 기다리게 한다면서 고함을 지르는데 '퇴장' 말까지 다 나왔지. 그럴 때는 나도 가만있을 수밖에. 허허."

그새 12시 반이 되었다. 스님의 공양 시간도 평소보다 한 시간이나 늦어졌다. 얼른 자리를 뜨기로 했다. 스님의 마무리 말씀이 긴 여운을 남겼다. "많이 시장하시겠다. 공양하실 시간이 넘었는데, 대접을 못 해서…."

문재인-노무현과 송기인 신부 | 2017.05.14.

문재인 대통령 당선에 때맞추어 갑자기 매스컴을 타기 시작한 인물이 있다. 2005년 12월 사목(司牧) 일선에서 물러난 후 경남 밀양시 삼랑진읍 용전마을에서 노후를 보내고 있는 송기인 신부(79)가 그 주인공. 그의 존재를 가장 먼저 부각한 언론 매체는 중앙일보로, 그분의 이야기를 '단독' 꼬리표를 달아 5월 13일 자 신문에 1면 머리기사로 내보냈다. 기사가 나가자 다른 언론매체들도 지면이나 시간을 할애하기 시작했다.

1938년 부산에서 태어난 송기인 신부는 문재인 대통령은 물론 노무현 전 대통령에게도 '정신적 스승'이었다. 두 전·현직 대통령 모두 그를 '부산 민주화운동의 대부(代父)'로 깍듯이 모셨다. 1972년 사제 서품을 받고 곧바로 천주교 정의구현사제단에 참여해 반독재(反獨裁) 투쟁에 뛰어들었고, 노무현 정부 시절엔 '진실·화해를 위한 과거사정리위원회' 초대 위원장을 맡기도 했다. 결과론이지만, 이 세 분의 인연은 대한민국 역사의 흐름에서 여러 차례 굵은 획으로 만난다.

노 전 대통령은 송 신부를 부산 미문화원 방화 사건 때(1982년) 처음 만났고, 그의 부탁대로 이 사건 피의자의 변론을 맡는다. 그리고 1986년엔 송 신부의 집례 아래 세례(영세)를 받는다. 세례명은 '유스토(Iustus)'. 성인(聖人)의 이름에서 따온 것으로 라틴어로는 '정의', '올바름'이라는 뜻이 담겨 있다. 그러나 세례를 먼저 받고 교리 학습을 나중에, 그것도 소홀히 받은 탓일까? 그의 신앙심은 깊지 못했고, 끝내 '냉담자'로서 마침표를 찍은 것으로 안다.

그러나 문 대통령의 신앙은 격이 달랐다. 부산 영도 남항초등학교 3학년 때 영도 신선성당에서 세례를 받았고, 결혼식도 이 성당에서 올렸다. 세례명은 '디모테오'(=사도 바울로의 제자). 송 신부와의 인연은 세례 미사 그 이전으로 거슬러 오른다. "어머니(강한옥 여사, 90)가 내가 있던 성당(영도 신선성당)의 독실한 신자였어."(중앙일보. 5.13) "문 대통령 모친과 아주 오래전부터 친하다. 신선성당 주임신부로 있을 때 모친이 성당 사목위원회 부회장을 맡아 굉장히 열심히 활동했다."(서울신문. 5.14) 송기인 신부의 회고담이다.

문재인과 노무현 두 전·현직 대통령의 만남의 다리 역시 송 신부가 놓았다. "문 변호사가 개업을 해야 하는데 돈 한 푼 없고, 사무실을 열 수도 없었어. 마침 노 변호사가 개업을 한 상태여서 같이 일을 시작하게 됐지. (부산 미문화원 방화 사건이 있었던) 1982년 변호사 사무실에서 두 사람을 처음 만났고…."(중앙일보. 5.13) "문 대통령이 사법시험에 합격은 했지만, 반정부(反政府) 시위 전력으로 판사 임용이 안 됐어. 무일푼으로 변호사 길로 들어섰는데 그때 먼저 개업한 노 전 대통령을 소개했고, 변호사 사무실에서 함께 만났지. 민주화운동이 한창일 때였어. 젊은이들이 민주화운동으로 연행되면 두 사람에게 (변론을) 부탁하곤 했지."(서울신문. 5.14)

노(老) 신부는 전·현직 두 대통령의 성격 차이도 스스럼없이 공개했다. 중앙일보 기자가 두 분의 장단점이 무엇인지 묻자 그의 대답은 이랬다. "문 대통령이 노 전 대통령보다 실수를 적게 할 거다. 그는 들어주는 힘이 있고 생각을 깊이 하기 때문에 부딪히는 일이 적을 것 같다. 들어주는 아량이 있다." 중앙일보는 5월 13일 자 인터뷰기사 제목을 <"문재인, 노무현보다 실수 적을 것">이라고 뽑았다.

또 다른 분의 말도 듣고 싶었다. 문 대통령과 경남고 25회 동기이자 문 대통령이 한겨레신문 초대 부산지사장일 때 총무 일을 맡았던 송세경 씨(65, 서울 거주, 구성애 여사 남편)는 친구의 성격에 대해 이렇게 말했다. "차분했지요. 자기에겐 엄격하면서도 남들에겐 관대하고. 남의 말을 잘 듣는데 우유부단해서가 아니라 사고가 민주적이어서 그래요. 노무현 정부 땐 속 많이 썩었을 겁니다." 문 대통령은 생활이 어려운 친구가 사람이 다치는 교통사고를 내자 비용 전액을 대신 물어준 일도 있었다는 게 그의 귀띔이다.

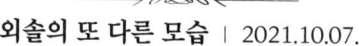

외솔의 또 다른 모습 | 2021.10.07.

몇 해 전, 그분이 77세 되던 1970년 3월에 돌아가셨으니 그 전의 일인 것만은 틀림없을 것이다. 그분을 만난 곳은 텔레비

전 화면 속이었고, 처음이자 마지막이기도 했다.

처음에는 몹시 놀랐다. 가수 '패티 김'과 그녀의 노래를 아주 좋아한다는 사실 때문이었다. 방송사 카메라는 노래하는 패티 김을 바라보며 환하게 웃는 그분의 모습을 따라가고 있었다. <사랑하는 마리아>, <가을을 남기고 간 사람>…. 패티 김이라면 나도 좋아하는 가수인지라 텔레비전에 빠져드는 동안은 그분과 동질감을 느끼는 기분이었다.

'외솔 최현배 선생(1894.10.19~1970.03.23)' 하면 어쩐지 차가운 분위기가 먼저 느껴진다. '한글이 목숨'이란 그분의 붓글씨나 <조선 민족 갱생의 도>란 그분의 책 이름이 그런 지레짐작을 심어준다. 그러나 이는 어디까지나 '선입견'일 뿐이다. 그분의 또 다른 모습을 접하고 나면 생각이 달라진다.

외솔 선생과 패티 김 사이의 끈끈한 인연은 '패티 김-길옥윤 부부'에게 보낸 그분의 편지글에서도 확인된다. 라디오에 나온 작곡가 길옥윤이 짐짓 알려주어서 알게 된 일이지만, '그린비'와 '단미'란 고운 우리말을 선생이 부부에게 선물해 주었던 것이다.

무슨 뜻이었을까? '한글문화연대' 누리집(2014.03.04.)에 글을 올린 성기지 운영위원은 '그린비'란 아내가 지아비를 부르는 말로 '그리운 선비'를 줄인 부름말이고, '단미'는 지아비가 아내를 부르는 말로 '달콤한 여자'라는 뜻의 부름말이라고 했다. 이분은 또 '선비'는 남자를 공손하게 부르는 말이고, '~미'는 여성을 뜻하는 우리말의 접미사라는 풀이도 덧붙였다.

한 가지 아쉬운 것은, 이 아름답고 예쁜 우리말이 오래 가질 못하고 책갈피 속에 묻히고 만 일이다. 다른 말도 그렇겠지만, 입소문만 냈을 뿐 자꾸 써 버릇하지 않으니 그렇게 될 수밖에 없었을 것이다. 그것이 말의 숙명인 탓에.

외솔 선생의 또 다른 모습은, 그분이 한때 '정치 지망생'으로서 외도를 저지른 일에서 엿볼 수 있다. 6·25 한국전쟁이 발발하기 한 달 전인 1950년 5월, 선생은 대한민국 제2대 국회의원 선거에 도전했다. 출마 지역은 '울산군 을' 선거구였지만, 아깝게도 낙선의 쓴잔을 마시고 만다. 인물 작가 장성운 씨는 <울산의 인텔리들> 두 번째 편에서 다음과 같이 서술했다. "외솔과 함께 출마한 사람으로는 김홍조의 아들 김택천, 청년 운동가 박태륜, 수산업 거부 백만술이 있었다. 이 밖에도 김두헌, 오영출, 조용진, 임용길, 박명준, 고기철, 변동조, 박곤수가 출마했다."

그러나 이 선거에서 외솔은 부친(김홍조)의 후광을 입었던 김택천에게 뒤져 의회 입성에 실패하고 만다. 당시 56세였던 외솔은 울산 군민들이 선거자금까지 마련해 주었으나 김택천이 8천800여 표를 얻은 데 반해 차점인 6천300여 표를 얻는 데 그쳤다.

글쓴이는 "그 무렵 선거유세를 구경했던 사람들은 외솔이 명성과 학식에 비해 연설이 뒤졌다고 말한다."는 흥미로운 글도 뒤끝에 달았다. 궁금한 것은, 올곧은 선비 같기만 하던 선생이 왜 정치할 꿈을 꾸었는지, 그 속뜻을 헤아리기는 쉽지 않으나 추측은 가능하다.

외솔 선생은 8·15 광복 후 미군정청에 이어 대한민국 문교부에서도 편수국장을 지내면서 적지 않은 영향력을 끼쳤다. 요즘은 이른바 '서울대 학파'의 위세에 짓눌려 명함도 못 내밀 처지가 돼 버렸지만, 해방정국에서 실감했던 '힘의 논리'를 뼈저리게 느꼈던 때문은 아니었을까.

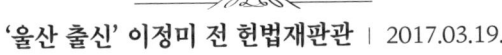

'울산 출신' 이정미 전 헌법재판관 | 2017.03.19.

"피청구인 대통령 박근혜를 파면한다!" 역사적 탄핵 심판 선고가 진행된 2017년 3월 10일 오전, 낭랑하면서도 또렷한 경상도 말씨의 주문(主文)이 헌법재판 법정에 울려 퍼졌다. 온 국민을 숨죽이게 만든 목소리의 주인공은 이정미(李貞美) 당시 헌법재판관(55, 전 헌법재판소장 권한대행). 이날 미용 도구인 '헤어 롤' 2개를 머리에 꽂은 채 출근해 해외토픽감이 된 화제의 주인공이기도 하다.

사법연수원 16기인 그녀에겐 2011년 3월 이후로 '사상 두 번째의 여성 헌법재판관'이란 수식어가 따라다닌다. 법조계 재임 시의 평판도 나무랄 데가 없었다. '균형 있는 판결과 능숙한 일 처리를 인정받은 정통 법관 출신', '법원 실무에 능통하며, 늘 겸손한 자세와 타인에 대한 세심한 배려로 동료 법관과 법원 직원들의 신망이 두터운 여성 법관'이란 표현에서도 쉬 짐작이 간다.

그러나 조용하고 차분한 성품 탓일까? 1987년 임관 후 30년간 법복(法服)을 걸치는 동안 헌법재판소장 권한대행 기간만 제외하면 매스컴을 요란하게 탄 적이 별로 없는 것 같다. 다음 두 가지는 그녀의 존재감을 각인시키기에 모자람이 없을 것 같다.

하나는 제왕절개 수술의 위험성을 미리 설명하지 않아서 산모가 숨진 사건에서 의사에게 책임을 지운 판결이다. 또 하나는 헌법재판소의 '간통죄' 폐지 심판 과정에서 드러난 그녀의 생각이다. 이정미 당시 헌법재판관은 폐지 시의 보완책을 강조하며 이런 의견을 남겼다. "폐지되더라도 여성이나 가정을 보호하기 위한 방안들은 마련되어야 한다고 생각한다." 여하튼 그녀는 서민이나 사회적 약자를 위한 판결을 많이 내린 법관으로 알려져 있다.

'박근혜 파면'을 계기로 이정미 전 헌법재판관의 사적 신상이 궁금했다. '울산 출신'이란 말을 들어 더 그렇기도 했다. 그러나 인터넷 검색 결과는 실망스러웠다. 고향이 '울산광역시'란 사실 말고 더는 연결고리를 찾기가 힘든 탓이었다. 그러던 차에 어느 밴드에 실렸다는 글을 입수할 수 있었다. 반갑기도 했던 그 글을 대충 간추려 전한다.

탄핵 심판 선고 사흘 뒤(3월 13일)에 퇴임한 이정미 전 헌법재판관은 1962년 6월 25일 울산에서 태어났고 대현초등학교와 학성여중을 나왔다. 대현초등학교에서 전교 수석을 놓지 않았던 이정미 학생은 학성여중에서도 전교 1등을 놓치지 않았다. 그리고 그녀가 마산여고에서 졸업장을 받은 것은 불가피한 선택이었다. 가난하면서도 강직한 교육자(초등학교 교사)였던 아버지 이재만 선생이 1970년대 후반 마산으로 솔가해서 전근했기 때문이었다.(당시 울산시는 경상남도 소속이었다.) 1980년대 초에 다시 울산으로 돌아온 아버지는 1986년 대현초등학교에서 정년 퇴임했다.

둘째 오빠인 이 모 울산대 특임교수(65)는 "어릴 적 동생은 책을 놓는 법이 없었고, 집중력이 좋고 무척 차분한 성격이었다."고 회상했다. 그는 또 "동생은 어릴 적 찬물로 빨래하는 등 고생을 많이 했고, 바쁜 가운데서도 늘 울산에 내려와 가족들과 지냈다."며 그녀의 각별한 가족 사랑을 전했다. 그녀는 수학 선생님이 되겠다는 꿈을 가졌으나 대통령이 저격당한 '10·26사태'를 지켜보면서 법관이 되어야겠다는 생각에 고려대 법학과로 진학해서 진로를 바꾼 것으로 전해진다. 2002년에는 울산지방법원 부장판사로 발령받아 당시 지법원장이었던 박한철 전 헌법재판소장(사법연수원 13기)을 지근거리에서 모시기도 했다.

북구 효문동 토박이인 정석윤 한국효행수상자 울산지회장(78)은 이정미 전 헌법재판관이 북구 화봉동이 고향일 거라고 귀띔했다. 종하체육관을 울산시에 기증한 이종하 선생과 같은 집안일 거라는 말도 덧붙였다. 그녀의 부친은 이미 돌아가셨지만 위로 두 오빠는 아직 생존해 있다. 울산이 낳은 훌륭한 여성 인재 '이정미'에 대한 인물 탐구는 지금부터 시작해도 늦지 않을 성싶다.

성파 큰스님의 눈에 비친 울산 (上) | 2019.10.27.

외경(畏敬)의 대상인 분을 처음 뵙게 된다는 것은 가슴 두근거리는 일이 아닐 수 없다. 명망 높은 큰스님과의 첫 대면 역시 다르지 않았다. '영축총림(靈鷲叢林)의 정신적 사표(師表)'로 불리는 성파(性坡) 큰스님을 가까운 거리에서 뵙고 싶었던 이유가 있었다. 간간이 그분만의 예술세계를 귀동냥으로 들은 바 있어 눈으로 확인하고 싶었기 때문인데, 이제 그 기회가 주어진 것이다. 큰스님과의 교분이 5년 차에 접어들었다는 김언배 교수(울산대 섬유디자인학과)가 다리를 놓았다. 조형 디자인계의 원로 B 이사장(서울)과 주얼리(보석) 디자인계의 큰손 R 교수(천안)가 일행으로 합류했다.

토요일인 10월 26일 오전, 유네스코 세계문화유산으로 지정된 양산 통도사(通度寺)의 최고 어르신[方丈·방장]을 서운암의 '토굴(土窟)'에서 뵙고 큰절을 올렸다. (김 교수는 큰스님의 거처를 '토굴'이라 불렀다.) 말문은 B 이사장이 먼저 열었다. 대화의 실마리는 '신철기(新鐵器)'(시대)인 듯했으나 그것도 잠시. 말씀을 큰스님이 받아서 대화의 주제는 어느새 '역사' 쪽으로 기울었다. 뜻밖에도 그 중심에는 '울산'이 자리를 잡아가고 있었다.

"신라 때 사찰 황룡사가 진골, 왕족을 가르치던 '교육 도량'이었다면 통도사는 인생관, 세계관을 바꾸어주던 민중 사찰이었지. 법으로만 다스리기보다는 정신적으로 국민정신을 새롭게 만들던 곳이라고 해야 할까. 그리고 태화사는 국방 사찰이었지. 지금도 울산에 '병영(兵營)'이 있지만 그곳은 말 그대로 군사 훈련장이었지."

큰스님의 말씀은 놀랍고 신기했다. 태화사(太和寺)가 군사를 양성해서 신라를 지키던 호국사찰이었다는 주장…. 병영에서 철기를 다루어 병기를 만들고 군사 조련을 도맡아 했으며 병영이란 지명이 조선조가 아니라 신라 시대부터 존재했다는 주장 역시 그랬다.

"태화동, 태화강이란 말도 태화사가 그 뿌리야. '태화(太和)'란 '평화'를 의미하지. 태화강, 반구대, 작천정은 정규군의 훈련장이었고 병영, 언양은 화랑(花郞) 본부가 있던 곳이고. 석남사 입구에 '활 궁(弓)', '뿌리 근(根)'이 들어가는 '궁근정(弓根亭)'이란 지명도 군사훈련과 무관치 않아."

"지금 '화랑의 집'은 경주에 있지만 신라 때 국방은 모조리 국방 사찰 태화사에서 관장했어. 위수사령부가 서울 외곽에 있는 거나 같은 이치라고 봐야겠지."

울산에 대한 큰스님의 설법을 닮은 말씀은 태화강물처럼 도도하게 흐르고 있었다. 돌아오는 차 안에서 들은 얘기지만, 성파 큰스님은 해병대 부사관 출신이었고, 역시 해병대 장교 출신인 김언배 교수에게는 대선배나 다름없었다. 그러니 군사전문가 시각에서 태화사와 태화강을 꿰뚫어 보신 거라 해서 지나치지 않을 듯싶다. 태화강을 끼고 있는 울산은 한마디로 신라 정규군 '화랑'이 근거지로 삼았던 '요새 중의 요새'라는 것이 큰스님의 지론이었다. ▷下로 이어짐

성파 큰스님의 눈에 비친 울산 (下) | 2019.11.03.

팔순에 접어든 큰스님의 거실을 유심히 살펴보았다. 예술 작품 아닌 것이 없다던 누군가의 말은 거짓이 아니었다. 무심코 앉아본 방석, 찻잔을 안은 다탁, 자개 박힌 채색 항아리, 비구상 계열의 병풍 그림에 이르기까지…. 그런데도 붙여진 이름은 '토굴(土窟)'이라 했다.

울산·충주와 함께 신라 시대 야철지(冶鐵址)로 유명한 경남 합천군 야로면 야로(冶爐)마을이 고향이라는 큰스님. 이야기의 주제는 자연스레 '쇠부리'로 옮겨 갔다.

"가야 때 울산의 제철 기술이 신라로 이어지면서 철기문화가 더 발달했지. 통일신라 이전에는 철기문화의 본고장이 울산이란 사실과 태화사에 관한 얘기를 전임 울산시장한테 일러주

없는데 못 알아듣는 것 같았어. '태화사' 하면 '불교'가 들먹거려질 텐데, 그게 싫었던가?"

하긴 그럴지도 몰랐다. 독실한 보수기독교 신자가 볼 때 불상(佛像) 받드는 일은 우상(偶像)숭배로 비쳐질 수도 있으니까. 다시 야철(冶鐵) 얘기로 돌아갔다.

"옛날의 철은 마사가 많은 땅에서 괭이로 파내는 사철(沙鐵)이 많았지. 특히 봉암사 주변은 산 전체가 철일 정도였고. 여름철에 번개가 쳤다 하면 그 산 쪽에서 난리가 났지. 철이 워낙 많았으니까."

큰스님은 다른 채철(採鐵) 방법도 들려주셨다. 철 성분이 섞인 돌을 물레방아로 찧듯이 해서 가벼운 흙은 걸러내고 무거운 돌만 따로 모아 쇠 불리는 작업에 썼다는 것이다. 땔감 얘기도 나왔다. 어릴 적 고향마을에서 눈여겨본 광경을 떠올리시는 것 같았다.

"쇠 불리는 작업은 나무(땔감)가 많은 곳에서 했어. 숯은 참나무를 태운 백탄(白炭)을 썼고. 화력이 셌으니까."

대화 도중 'B 교수(△△협회 명예 이사장)'가 한 말씀 거들었다. 몇 해 전 공장이 많은 창원에서 추진했다는 '신철기' 관련 사업 얘기였다. 말 나오기가 무섭게 큰스님이 말문을 막았다. 철(鐵)에 관한 사업이라면 창원 대신 울산에서 해보라는 충고도 곁들였다.

"역사적으로 볼 때 창원이 울산만은 못 하기 때문이야."

큰스님의 울산 예찬론은 끝을 몰랐다. B 교수가 언뜻 완도가 근거지였던 '해상왕 장보고' 얘기를 꺼내자 이도 애써 말리셨다. 말씀 속에는 결연한 의지가 엿보였다.

"장보고도 신라 사람이야. 신라 통일의 동력은 철기문화가 앞선 울산에서 나왔어. 정 뭣하면 울산에서 B 교수를 초청하듯이 해서 사업을 하면 될 것 아니겠나?"

이번에는 필자가 말문을 열었다. '지론(持論)의 근거를 지난 시대의 기록에서 찾을 수 있겠는지'라는 물음에 대한 답변은 이러했다.

"기록에 없다면 모른다고 해야겠지만, 아니라는 기록은 또 어디 있나? 역사적 기록이 추측(추론, 가설)에서 비롯되는 것도 많지 않은가?"

어려서 귀동냥으로 들은 얘기, 출가 후 발품 팔며 눈으로 확인한 사실들이 강한 자신감으로 굳어졌을지 모른다는 생각이 잠시 뇌리를 스쳐 지나갔다.

큰스님의 이야기는 보좌 스님이 '점심 공양' 시간을 알리면서 멈추었다. 그전까지의 얘기 속에는 신라 때의 고승(高僧) 자장율사와 그를 극진히 모시면서 조언까지 구했던 당 태종 이세민의 이야기며, 적잖은 이야기들이 실타래처럼 풀려나왔다. 그중에는 서슬 퍼런 군사정권 시절, 엄청난 규모의 '양산 토성' 일대가 골프장에 편입되는 것을 막기 위해 벌인 통도사 스님들의 집단저항 얘기도 포함돼 있었다.

어쨌든 성파 큰스님이 풀어나간 대화의 큰 줄기는 '울산에 대한 애착'이라는 생각을 지울 수 없었다.

송당(松塘)이 시집 선뵈던 날 | 2018.12.02.

그의 아호(雅號) 얘기를 꺼내면 고개를 갸웃거릴 이가 많을 것이다. 사실 필자도 최근까진 그랬다. 엊그제 넌지시 아호를 여쭈었더니 '松塘'이라 했다. 유래가 궁금했다.

"옛날 송정 우리 집에 소나무하고 연당(蓮塘)이 있었지. 그래서 아호는 '소나무 松' 자하고 '못 塘' 자를 합쳐 지었지."

아호 송당의 주인공은 울산예총회장, 북구문화원장을 비롯해 듬직한 직함이 한 아름도 더 되는 시인 박종해(朴宗海, 77) 선생이다. 그가 말한 '송정 우리 집'이란 한옥 명가로 이름났던 북구 송정동의 '양정재(養正齋)'를 가리킨다. 지금은 아파트 개발로 같은 마을 고헌(固軒) 박상진 의사('광복회 총사령' 지낸 울산의 독립운동가, 1884~1921)의 생가 바로 근처로 옮겨와 다시 짓는 중이다. (그는 고헌의 7촌 조카다.)

지난 11월 30일은 박종해 시인을 위한 날이었다. 저녁 6시 무렵, 울산문화예술회관 구내식당 '쉼터'는 지인과 문단 후배들의 체온이 서서히 냉기를 압도해 갔다. 눈대중 가늠으로도 백이십은 거뜬해 보였다. 수군거리는 소리에 귀를 쫑긋 세웠다.

"인심 안 잃은 걸 보니 참 대단해."

울산연예인협회 노(老)회원이 뿜어내는 색소폰 선율도 객석 분위기를 데우는 데 한몫했다. 피날레 곡은 배호가 부른 박 시인의 애창곡 '영시의 이별'. 무대 벽면에 가로로 내걸린 현수막의 행사명을 다 읽어 내리는 데는 약간의 인내심이 필요했다. <박종해 시인 울산문협… 입회 50주년 기념 시집 '사탕비누방울' 출판기념회>. 울산문인협회 가입날짜가 1968년 11월 22일이니 입회 50주년이 막 지나갔고, 그동안 펴낸 시집만 해도 벌써 12권이라고 했다. 축사와 격려사가 이어졌다.

울산중·고 사제지간이라는 이충호 울산예총 회장이 먼저 마이크를 잡았다. 박종해 시인을 60년대 울산 문단에 낭만의 시대를 연 시인이라 추켜세운 그는 박 시인의 초창기 시(詩) '탱자'와 '비밀'을 떠올리며 그 나름의 의미를 부여했다. 뒤이은 순서는 김선학 문학평론가(동국대 명예교수)의 특강. 2년 연하이면서도 오래전 박 시인의 아량 덕분에 나이를 떠난 허교(許交)를 허락받고 '절친'으로 지낸다는 그는 시인의 인간적 면모도 부각하려고 애썼다. '시인이자 애주가로서 경험한 일화'도 그의 강연에 삽지처럼 끼어들었다.

그가 낭송한 '개그'란 제목의 시는 좌중의 시선을 휘어잡았다. <갑자기 몸이 흔들리고/ 내가 사는 아파트 십층이 어질어질할 때/ 나는 장식장 위의 큰 술병을/ 나도 모르게 끌어안았다/ 인삼주, 영지버섯주, 하수오주/ 공룡의 꼬리가 후려치며 지나가듯이/ 지진이 우리 아파트를 빠져나갔을 때/ 아내가 나를 보고 웃었다./ "마누라보다 술병이 더 좋은가베"/ 만약에 내가 술병을 끌어안고/ 콘크리트 파편에 맞아 죽었다면/ 신문에 무엇이라고 날까/ '삼류시인, 술병을 끌어안고 죽다'>

사실 필자가 아는 박종해 시인은 술을 무척 좋아한다. 그러나 그 설명만으론 부족하다. 술 못지않게 사람을 좋아하기 때문이다. 12번째 시집(詩集)을 선보이던 날도 그랬다. 망년지교(忘年之交)를 맺은 김선학 평론가의 강연이 30분을 넘기면서 프로그램 전체가 흐트러졌다. 이를 의식한 박 시인이 당신에게 주어진 '작가의 변' 순서를 전격 생략하는 용단을 내린다. 그러면서 이렇게 말했다. "음식 상할라, 식사부터 하이소." 하객들은 자신보다 좌중을 먼저 의식한 것으로 해석했다.

작가의 변을 그의 시집 말미에서 만나 본다. "이백(李白)과 두보(杜甫)의 시가 천여 년 회자 돼온 연유가 어디에 있을까. 그것은 그의 시에는 누구나 공감할 수 있는 진실과 감동이 있기 때문이다. 아무런 감흥도 주지 못하는 쭉정이 같은 시를 모아 시집을 내고 나니 자괴감이 앞선다."

어느 시인의 죽음 | 2022.05.10.

올봄은 좀 유난스럽다. 초봄부터 늦봄까지 적지 않은 별들이 잇따라 스러져 갔으니…. 평론가 이어령(2.26)에 이어 작가 이외수(4.25)가 지는가 싶더니 배우 강수연(5.7)과 시인 김지하(5.8)가 앞을 다투듯 그 뒤를 이었다. 향년(享年)으로 치면 89세(이어령), 76세(이외수), 55세(강수연), 81세(김지하)였다.

이들 가운데서도 여운(餘韻)의 그림자가 가장 길게 드리워진 이는 시인 김지하(金芝河, 1941.02.04.~2022.05.08.)가 아닐까 싶다. <토지>의 작가 박경리의 사위라서 그런 걸까? 아니면? 어쩌면 그의 남달리 감성적인 작품과 유난히 굴곡진 삶 때문인지도 모른다. 필자로서도 내연(內緣)이 깊었던 이는 김지하였다.

그와의 연은 1970년 5월 <思想界(사상계)> 5월호에 실린 그의 담시(譚詩=이야기詩) <오적(五賊)>이 맺어주었다. 여기서 '오적'이란 재벌, 국회의원, 고급 공무원, 장성, 장·차관을 가리킨다. 혹자는 '오적'을 '일제 통치의 수혜 특권층'이라 풀이하기도 한다. <오적>이 겨냥한 과녁이 '일제 잔재의 완전청산'이었다는 이야기다. 200자 원고지 40장 분량으로 18쪽에 걸쳐 실린 이 장시(長詩)는 '오적 필화(筆禍)사건'을 낳았고, 그 파문은 그해 9월 <사상계> 폐간과 편집인 구속('국가보안법 위반')으로 이어진다. 그러나 아이러니하게도 이 사건은 김지하를 졸지에 스타 자리(star-dom)에 올려놓는 발판이 된다. '김지하'라는 젊은 시인을 '세계적 체제저항 시인'으로 띄워준 것이다.

그 뒤 필자는 한동안 '살아있는 유령' 김지하의 포로 신세에서 벗어나지 못했다. 더욱이 5년 뒤(1975년)에 꺼내든 <타는 목마름으로>라는 시는 그를 맹신(盲信)으로 이끈 길잡이가 됐다. 내친김에, 역대 군사정권 시절 '분노의 술안주'이자 '민중가요 노랫말의 윗자리'를 차지했던 그 시구(詩句) 몇 줄을 소환해 본다.

"신새벽 뒷골목에/ 네 이름을 쓴다, 민주주의여/ 내 머리는 너를 잊은 지 오래/ 내 발길은 너를 잊은 지 너무도 너무도 오래/ 오직 한 가닥 있어/ 타는 가슴 속 목마름의 기억이/ 네 이름을 남몰래 쓴다, 민주주의여 … 되살아오는 끌려가던 벗들의 피 묻은 얼굴/ 떨리는 손 떨리는 가슴/ 떨리는 치 떨리는 노여움으로 나무판자에/ 백묵으로 서툰 솜씨로 쓴다/ 숨죽여 흐느끼며/ 네 이름 남몰래 쓴다/ 타는 목마름으로/ 타는 목마름으로/ 민주주의여 만세"

그러나 김지하가 <오적>을 발표한 지 21년 뒤, 그를 아끼던 많은 이들은 그의 가슴에 '변절자(變節者)'란 주홍 글씨 새기기를 주저하지 않는다. 조선일보에 기고한 <죽음의 굿판을 당장 걷어치워라>라는 칼럼이 화근이었다. 그중 몇 조각을 잘라서 보자.

"… 젊은 벗들! 나는 너스레를 좋아하지 않는다. 잘라 말하겠다. 지금 곧 죽음의 찬미를 중지하라. 그리고 그 굿판을 당장 걷어치워라. 당신들은 잘못 들어서고 있다. 그것도 크게! …"

잠시 1991년 5월로 돌아가 본다. 그 무렵은 명지대생 강경대 씨가 경찰에 맞아 숨지고 이에 항의하는 분신자살이 잇따르던 격동의 시기였다. 그리고 한 해 뒤 그는 박근혜 대통령 후보의 열렬한 지지자로 이름표를 갈아 단다.

"말도, 글도 남기지 못했지만, 눈을 깜빡이고 고개를 끄덕이는 모습은 그 어느 때보다 편안하게 생을 마감하셨습니다." 원주세브란스기독병원 장례식장 빈소에서 고인의 둘째 아들(김세희 토지문화재단 이사장)이 취재진에게 전한 말이다. 언론은 그의 죽음을 '별세(別世)'라고 표현했다. '프란치스코'란 세례명을 건네준 천주교에서는 그의 죽음을 '선종(善終)'이라고 불렀을 것이다.

고인의 명복을 빈다. 그에게 '변절'의 낙인을 찍게 만든 온갖 뒷말도 가슴에 묻기로 한다.

김오랑 중령과 백영옥 여사 | 2022.06.20.

5월 24일, 눈이 번쩍 뜨이는 기사가 있었다. 대통령 소속 '군(軍) 사망사고 진상규명위원회'가 51차 정기회의 끝에 12·12 반란군에 의해 사살된 김오랑 중령(당시 소령) 사건에 대한 직권조사에 나서기로 했다는 소식이었다. 직권조사 이유는 "사망 직후 작성된 군 기록에는 사망 구분이 '순직'으로 돼 있고, 국가기관에 의한 조사를 통해 구체적인 경위가 기록되지는 않았기 때문"이라고 했다.

김 중령은 12·12 신군부 쿠데타 당시 정병주 특전사령관의 비서실장이었다. 그는 정 사령관을 체포하러 들이닥친 신군부 제3공수여단 병력에 맞서 총격전을 벌이다 총탄에 맞아 숨졌다. 사망 날짜는 1979년 12월 13일이었고, 그의 나이는 35

세였다. 그의 희생 경위는 반란군 재판 과정에서 확인됐고, '참 군인', '억울한 죽음', '김오랑 정신'이란 수식어가 그래서 따라다닌다. 그는 부인의 끈질긴 노력에 힘입어 1990년 중령으로 특진이 된 데 이어 2014년에는 국회의 노력으로 보국훈장이 추서된다. 묘비는 국립서울현충원 제29 묘역에서 만날 수 있다.

'김오랑'이란 이름 석 자를 또렷이 기억하게 된 것은 부산 국제신문 선배 기자인 조돈만 소설가(2017년 1월 작고, 대표작=<해뜰날>) 덕분이었다. 서울 테헤란로 잡지사에서 같이 근무하던 1987년 6월 어느 날, 조 선배는 소설 초고(草稿) 한 움큼을 필자에게 건네며 느낌을 물었다. '김오랑 소령'에 관한 논픽션(nonfiction). 발로 뛰며 쓴 것으로 보이는 습작 원고에는 김 소령의 4년 연하 부인 백영옥(白榮玉) 여사(1991년 6월 작고)에 관한 서술도 같이 들어있었다.

일터를 부산 CBS로 옮긴 뒤 관심은 김 소령보다 백 여사에게 쏠리기 시작했다. 거처가 부산 영도의 산중 암자라는 소리를 들었기 때문이다. 후배 기자를 시켜 근황을 알아보게 했고, 들려온 소식은 가슴을 아프게 했다. 남편의 충격적 사망 소식이 시력을 잃게 했고, 영도 생활도 측은하기 짝이 없어 보이더라는 것.

그런 뒤 그녀의 소식은 오랫동안 기억의 곳간에는 사라지고 없었다. 햇수로 따져 자그마치 30여 년 전의 일이어서 그런가? 그러던 그녀의 소식을 다시 들을 기회가 생겼다. '군 사망사고 진상규명위원회'의 직권조사 뉴스가 바로 그 기회였다. 하지만 인터넷 바다에서 다시 건져낸 백 여사의 뒷얘기는 더한층 비탄(悲嘆)의 소용돌이 속으로 밀어 넣고 만다.

소용돌이를 일으킨 것은 다음과 같은 소식이었다. "김오랑 중령의 시각장애인 부인 故 백영옥 여사(1948.11.27~1991.6.28)는 1990년 12월 당시 대통령 노태우를 비롯해 전두환, 최세창, 박종규 등을 상대로 민사소송을 진행하다가 1991년 6월 28일 부산 영도의 자택 3층 건물 난간에서 실족사했다."

정말 '단순 실족사'였을까? 이런 물음표를 던지는 사람은 오히려 자살 쪽에 무게를 둔다. 생의 끝자락에서 그녀는 얼마나 처절한 분노로 몸부림을 쳤을까? 듣기로는, 돕는 이보다 기생하는 이가 더 많았다는 주장도 있었다. 위키백과 기자는 그녀에게 '백수린'이라는 가명으로 펴낸 자서전이 남아 있다고 귀띔한다. 그 속에는 알려진 것보다 얼마나 더 많은 비화가 숨어 있을까?

경남 김해가 고향인 김오랑 중령은 육사 25기생이 되기 전 김해농고를 다녔다. 2014년 현충일에 그의 흉상이 김해시 삼정동 김해삼성초~삼정중학교 사이 산책로 옆 잔디밭에 세워진 것도 바로 그런 배경이 작용했다. '위원회의 직권조사'가 김오랑-백영옥 부부의 원한을 조금이나마 풀어주는 계기가 되기를 진심으로 소망한다.

15대 종정 스님과의 대화 | 2021.12.28.

근 반년 만에 스님을 성탄절에서야 찾아뵈었다. 그사이 많은 것이 달라져 있었다. 가장 뚜렷한 건 위상(位相)의 변화였다. 사부대중의 호칭도 '대종사(大宗師)'에서 '종정(宗正)'으로 바뀌어 있었다. 언뜻 '종정'의 사전 풀이를 들여다보았다. '우리나라 불교계의 최고 지도자. 특히 대한불교조계종에서 종단의 신성함을 상징하는 직위를 말한다. 종통(宗統)을 계승하며 불교계에서 최고 권위를 지닌다.'

지난 13일 대한불교조계종 제15대 종정으로 추대된 영축총림 통도사의 방장 성파(性坡) 스님. 그 어른을 '토굴'에서 뵙기에 앞서 서운암 경내 장경각 앞마당을 오랜만에 살폈다. 눈을 남쪽으로 돌리는 순간 널따란 자갈마당 한 귀퉁이에서 강렬한 은빛이 시신경을 자극했다. 가까이 다가가 보았다.

그 빛줄기는 한때 '인공 연못'으로도 불렸던 수중(水中) 전시용 수조(水槽) 2곳의 수면에서 새어 나온 반사광(反射光)이었다. 눈이 휘둥그레진 것은 한동안 앞마당 한구석 '전시관' 옆으로 밀려나 있는 줄 알았던 성파 스님의 '나전 옻칠' 작품 두 점이 전보다 더 생생하게 되살아나 있었기 때문이다. 작품의 주제는 울산의 국보(國寶) '반구대암각화'와 '천전리암각화'.

오후 2시 토굴에서 합류한 부·울·경 손님 열두 명이 일제히 큰스님에게 절을 올린 뒤 다담(茶談)을 이어갔다. 차례를 기다리던 필자도 예를 갖춰 말문을 열었다. "장경각 앞 큰스님의 옻칠 작품 두 점, 다시 광채가 빛나던데 어찌 된 연유이신지?" 큰스님이 말을 받았다. "지난주에 다시 선보인 거야. 처음에는 물이 들어오고 나가는 구멍이 없었는데 이번에는 그런 잘못을 바로잡아 놓은 거지."

그러고 보니 북쪽 천전리암각화 전시용 수조 한쪽 모서리를 차지하고 있던 맷돌 모습이 떠올랐다. 그럼 그렇지! 그 이유가 바로 귀에 들어왔다. 말씀이 이어졌다. "물이 고이기만 하다 보니 지난여름에는 그 땡볕에 수조의 물이 쩔쩔 끓는 거야." 두 옻칠 작품을 지탱해 주던 접착제가 그때 녹으면서 물이 스며들어 작품을 버려놓았다는 말씀 같았다.

달라진 게 또 있었다. 두 작품의 안내판을 관람객의 눈높이에 맞춰 작고 아담하게 새로 꾸며 놓았던 것. '암각화' 말끝에 큰스님이 한 말씀 하셨다. 방 안에 둘러앉아 있던 방문객들의 귀가 큰스님 쪽으로 향했다. "다들 '천전리각석'이라 하던데 앞으로는 그러지 말고 '암각화(岩刻畵)'라고 불러야 해. 요새 돌 새기는 사람들, 하나같이 각석(刻石)이라 부르지 않나?" 뒷말은 안 들어도 알 것 같았다. "너도나도 각석이라고 부르면 국보의 가치가 떨어지잖아." 내친김에 필자가 한마디 거들었다. "'암각화' 대신 순우리말 '바위그림'은 어떨는지요?"

큰스님이 3년이나 공들여 만든 옻칠 작품을 울산시청 본관 벽면에 걸어둘 기회를 주실 수 있는지, 넌지시 여쭈었다. 큰스님의 훌륭한 작품을 시민들이 가까이서 볼 수 있도록 허락해

주셨으면 하는 울산시 관계자의 간절한 부탁도 들은 바 있고 해서였다. 큰스님의 말씀은 스스럼이 없었다. "그러잖아도 며칠 전 종정 추대 소식을 들은 송철호 시장이 인사하러 와서 그 비슷한 말을 하던데, 그때는 내가 답을 안 했지."

그러면서 여운을 남기셨다. 새 작품을 만들어 기증하는 방안을 고민해 보겠다는 말씀이었다. 제작 기간은 바짝 앞당기더라도 1년은 더 걸릴 거라는 말씀도 덧붙였다. 울산의 두 바위그림을 주제로 삼은 새 옻칠 작품이 완성돼 시청 본관 1층 로비의 벽면에 걸리게 된다면…. 울산 시민들은 어쩌면 '뜻밖의 크리스마스 선물'을 받은 기쁨에 큰스님을 향해 두 손 모아 합장(合掌)을 할지도 모를 일이다.

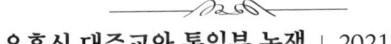

유흥식 대주교와 통일부 논쟁 | 2021.07.11.

"이렇게 시골의 주교를 불러서 임명한 것이 교황청으로 봐서는 가장 파격적인 인사라고 말하는 것을 제가 들었습니다."

이는 지난달 교황청이 '성직자성 장관'으로 임명한 유흥식 한국 천주교 대전교구장(대주교)이 지난 11일 한 매체 인터뷰에서 한 말이다.

유흥식 라자로 대주교의 교황청 장관 임명 소식은 알바트로스의 날갯짓인 양 엄청난 무게감으로 다가온다. 이를 전하는 언론의 분위기에서 그런 느낌이 와닿는다. '경사 맞은 천주교계', '한국 성직자 사상 첫 교황청 장관', '김대건 신부 탄생 200주년에 큰 선물', '교황청-北·中 관계에 핵심 역할', '교황 방북 기대감↑'.

한 나라의 장관에 해당하는 '성(省)'이 바티칸 교황청에는 9개가 있다. 이 중 '성직자성(聖職者省)'은 교구 사제와 부제들의 사목 활동을 심의하고 주교들을 지원하는 부처다. 교황청 역사상 한국인 성직자가 차관보 이상 고위직에 임명된 것은 이번이 처음인 모양이다.

가톨릭신문 역시 '파격 인사'라며 크게 보도했다. 이 신문은 6월 20일 기사에서 '성직자성 장관 임명의 의미'로 네 가지를 들었다. △한국 천주교회 저력 인정 △교황 방북의 다리 역할 기대 △보편교회에 새 활력, 친교·일치 이룰 적임자 △남북 화해·평화와 중국 등 아시아 관계에도 핵심 역할 기대 등이다.

언론은 프란치스코 교황과 유흥식 대주교의 '깊은 친분'에도 주목했다. 2014년 교황이 대전에서 열린 '제6회 아시아 청년대회'에 참석한 것도 유 주교가 교황에게 보낸 서신 덕분이었다는 것. 유 대주교는 2013년 브라질 리우데자네이루에서 열린 세계청년대회에서 교황을 처음 만나며 인연을 맺었고, 이후 서신을 통해 관계를 이어온 것으로 알려졌다.

앞서 언급했듯이 '유흥식 대주교' 하면 으레 '방북(訪北)'을 떠올린다. 교황청 산하 비정부기구(NGO) '국제 카리타스'의 한국 대표를 맡아 대북 지원사업을 주도적으로 펴왔기 때문이다. 대전교구에 따르면 유 대주교는 2005년 9월 북한을 찾아 '씨감자 무균 종자 배양 시설' 축복식을 했고, 2009년까지 4차례 북한을 방문했다. 교황 접견 때는 방북 의사를 거듭 확인하는 등 한반도 갈등 해소 의지를 알려온 인물이기도 했다.

그러나 정치계 일각에서는 '통일부 무용론(無用論)'이 고개를 내밀어 대조를 이룬다. 무용론의 바탕에는 '여가부처럼 하릴없이 국민 세금만 축내는 게 아니냐'는 회의론이 깔려있다. 그런 성향의 대표 정치인이 '작은 정부론'을 내세운 이준석 국민의힘 대표다. 이 대표는 10일 SNS에서 통일부를 '성과와 업무 영역이 없는 조직'이라며 "통일부를 둔다고 통일이 다가오나?"하고 날을 세웠다.

하지만 야당 인사라고 그런 주장에 다 동의하는 건 아니다. 당 대외협력위원장으로 윤석열 전 검찰총장 등 당 밖 대선주자 영입에 나서고 있는 권영세 의원은 9일 페이스북에서 "통일부의 존재는 그 자체로 우리의 통일 의지를 확고하게 천명한다는 점에서도 큰 의미가 있다."고 했다. 또 "통일부는 존치되어야 하고, 이 대표도 언행을 신중히 할 필요가 있다."고 공개적으로 비판했다.

진중권 전 동양대 교수도 논쟁에 가담했다. 11일 페이스북에 '남녀 갈라치기에 이어 안보 갈라치기까지 시도한다.'는 어느 사설을 공유한 뒤 "어떤 용기는 무식에서 나온다."고 꼬집었다. 그는 또 "공부가 안 돼 있으니 … 앞으로도 크고 작은 뻘짓을 계속할 것."이라고 직격탄을 날렸다. 다음 달 바티칸에서 있을 유흥식 대주교가 이 말의 성찬에 초대받는다면 어떤 쓴소리를 쏟아낼지 귀추가 주목된다.

'괴짜 신부' 홍창진 | 2021.02.07.

홍창진 신부를 보면 웃음부터 난다는 사람들이 적지 않다. 사실 그는 '붕어빵'처럼 누군가를 많이 닮았다. 그렇지, 바로 그 사람이야! 한때 KBS 2TV '개그콘서트'에서 '옥동자'란 별명으로 '인기 짱'이었던 코미디언 정종철 씨가 맞아.

울산의 지인 한 분도 그를 만난 적이 있다. 그는 이름 대신 '옥동자'라 부르며 유쾌하게 웃는다. 알고 보니 그는 '로만 칼라'가 잘 어울리는 '신부님'이다. '금방이라도?'로 시작되는 수식어 한마디쯤 붙인다면? '옷에서 뚝배기 해장국 냄새가 날 것 같은….' 어찌 보면 그는 어린이의 모습을 쏙 빼닮았다. '천진난만한 신부님'과 '순진무구한 어린이'와 '천국' 사이에 어떤 연관성이 있을까.

문득 성경 구절 한 대목이 떠오른다. 가톨릭(천주교)식으로 하면 '마르코 복음서' 10장 13~16절의 말씀이다. 개신교식으로는 '마가복음' 10장 13~16절에 있는 말씀이다. "내가 진정으로 너희에게 말한다. 누구든지 어린이와 같이 하나님의 나라를 받아들이지 않는 사람은 거기에 들어가지 못할 것이다." 그래,

그는 천국에 오를 자격이 충만한, 어린이 같은 존재가 아닐까?

홍창진 신부를 처음 본 것은 EBS 1TV의 '아주 각별한 기행'에서였다. 2020년 9월 14일부터 시작된 이 다큐 프로그램은 평일(월~금) 저녁 8시 35분~8시 50분에 방영되는 15분짜리 '쇼트 프로그램'이다. 2월 첫 주에 붙여진 이름은 <홍창진 신부의 절집 탐방>. 말하자면 홍창진 신부가 진행과 연기, 1인 2역을 도맡은 주도적 프로그램이었던 것, 그러고 보니 전혀 낯선 모습이 아닌데. 일전에 KBS 1TV '아침마당'에서 보았던 그분?

<홍창진 신부의 절집 탐방>은 5부로 구성됐다. △제1부 안동 운산스님 △제2부 담양 정보 스님 △제4부 대구 성종 스님 △제5부 구례 덕제 스님 순이다. 특히 놀랐던 것은 '제3부 울산' 편에 백성 스님이 주역으로 등장한 것. '백성 스님'이라면 '울산학춤'의 창시자, 바로 그분이다. '오가닉 라이프 신문' 소속 기자의 2월 3일 자 예고 기사에 시선이 갔다.

"울산의 한 마을 외곽엔 통도사 학춤의 맥을 이어가고 있는 백성 스님이 살고 있다. 오랜 세월, 조용히 수행해야 할 스님이 춤을 춘다며 천대를 받았지만 스님은 학춤을 포기하지 않았다. 많은 사람에게 춤으로 위안을 주기 위해서다. 다른 암자엔 없는 무용실이 있고, … 12년간 하루도 빠지지 않고 새를 관찰하러 간다. 학춤을 출 때면 부처의 행동을 하고 있는 것 같다는 백성 스님의 춤사위를 들여다본다."

남구 삼호동 철새홍보관장이기도 한 백성 스님(김성수 박사)이 후일담을 맛보기로 들려준다. 15분짜리를 위해 울산을 두 차례나 찾은 홍창진 신부와 속된 말로 '그렇게 죽이 맞을 수 없었다.'고 했다. 홍 신부는 울주군 천상마을 백성 스님의 토굴과 중구 태화루 마룻바닥에서 울산학춤의 진수를 눈으로, 몸으로 느끼다가 돌아갔다. 세 번째 방문에서는 울산의 무엇을 온 마음으로 느끼고 갈 것인지….

홍창진 신부는 '깨뜨릴 파(破)', '마칠 파(罷)' 자와 인연이 깊어 보인다. 파격(破格), 파안대소(破顔大笑), 혁파(革罷)도 그하고는 잘 어울릴 것 같다. 그렇다고 계율이나 깨뜨리는 '파계신부(破戒神父)'는 아니다. 비록 불교 의식을 좇아 합장하는 모습을 보이기도 했지만. 스스로 '괴짜 신부'라고 부르고 '문화테러리스트'라는 별명도 가진 홍창진 신부. 그의 어록엔 이런 말도 있다. "근엄의 가면을 던져버리고 나 자신에게 솔직해집시다. 인생이 유쾌해집니다.", "인생, '척' 하지 말고 솔직하게 삽시다."

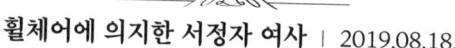

휠체어에 의지한 서정자 여사 | 2019.08.18.

광복 74주년 기념일인 8월 15일 오전, 동구 화정공원. 지난밤부터 내리던 비는 이날따라 몇 가지 상상도 같이 데려왔다. 혹자는 '고인의 눈물'이라고 그럴듯하게 의미를 달았다. 그러나 우리 나이로 아흔여섯인 서정자 여사에게는 모든 것이 귀찮

게만 여겨졌을지도 모른다. 방어진에서 태어난 서 여사가 이날 참으로 오랜만에 고향마을로 초대받은 것은 순전히 화정공원에 안치된 부친 서진문 선생(1900~1928)의 흉상 제막식 때문이었다.

서진문 선생은 일제 강점기에 민족정신을 일깨워준 일산마을 '보성학교'에서 야학 운동에 몸담다가 일본으로 건너가 활약한 독립운동가였다. 1928년, 28세의 나이에 일왕 히로히토 암살을 기도한 혐의로 붙잡혀 옥살이를 하면서 모진 고문 끝에 출옥 바로 다음 날 순국한 분으로, 2006년 건국훈장 애족장을 추서 받은 바 있다. 울산 동구청이 광복절 74주년 기념행사의 주제를 '서진문 선생 흉상 제막식'으로 잡은 것은 정천석 구청장이 이 역사적 사실에 주목하고 옷깃을 여미었기 때문이었다.

그러나 제3자의 시각에서는 아쉬운 점이 의외로 많았다. 흉상 제막과 관련, 동구청이 보여준 대부분의 일들이 서툴고 '관 주도적'으로 비친 탓이다. 첫째는 흉상의 이미지가, 둘째는 흉상이 들어선 위치가 그랬다. 유족 대표 격인 서진문 선생의 외손자 천영배(72, 서정자 여사의 장남) 씨에 따르면, 흉상의 이미지는 외조부의 실제 이미지와 거리가 너무 멀었다. 3차례나 거부 반응을 보여도 결과는 '소귀에 경 읽기'였다. 또 흉상이 들어설 곳으로 노인 쉼터(정자) 자리를 원했으나 이 또한 민원의 소지가 크다는 이유로 거절당했다.

셋째는 추모 분위기와는 너무 어울리지 않는 프로그램 내용과 미숙한 사회 솜씨였다. 이날 행사의 주인 격인 동구청장은 러시아 출장 계획이 갑자기 잡혔다며 참석을 포기했다. 그 자리를 부구청장이 메웠으나 얼굴만 내밀었다는 지적을 받아야 했고, 전체 행사의 진행은 구청 여직원이 도맡아서 했다. 하지만 사회자는 사전 준비가 없었던 듯 실수 연발로 분위기를 그르치곤 했다. 김종훈 '국회의원'을 '구청장'이라고 하는 등 내빈 이름을 두 차례나 잘못 소개한 것이 대표적이었다.

가장 눈살을 찌푸리게 만든 것은 행사 분위기에 걸맞지 않고 요란스럽게만 느껴진 공연 내용이었다. 서정자 여사의 일기를 신파조로 읽어 내려간 프리랜서의 낭송, '으'와 '어'도 구분하지 못한 사투리 발음, 격에 어울리지 않은 선곡도 낯을 붉게 만들기는 마찬가지였다. '홍도야 울지 마라'를 부르게 하기보다 차라리 추모 음악을 들려주었더라면 하는 뒷말들이 꼬리를 물었다.

우중 천막 행사가 끝나고 흉상 앞 기념 촬영이 잇따르던 시각, 서정자 여사의 2남 2녀와 가족들은 추적거리는 비를 맞으며 자리를 떠야 했다. 공원 위쪽 서진문 선생의 묘소 참배 순서가 기다리고 있었기 때문이다. 가족들은 서 여사가 의지한 휠체어를 어깨높이로 들어 올린 채 미끄럽기 짝이 없는 74개 나무 계단을 조심스레 밟고 올라갔다. 서진문-서정자 부녀의 6년 만의 재회가 이뤄지는 순간이었다. 그러나 눈물은 없었다.

며칠 뒤 그 이유를 서 여사의 장남이 귀띔으로 알려주었다. "어머니께서는 그날따라 치매증세가 심하셨지요. 다행히 감기는 안 걸리셨지만, 그날 울산 갔다 오신 사실을 지금도 기억하지 못하신답니다." 서정자 여사와의 만남은 74돌 광복절 날이 두 번째였다. 휴가 중이던 지난달 27일, 부산 초읍 '독립유공자의 집'을 방문하던 날 서 여사는 이부자리에서 일어나 자세를 고쳐잡으시며 품위 있게 절을 받으셨고, 덕담도 건네주셨다. 장남인 천영배 씨가 이해를 도왔다. "찾아주신 그날은 어머님께서 모처럼 정신이 맑으신 날이었습니다."

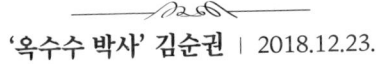

'옥수수 박사' 김순권 | 2018.12.23.

"금강산 관광하고 정주영 회장의 소몰이 방북(1998.6.17.), 다 제가 양쪽 오가며 뒤에서 도왔지요. 그때 정 회장이 내놓은 5억 원이 '국제옥수수재단'의 설립 밑천이 되었고…."

변경된 유선방송 채널을 몇 차례 돌리다 우연히 마주친 화면 속의 얼굴. 악수를 나누거나 통성명을 한 적은 없어도 매우 낯이 익은 얼굴. 우람한 체구, 경상도 억양, 거침없는 언변의 주인공은 '옥수수 박사'로 통하는 김순권 국제옥수수재단 이사장(72, 한동대 석좌교수)이었다.

필자가 양승룡 교수(고려대 식품자원경제학과)가 진행하는 'NBS(한국농업방송) 초대석'에 이틀 내리 관심을 갖게 된 것은 김 박사에 대한 호기심과 기대감 때문이었다. '옥수수 한 알이 세상을 바꾼다'라는 대담 프로그램에서 그는 자신을 '경주에서 가까운 울산의 바닷가 마을에서 자랐다.'고 소개했다. 나중에 뒤져본 자료에는 그의 생일이 1945년 5월 1일이고, 고향은 울산광역시 또는 '경남 울산시 강동면'이라고 적혀 있었다. 그 밖의 인적 사항으로 '울산농고(현 울산공고)'와 '경북대·고려대·하와이대 동문'이란 자료가 눈길을 끌었다.

초대석에서는 많은 일화가 쏟아져 나왔다. 부산상고에 낙방한 이야기, 미국 일리노이대에서 옥수수 연구원으로 맹활약한 이야기 등. 그의 기발한 발상이 메모지를 가득 채워 갔다. '북한 방문 59회, 376일간!' 이만하면 분단 이후 방북 횟수가 가장 많은 남측 인사로도 손색이 없겠다 싶었다. 이 점, 본인도 시인했다.

김 박사는 자신이 북한 땅에 처음 발 디딘 시기를 'YS(김영삼) 정권과 DJ(김대중) 정권의 교체기'로, 마지막 방북 시기를 'MB(이명박) 정권 말기'로 기억했다. 그의 북한 방문 59회 중 3회는 개성이었고, 56회는 전진기지 격인 평양이었다. 북쪽 고위층을 설득해 옥수수와 콩을 번갈아 가며 심게 만든 이야기, 북한 오지에서 부인, 안내원과 함께 연기를 피워가며 콩서리를 해 먹던 일화도 꽤 흥미로웠다.

초대석 말미에서 그는 파격적이거나 황당하게 들릴 수 있는 소신 발언도 서슴지 않았다. "지금은 세계 20개국에 도움을 주는 국제적 NGO지만 국제옥수수재단 설립 목적의 핵심은 '남북 화해를 겨냥한 북한 돕기'였습니다. 북한의 주식이나 다름없는 강냉이(옥수수)와 남에서 남아도는 쌀을 맞바꾼다면 서로가 좋고 충분히 가능한 일입니다."

다음은 "남과 북이 사상적으로 많이 달라지긴 했어도 남북이 하나 되기 전에 양쪽 처녀 총각의 결혼을 장려한다면 그 2세로 좋은 종자 '슈퍼 하이브리드(super hybrid=우수한 교잡종)'가 태어날 것이 확실합니다. 70년 이산(離散)의 아픔을 보상하고도 남을 거고요. 또 북에서 옥수수 신품종 종자를 중국에 수출한다면 북한도 스스로 일어설 수 있을 거라 믿습니다."

사실 50년이나 한 우물만 파 온 김순권 박사. 그는 옥수수 하나로 석·박사 학위를 취득한 다음 옥수수 우량종자를 다수 개발해 낸 세계적 신화와 권위를 자랑하는 육종(育種)학자다. 아프리카 옥수수 품종개량 17년의 산 기록인 <검은 대륙의 옥수수 추장(1998 출간)>이란 저서도 세상의 빛을 거저 본 것이 아니다.

그는 요즘도 꾸준히 '바이오 옥수수' 개발에 목을 매고 있다. "생것으로 먹어도 되는 '꿀옥수수', 다량의 안토시아닌이 들어 있어 제2차 당뇨 치료 효과가 입증된 '검정옥수수'도 최근에 개발했습니다. 캄보디아에서는 옥수숫대에서 휘발유를 뽑아내는 연구가 한창이고…."

울산이 낳은 옥수수 박사 김순권. 대담 사회를 맡은 양승룡 교수가 다음 몇 마디로 이날(12. 21~22 방영)의 대담을 간추렸다. "남북 평화 모드가 급물살을 타는 이 시점, 김 박사님의 역할에 그 어느 때보다 무게감이 실리고 있습니다."

안산시장 윤화섭 | 2018.07.29.

1986년 1월 1일에 시(市)로 승격된 경기도 안산시는 크게 세 가지 관점에서 울산광역시를 빼닮았다. 제조업 중심의 산업도시라는 점, 전국 팔도 사람이 다 모여 산다는 점, '인구절벽'으로 가슴앓이를 한다는 점이 그것이다. 어찌 보면 안산시는 아우이고, 울산광역시는 형인 셈이다.

안산시는 한때 76만 인구를 자랑하며 '2020년 100만 대도시'를 꿈꾸던, 시쳇말로 '잘 나가던' 도시였다. 그런데 지금은 '인구절벽'이 눈앞의 고민이다. 안산시 인구통계가 이를 뒷받침한다. 안산시 인구는 2011년 76만 2천 명을 정점으로 해마다 감소세를 보였다. 2015년에는 8천21명이 안산을 떠났고, 이듬해(2016년)엔 9천248명이 딴 곳으로 빠져나갔다. 2017년 3월 말 인구는 다시 74만 502명으로 내려앉았다.

안산시 여론 주도층 인사들이 이 문제로 걱정을 공유한 것은 여러 해째다. 지난해 5월 한 인사는 인구 감소의 주요 원인으로 △반월시화공단의 일자리 부족 △슬럼화한 주택 △저출산 현상을 지목했다. 인구 유출 방지책으로는 △대기업 유치를 통한 양질의 일자리 창출 △주거·교육환경 개선 시책의 발굴 △출산장려정책의 재검토를 내놓았다. 혹자는 낡은 제조업 중심의 산업구조를 첨단산업 중심으로 바꿔야 한다고 목소리를 높이기도 한다.

그로부터 1년이 지났다. 6·13 지방선거는 새 인물을 시장 자리에 앉혔다. 경기도의회 3선 의원이자 도의회 의장을 2번이나 지낸 윤화섭 시장(62)을 새 식구로 맞아들인 것이다. 지난 7일 K리그2 '안산 그리너스('초록 늑대' 축구단)'의 새 구단주 자격으로 찾은 홈구장 '와~스타디움'에서 그가 한 말은 무척 인상적이었다.

'스포츠 조선' 기자는 이렇게 적었다. "경기 전 식순을 보더니, 대뜸 축사를 빼달라고 했다. '다들 축구 보러 오셨는데 말은 무슨… 내가 나서는 것은 맞지 않다.'고 손사래를 쳤다. 일부 정치인들이 그라운드를 인기몰이 유세장으로 활용하는 모습을 종종 봐온 터, 윤 시장의 첫 행보는 달랐다. VIP석 대신 관중석에서 서포터들과 함께 응원하겠다고 했다. … 축사 대신 시민들에게 전할 메시지가 없느냐는 질문에 윤 시장은 미소를 지었다. '안산 시민과 함께 응원하는 것, 이것이 제 메시지입니다.'"

그의 말은 계속된다. "안산 반월공단에는 전 세계 104개국에서 온 노동자들이 일하고 있다. 안산에는 팔도(八道) 사람이 다 있다. 외국인, 다문화 비율도 높다. 시민이 한마음이 되는 축구단이 목표이고 성적은 그다음이다. 기회가 되면 다양한 국가의 훌륭한 선수들을 안산 구단에 영입하고 싶다." (2018년 1월 기준 안산시 인구는 72만 9천657명으로 이 중 7.38%인 5만 3천853명이 외국인이었다.)

인구도, 예산도 형(울산광역시)만 못한 안산시 수장의 이 어른스러운 말은 언젠가 시에서 인수해 주기를 바랐던 울산 현대 호랑이축구단을 애물단지쯤으로 여기던 울산광역시 관계자의 인식과 사뭇 대조적인 것 같아서 놀라웠다. 혹, 형과 아우의 자리를 바꾸기로 약속이라도 한 것인가 싶어 웃음이 나왔다.

안산시장 윤화섭을 경이의 눈으로 바라보기 시작한 것은 최근이다. 얼마 전 무더기로 쏟아낸 폭염 예방 대책이나 출산장려금 1천만 원과 축하 용품을 들고 다섯째 아이를 낳은 산모를 찾아간 일, 행정 기구를 설치할 때 외국인 주민을 포함하겠다고 한 약속 때문만은 아니다. 그가 다짐한 '시민과의 아름다운 동행'이란 말이 마음을 움직인 탓이다.

윤화섭 시장은 그의 취임식을 지난 2일 '상록장애인복지관' 앞마당에서 약식으로 치렀다. 이 자리에 그는 장애인과 다문화 가족이 포함된 시민 대표 3인을 초대해 당부의 말을 들은 다음 이들의 바람을 잊지 않고 시정에 반영하겠다고 약속했다. 그는 "'너의 언행이 너의 거울'이라는 말로 제 마음을 대신하겠다."는 말로 취임식을 마쳤다.

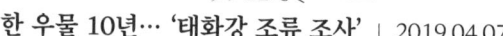

한 우물 10년… '태화강 조류 조사' | 2019.04.07.

십 년이면 강산도 변한다는데 스스로 변화를 거부하고 10년 내리 한 우물만 파는 우직한 인물이 있다. 그 우직함은 변화를 몰라서, 변화가 두려워서가 아닌, 즉 변화를 원치 않았기 때문에 생긴 성정인지도 모른다. 그의 옹고집은 그 자신의 옷차림에도 나타난다. 햇수로 20년도 더 됐다는 '누더기 바지'가 살아있는 증거다. 밥상보, 만화책 아니면 품바 사진첩에나 나옴직한 이 바지를 두고 우스개 삼아 너스레를 떠는 이들도 더러 있다. "지방문화재로 등재해도 되겠다."면서…. 그래도 본인은 도인인 양 태연자약함을 즐긴다.

"울산 오기 조금 전부터 걸쳤으니 한 25년 됐을 겁니다. 왜 행사장 같은 데서 선물로 주는 천가방 안 있습니까? 바지가 찢어지면 그 천을 잘라서 나오는 자투리 천을 내 손으로 바느질해서 깁는데, 정말 질기고 오래 갑디다. 허허." 사실 그를 아는 지인들은 이 명품(?) 바지만 보아도 주인이 누구인지 먼발치서도 금세 알아본다. 그렇다면 더덕더덕 붙어 있는 자투리 헝겊은 몇 조각이나 될까? 정작 본인은 시치미를 뗀다. 일일이 세어 보질 않아서 그렇다는 얘기다.

"새 보러 가는데 정장이 왜 필요합니까? 이런 거라야 딱 맞지." 하긴 그의 말이 틀린 건 아니다. 도대체 그는 누구일까? 그는 이제 '저명인사' 대열에 올려놓아도 손색이 없다. 이십사 년이나 울산에서 둥지를 트고 있으니 새로 치면 '철새'가 아닌 '텃새' 같은 존재다.

답은 나와 있다. 남들이 '새 박사'로도 부르는 김성수 조류생태학 박사(66, 울산학춤보존회 명예회장, 남구 시간선택제 공무원). 그가 꾹 움켜쥐고 있는 건 '울산 태화강 조류'에 대한 조사 기록이다. '돈도 안 되는' 그 조사를 10년이나 해오고 있으니 '미련한 곰' 소리가 안 나올 리 없다.

하지만 그의 '한 우물 십 년'이 남긴 숱한 흔적들은 공로패 몇십 개로도 감당할 도리가 없다. 감히 흉내 내기조차 힘든 그의 독보적인 업적은 언젠가는 엄청난 무게감으로 학계와 공직 사회, 그리고 울산 시민들에게 다가갈 것이다.

김 박사는 최근 '태화강 조류 조사 보고서'를 약식으로 냈다. 보고서에는 '10년 1/4분기'란 표현이 들어가 있다. 그가 말하는 '10년 1/4분기'란 2010년 1/4분기(1·2·3월)~2019년 1/4분기(1·2·3월) 사이를 가리킨다. 통계수치가 주를 이루는 이 보고서는 얼핏 보아서는 재미와는 거리가 멀다. 하지만 그 값어치는 재미로 설명할 계제가 못 된다. 그가 보여준 10년간은 '역경을 넘은 인간 승리'라고 할 수 있다.

"시계 알람 소리를 늘 새벽 3시에 맞춰 놓습니다. 새벽 공부도 있지만 태화강과 삼호대숲 일대를 해뜨기 전에 샅샅이 훑어야 하기 때문입니다. 그동안 감기 몸살로 시달린 적도 여러 번 있었지만 그래도 참았고, 다음 날 새벽이면 어김없이 일어났습니다." 스스로 다짐하는 말도 있다. "10년간의 일과는 올 연말까지 계속될 겁니다." 그래야만 '10년 4/4분기(2010년 10·11·12월)'의 데이터를 확보할 수 있기 때문이다.

태화강 조류 조사 10년! 그 땀의 흔적이 고스란히 묻어 있는 '김성수 칼럼(2019.04.08)'에는 그의 우직한 성품이 말해주듯 가식을 찾아보기 힘들다. 그러나 아직도 그를 색안경을 끼고 보는 이들이 있어 안쓰러울 때가 있다. 선대로부터 사찰 학춤을 비롯해 한국무용의 DNA를 양껏 물려받은 그가 울산을 찾은 것은 순전히 학춤의 원류를 좇겠다는 일념에서였다. 그 일념이 조류생태학뿐만 아니라 국악, 민속학, 종교학에까지 발을 담그는 계기가 되기도 했다.

감히 그는 말한다. "여태까지 이런 자료는 없었다. 이 자료들을 활용하여 울산의 지속 가능한 조류생태관광산업을 육성하자. 최대의 수혜자는 울산 시민이 아니겠는가."

3장

—

단소리 쓴소리
세상 그리고 사람 이야기

자연 그대로,
도로 제자리로!

"아롱아, 고마웠어" 117 | 탑골샘 나들이 119 | 바위그림과 그림문자 122 | 신음하는 대곡천 124 | 병상에 드러누운 암각화 126 | 보존 과학 옷 입는 반구대 암각화 128 | 방기리 알바위 131 | 플라스틱 조화 133 | 서운암의 바위그림 136 | 두꺼비 순찰대 139 | 백로를 처음 보았다는 학생들 142 | 플라스틱을 삼킨 해파리 144 | 물 문제에 대한 세 가지 궁리 147

"아롱아, 고마웠어" | 2020.07.26.

거의 반년 만에 장생포 고래문화특구를 찾았다. 소년처럼 가슴이 뛰었다. 연한 채소 빛 장생포항의 물빛이 탁한 느낌으로 다가왔다. 하지만 나들이객은 하나같이 밝은 표정. 바로 그 바닷가에 귀빈 모시듯 세워놓은 '로이 채프먼 앤드루스(1884~1960, 미국 탐험가·고고학자)'의 동상 2점과 흉상 1점이 이날따라 눈에 거슬렸다.

'일제강점기의 잔재'란 선입견 때문이었을까. 칼을 오른쪽 어깨에 걸친 그의 황금빛 동상을 뒤로하고 옆 건물로 들어갔다. 운 좋으면 돌고래 가족의 재롱(?)을 실컷 볼 수 있다는 고래생태체험관 건물의 2층 수족관. 이 좁은 공간의 인기는 예전만은 못해도 나름 괜찮아 보였다. 우선 세 마리가 눈에 들어왔다. 여러 번 다시 보아도 세 마리였다. 네 마리가 있어야 하는데, 나머지 한 마리는 어디로 사라졌을까?

오후 3시쯤, 궁금증을 안은 채 1층으로 내려갔다. 입장 도우미에게 입장객 수가 얼마인지를 물었다.

"주말이라 그런지 좀 많은 것 같아요."

200팀이 조금 넘는다고 했다. 코로나19 확산 방지를 이유로 '돌고래생태 설명회'와 '돌고래 이야기'가 일시 중단되고, 고래문화마을이 임시 휴장에 들어갔는데도 그렇다고 했다.

출구 오른쪽, 몇 송이 꽃과 하얀 꽃다발로 장식된 작은 추모의 공간과 글이 호기심을 자극했다. 체험관 측이 마련한 듯 보였다.

"아롱아 사랑해, 우리와 함께 해줘서 고마웠어."

그 밑에는 아롱이의 생전 모습을 담은 사진과 한 줄의 글이 관람객의 시선을 모으고 있었다.

"아롱이와 우리가 함께한 시간 3천941일(2009.10.08.~2020.07.22.)."

기록대로라면 아롱이가 고래생태체험관에서 수명을 누린 기간은 10년 9개월 보름 남짓. 아롱이(추정 나이 18살)라면 몇 해 전 고래박물관장 인터뷰 당시 취재한 인연이 있는 돌고래다. 암컷 '장꽃분(추정 나이 21살)'과의 사이에서 수컷 새끼 돌고래 '고장수'를 갓 낳았을 무렵으로 기억된다.

이젠 '고(故)' 자를 붙여야 하는 '고아롱'은 큰돌고래 수컷으로 2009년 10월 고래생태체험관 개관 당시 일본 와카야마현 다이지에서 장꽃분이와 함께 들여왔다. ('다이지'라면 돌고래 집단 살육으로 악명 높은 곳이다.)

여하튼 고래생태체힘관은 돌고래늘이 제 수명대로 장수할 공간이 못 되는 것만은 분명했다. 2009년 개관 후 지금까지 수입 돌고래 여덟 마리 중 다섯 마리와 수족관에서 태어난 새끼 네 마리 중 세 마리가 폐사했기 때문이다. 수입 2개월 만에 숨을 거둔 암컷의 폐사를 시작으로 전염병과 패혈증과 세균성 기관지폐렴으로 숨을 거두었다. 그때마다 지켜만 보아야 했다.

그런 잔혹사를 거쳐 현재 겨우 목숨을 지탱하고 있는 수족관

돌고래는 네 마리. 이들마저 언제 또다시 추모의 공간에 이름과 사진을 올리게 될지는 아무도 모른다. 고장수의 어미 장꽃분이만 해도 새끼를 두 마리나 잃었다. 그것도 낳은 지 사흘 혹은 닷새 만에. 돌고래 생육에 한계를 드러낸 남구도시관리공단은 이제라도 특단의 대책을 마련했으면 좋겠다는 생각이 들었다. 바다로 돌려보내든지, 확장공사로 수족관을 더 넓혀 주든지…. 지난해 10월 서울 롯데월드 아쿠아리움에서 수컷 벨루가 한 마리가 폐사하자 롯데월드 측이 남은 암컷 한 마리를 자연으로 돌려보낸 일이 있다. 이를 타산지석으로 삼으면 좋지 않을까.

이날 고래생태체험관의 보조 수족관 옆 드넓은 야구장에서는 아마야구팀 '울산화력'과 '인파이터'의 경기가 한창 열기를 뿜고 있었다. 고래의 보금자리에 돌고래보다 사람이…. 씁쓸한 느낌을 떨칠 수가 없었다.

탑골샘 나들이 | 2021.03.28.

'백운산 탑골샘' 산행은 처음이었다. 아침부터 서둘렀으나 '정시 접선' 목표는 끝내 어긋나고 말았다. 차(車) 신세를 지기로 한 이상옥 위원장(시의회 환경복지위원회)이 참을성 있게 기다려주어 고마운 마음이 컸다. 백운산 중턱 가파른 산길 어귀 포장도로에서 검은 승합차 한 대와 마주쳤다. 초행길로 보이는 송철호 시장과 보좌진이 탄 차였다. 우리 쪽 김성수 철새 홍보관장의 길 안내가 숨통을 트이게 했다.

탑골샘 산행의 베이스캠프 격인 1차 목적지에 다다른 것은 오전 10시 무렵. 행사 시작까지는 한 시간가량 남았다. '내와길 230-1'(울주군 두서면)이란 도로명주소 팻말과 '송OO'란 집 주인 이름이 적힌 팻말이 보였다. 이 집 주인은 신통하게도 송 시장과 본관이 같았다. 그런 연유로 두 사람은 허물없는 사이가 된 듯 서로 스스럼이 없어 보였다.

눈길을 끈 것은 '탑골공소 옛터'란 나무 팻말. '공소(公所)'라면 본당(本堂)의 주임신부가 돌아가며 미사를 집전하는 '신부 없는' 천주교공동체였다. 마침 이곳 출신으로 마을 사정을 잘 안다는 천주교 신도 권 아무개 씨가 공소 이야기를 들려준다.

"여섯 평짜리 탑골공소의 역사는 아주 오래된 것인데 약 20년 전 태풍 때 허물어지고 말았지요. 본당에 여러 차례 얘기해도 재정 사정이 좋지 않아서인지 그만…."

결국 공소 건물은 없어지고 터만 남게 되었다는 얘기였다. 목적지는 '가지산 쌀바위'와 함께 '태화강 발원지'로 알려진 백운산 자락의 탑골샘. 오전 11시부터 '제1회 태화강 발원제(發源祭)'가 열리는 현장이었다. 저만치 보이는 송 씨네 '탑골과 탑곡(塔谷) 공소' 안내판 글귀가 금석지감을 느끼게 했다.

백운산에서 탑이 굴러내려 '탑골'이라고 했다는 속설을 간직한 마을 산자락에 일행이 찾는 태화강 발원지가 있다. 안내판에 따르면, 1801년 천주교 박해를 피해 산골로 숨어든 신자들이 탑골에서 살기 시작했고, 공소는 뒤에 만들어졌다. 탑곡 교우촌(1839~1983.3)은 경주, 밀양, 의성에서 피난 온 고령 박씨, 밀양 박씨, 반남 박씨 집안으로 이루어진 신앙 겸 생활 공동체였다. 이후 전성기에는 천주교 신자가 100여 명을 넘은 적도 있었다.

30분만 더 올라가면 된다던 누군가의 말을 한쪽 귀로 흘려 듣기로 했다. 앉았다가 다시 걷기를 몇 번이고 되풀이했다. 이노형 전 울산대 교수가 도와주지 않았더라면 중도에 포기했을지도 모른다. 안수일 시의회 부의장의 모습을 보는 순간 나도 용기가 났다.

초헌-아헌-종헌례와 축문 낭독이 끝나고 헌작(獻酌)과 음복(飮福)이 진행될 즈음에야 목적지에 도착할 수 있었다. 여기가 바로 '태화강의 시원(始元)' 탑골샘이 아니던가! 순간 벅찬 감격의 기운이 몸을 휘감기 시작했다.

김영우 '울산강살리기네트워크' 공동대표가 지었다는 축문(祝文)을 훑어보았다. "유세차 단기 4354년 신축년 2월…"로 시작되는 글은 "'탑골샘으로 홍익인간의 대업을 이루신 천신님'과 '백운산 삼강봉 낙동정맥을 관장하시는 산신님', '태화강 백 리 물길을 다스리는 용왕님'"으로 이어졌다. 왠지 숙연한 느낌이 들었다.

오찬 도시락이 마련된 송 씨네 집 앞마당 분위기는 더없이 화기애애했다. 사회자가 송 시장을 마이크 앞으로 불러내자 박수가 쏟아졌다. 시장이 다음 행사 때의 지원을 고민해 보겠다고 말했고, 주최 측은 주민의 청이라며 '탑골 공중화장실' 건립을 건의하며 행사를 마무리 지었다.

바위그림과 그림문자 | 2020.11.29.

지인과 함께 울주군 두동면의 암각화박물관을 다시 찾았다. <바위의 기억, 염원의 기록> 전시회(2020년 11월 2일~2021년 4월 25일)를 위해 내부를 새롭게 단장한 2층 체험 공간의 모습과 1층 전시 공간의 안내판 글귀가 궁금하던 터였다.

해설사도 시인한 안내판('청동기시대 암각화와 유물') 첫 문장의 오류는 40일이 넘도록 바뀌지 않은 채였다. 문명대 동국대 명예교수가 처음 발견했다는 시점이 '1970년 12월 25일'인 줄로 알고 있었는데 '청동기시대에 발견된 암각화'라니….

안타깝게도 박물관장은 '부재중'이어서 상견례는 다음으로 미루기로 했다. 국보 147호 '천전리 각석'이 전시회 홍보 전단에는 누슨 연유로 '천전리 암각화'라고 적혀 있는지 궁금했다. 궁금한 건 이뿐만이 아니었다. "을사년에 사탁부 갈문왕이…(乙巳~ 沙啄部 葛~ 文王~)"라는 글을 남긴 천전리 각석의 해석자가 누구인지, 일본어 'ゆ(유)'자가 느닷없이 끼어든 이유는 또 무엇인지도 궁금하긴 마찬가지였다. 하지만 아무리 살펴봐도 안내문이든 울주군 천전리 현장의 해설문이든 어디에도 그에 대한 해명은 볼 수 없었다. 탐문 끝에 대구 C 대학 G 교수

의 작품이라고 누군가의 귀띔으로 안 것은 나중의 일이었다.

이후, '전문가'에 의한 추가 연구는 거의 없었다는 소식을 전해 들었을 때의 실망감은 무척이나 컸다. 실제로 그랬다면, G 교수의 지론이 금과옥조(金科玉條)라는 얘기가 아닌가. 그렇다면 '암각화(巖刻畵)'와 '각석(刻石)'의 차이점은? '암각화 학계의 중론'이라며 한 지인이 들려준 말은 제법 그럴싸하게 들렸다.

"암각화는 바위를 석영이나 수정 같은 석기로 쪼아 새긴 그림이고 각석은 쇠붙이 따위로 글씨나 그림을 새긴 바윗돌이라 할 수 있지요. 울산에서 석영은 안 나와도 수정은 나온다고 하니 그런 걸 사용했을지도 모르지요."

여러 해에 걸쳐 독학으로 파고든 탓에 애착이 누구보다 강한, 그러면서도 '비전문가' 소리만 들어온 그는 천전리 각석에 새겨진 것들이 단순한 그림은 아니라는 점을 애써 강조했다. 그림문자(=그림글자), 즉 고대의 한자와 같은 '회화문자(繪畵文字)'라는 지론을 그는 지금도 버리지 않고 있다.

그와 만나는 곳은 주로 남구문화원 안뜰이다. 이번 출발지도 그곳이었다. 무심코 지나치던 문화원 입구의 너럭바위 한 점에 눈길이 갔다. 사람 손길이 닿은 지 오래고 먼지가 뿌옇게 쌓여 윤곽이 흐릿하게 보여서인지, 그저 하잘것없는 돌덩어리인 줄로만 알았다. 그러나 그건 오판이었다.

간선도로를 향한 앞면은 반구대 암각화, 뒷면은 천전리 각석을 새긴 돌조각 작품이었다. 언제 세웠는지, 누구의 작품인지 궁금했다. 그러나 작동 여부를 알 수 없는 조명등 몇 개만 덩그러니 설치돼 있을 뿐 안내판 하나 찾아볼 수 없어 썰렁하기 그지없는 이 작품의 관리 책임자는 도대체 누구일까?

수소문 끝에 전임 사무국장 R 씨 친구의 작품일지 모른다는 소식이 들려왔다. 초기엔 온전한 안내판 하나쯤은 있지 않았을까…? 어디선가 관심의 사각지대에서 장승만큼의 대접도 못 받는 처지라면 세워둘 이유가 어디 있겠느냐는 비아냥거림이 귓전을 때리는 것만 같았다.

신음하는 대곡천 | 2020.10.18.

2.4km 사이에 국보급 암각화를 두 점이나 끌어안고 있는 울주군 두동면 대곡천이 인간의 잘못으로 신음하고 있다면 지나친 표현일까. 국보 285호 반구대 암각화(巖刻畵) 바위의 몸살이 인간의 잘못에 있다면, 국보 147호 천전리 각석(刻石) 주변 계곡의 병치레 역시 그러할 것이다.

시월 셋째 주말, 지인과 함께 천전리 각석을 찾아 나섰다. 큰물이 날 때마다 잠기는 시멘트 다리 앞에서 잠시 걸음을 멈추었다. 며칠 전, 이 다리의 앞날에 대해 전해 들은 얘기를 전하면서 이렇게 물었다.

"이 다리를 걷어내고 각석에서 더 가까운 지점에 새 다리를 놓는다는데 어떻게 생각하시는지?"

돌아온 대답은 이랬다.

"글쎄요. 지금 이대로도 괜찮은데 왜 굳이 새로 만들겠다는 건지. 각석에서 가까워지면 더 안 좋을 것 같은데 말입니다."

순간 눈길을 끄는 게 있었다. 대곡천 물길이 스치고 지나갔을 자갈 더미와 바위 언저리마다 백화현상(白化現象)의 흔적이 곳곳에 나 있는 게 아닌가. 시멘트 다리 위쪽, 아래쪽 계곡 모두가 새하얀 앙금으로 뒤덮여 있었다. 시멘트 다리 아래 물속을 좀 더 찬찬히 살폈다. 갈색 이끼류인 듯한 썩은 수생식물이 쓰레기처럼 떠 있었다. 때마침 다리를 지나가던 사람에게 질문을 던졌다. 이곳을 수시로 드나든다는 그의 입에서 나온 얘기는 내 귀를 의심케 했다.

"아, 허옇게 염색된 이 돌들 말이죠? 10호 태풍 하이선이 지나간 뒤에 생긴 현상일 겁니다. 아무래도 상류 쪽에 있는 시설에서 흘려보낸 유독물질 때문이란 의심이 갑니다만…." "그럼, 관리 당국에 신고라도…?"

"예, 며칠 전에 아는 양반이 관리부서에 신고했다는데 아직 조치가 없는 모양이지요. 허연 그대로인 걸 보면…."

내친김에 발길을 공룡 발자국 화석들이 내려다보이는 천전리 각석 앞쪽으로 돌렸다. 그곳의 백화현상은 넓고도 길었다. 물가 바위 언저리에 하얗게 말라버린 띠는 태풍 직후의 모습 그대로였다. 그나마 다행한 것은 태풍 때 수 미터나 떠내려갔다는 천전리 각석의 글·그림 설명판 두 개가 누군가의 도움으로 제자리에 돌아와 있다는 사실이었다.

문득 이런 생각이 스쳐 지나갔다. '여기가 만약 문화재청 인사나 국회의원이 와서 사진 찍고 가는 반구대 암각화 주변이라면 사정이 달라도 한참 다르지 않았을까.'

병상에 드러누운 암각화 | 2021.05.16.

반구대암각화가 지병을 앓은 지 오래다. 어찌 보면 학계에 보고된 50년 전부터 도졌던 병이다. 그동안 여러 차례 약을 썼으나 백약이 무효인지 차도는 보이지 않고 신음만 깊어갈 뿐이다. 흥미로운 건 '4·19'에 시작한 진찰이 '5·18' 즉, 한 달 만에 끝난다는 사실이었다.

의료진은 충남 부여군에서 파견 나온 '한국전통문화대학교' 문화재관리팀. 진료를 위해 암각화 바로 코앞에 '조용용 비계'가 설치됐다. 울산시가 추진하는 '반구대암각화 보존 환경 모니터링 스마트 관리 체계 개발 사업'의 한 가닥이다. 현장을 며칠 전 다녀온 지인 A 씨가 말했다.

"와, 메주 곰팡이 안 있능교. 암각화 표면에 그런 기 더덕더덕 붙어있는 걸 사진도 찍어 놨는데, 사진 가지고는 잘 안 빌(=보일) 겁니더."

그 말은 사실이었다. 가까이서 봐도 보일 듯 말 듯했다. 어떤 현상일까? 울산대 부설 반구대암각화연구소에서 다년간 몸담은 B 박사에게 물었다. 답이 돌아왔다.

"시간이 지나면 암각화가 어떻게 변하는지 수치를 측정하려는 것으로 보이는데, 꼭 필요한 일입니다. 암각화 표면에 붙어 있는 것은 이끼나 곰팡이 같은 지의류(地衣類)일 겁니다. 암각화 보존을 위해서는 반드시 걷어내야 하는 겁니다."

이번에는 B 박사에게 A 씨와 전통문화대 학술조사팀이 나눈 대화를 들려주었다. 암각화 표면을 말끔히 씻어내는 문제였다. A 씨가 씻어낼 물로 '반구천 냇물' 얘기를 했더니 조사팀은 '증류수' 얘기를 하더라고 했다. B 박사가 '노르웨이 사례'를 들며 '바위 표면 세척'에 대한 그 나름의 소견을 말했다.

"학계에서는 해야 한다, 하면 안 된다, 두 가지 주장이 있습니다. 제 생각으론 새로운 대처 방법이 나오기 전까지는 물이 아니라 알코올로 씻어 주는 것이 좋다고 생각합니다. 돌에 구멍이 생기면 지의류가 기생하기 때문에 알코올로 제거해 줄 필요가 있습니다."

2000년에 반구대암각화 실측 조사에 참여한 적이 있다는 B 박사가 비장한 어조로 한마디 더 보탰다.

"반구대암각화 정면 중심부의 주된 암각화 부분은 그런대로 보존 상태가 양호한 편이지만, 문제는 사진에도 잘 안 찍히는 왼쪽 모서리 부분입니다. 21점의 그림(고래, 물고기, 사람 등)이 새겨져 있는데 바위 전면을 곰팡이가 뒤덮고 있고, (빨리 걷어내지 않으면) 어쩌면 가장 먼저 사라질지도 모릅니다. 참 중요한 그림인데…."

그는 다시 말을 이어갔다. "4월 중순부터 5월까지는 송홧가루와 갯버들 꽃가루가 많이 날아드는 만큼 먼지떨이 식 제거 작업을 해주어야 합니다. 꽃가루들이 지의류 생장의 밑거름이 되기 때문입니다."

이야기는 암각화 표면의 지의류 쪽으로 쏠렸다.

"물이끼가 말라버리면 이끼벌레가 생긴다며 이걸로 사기 치는 이들 제법 있어서 안타까웠습니다. 바위그림이 안 보일 수밖에 없는 걸 가지고 손을 대면 안 된다고 겁을 주다가 꺼내 든 것이 '토목 개념' 도입이 아니었습니까? 물길을 돌리면 된다, 생태 제방을 만들면 된다고 야단법석을 쳤는데 … 허허. 바위는 지의류만 제거해 주어도 건강한 것으로 알고 있습니다." 전문가 행세하던 몇 사람의 장삿속이 지병을 악화시켰다는 지론이었다.

2018년에 실측 조사에 나섰던 경험담도 덧붙였다. 그때(2000년)나 그다음(2018년)이나 훼손 정도에 별 차이가 없더라는 것이었다. "앞으론 2~3년마다 한 번은 세척해 주는 게 좋을 겁니다. 암각화 밑부분의 풀이나 흙도 제거해 주고…. 그리고 앞으로 탁본(拓本) 같은 건 절대 허용해선 안 됩니다."

보존 과학 옷 입는 반구대 암각화 | 2021.05.23.

한 달(4.19~5.18)에 걸친 현장 조사였다. 마침표를 찍던 날 오전 반구대암각화 현장을 서둘러 찾아가 먼발치서 지켜보았다. '반구대암각화 비계 설치 안내' 현수막은 걷어낸 뒤였으나 다행히 학술 용역에 참여한 부책임자와 두 학생은 만날 수 있었다. 울산시에서 추진한 사업의 이름은 '반구대암각화 보존 환경 모니터링 스마트 관리 체제 개발'.

보존·복원이 전공인 A 박사와 제자들이 속한 곳은 한국전통문화대학교였다. 충남 부여군 규암면 백제문화단지에 자리 잡은 이 대학교의 설립 취지와 규모가 궁금했다. "2000년에 문화재청이 설립한 특수목적 국립대죠. 처음엔 2개 학과에 4년제였지만, 지금은 7개 학과로 덩치가 커졌구요."

약 보름 전 이곳을 찾아 대화를 나누었다는 지인의 말이 떠올라 넌지시 물었다. 암각화 보존처리 방법의 하나인 '세척'에 대한 질문이었다. 곧바로 답이 돌아왔다.

"보존 처리 방안 연구는 2014년도에 이미 진행된 바 있죠. 저희는 당시의 연구 결과를 근거로 암각화 표면 보존에 가장 좋은 방법이 '증류수 세척'이라고 믿고 있죠."

혹자는 바위 표면을 씻어내는 물질로 알코올이나 아세톤을 내세운다. 하지만, 일반적인 석재 이물질 제거에는 주로 증류수를 이용한 습식 세척이 이루어진다.

이 박사는 증류수가 제일 나은 다른 이유 하나를 더 들었다. 반구대암각화가 새겨진 바위가 생긴 지 오래된 셰일암(=암석의 약 70%를 차지하는 가장 흔한 퇴적암)이어서 암질(巖質)이 약한 탓에 화학성분의 접촉은 바람직하지 못하다는 얘기였다.

그는 또 바위를 덮은 식물 대부분이 지의류(地衣類=균류와 조류가 한데 어우러져 자라는 식물의 무리)가 아닌 규조류(硅藻類=담수와 해수에 널리 분포하는 조류의 일종으로, 규산질 껍데기를 지닌 식물의 무리)라는 소견을 제시했다. 그 위에 먼지가 자주 뒤덮이므로 증류수로 주기적으로 씻어내는 것이 보존과학적 관점에서 최선의 방책이라는 말도 덧붙였다.

"그래도 지금은 암각화의 오염 상태가 그리 심하진 않다고 봅니다. 다만, 홍수 등으로 오래 물에 잠기는 일만은 막아야겠죠. 모니터링도 거르지 말고."

A 박사에게는 아쉬운 일이 두 가지라고 했다. 하나는 '관리 일원화'였다. 세계유산의 체계적인 관리를 위해 센터의 설립이 필요하다는 것이다. 다른 하나는 '미세 기상관측 시스템의 부재'였다.

"세계유산으로 등재되면 당연히 갖추게 되겠지만 미세 기상관측 시스템은 그 이전이라도 갖추었으면 좋겠어요."

유네스코 등재에 대비하되 갖출 건 갖추고 하라는 충고로 들렸다.

1개월 조사의 초점은 '모니터링의 기준점 마련'에 맞춰져 있었다. '반구대암각화 보존'을 부르짖은 지 십수 년이 지나는 동안 우리가 가장 기본적인 것조차 망각하고 있었다는 자괴감에 차마 고개를 들 수 없었다. 세계의 문화유산을 하루라도 빨리 물고문에서 벗어나게 할 생각은 뒷전인 채 '돈 되는 일' 궁리에 빠져 있지나 않았는지 하는 자괴감이 동시에 가슴을 짓눌렀다.

그런데도 아직 '내 탓이요.' 하고 나서는 이는 아무도 없다. 수천 년 역사를 인내로 버티며 지켜보았을 반구대암각화 역시 한 마디 말도 없었다.

방기리 알바위 | 2021.08.08.

그날 참가자들의 열의는 작열하는 햇볕만큼이나 뜨거웠다. 8월 6일 점심나절, 일행은 끼니 생각도 접은 채 현장답사에 여념이 없었다. 울산시의회 의원연구단체 '문화수도 울산! 콘텐츠 정책연구회'가 처음 마련한 현장답사 대상은 '방기리 알바위'였다.

참가자 수는 모두 스무 명 남짓. 연구회 소속 이미영 회장과 박병석(현 의장)·이시우(현 산업건설위원장) 회원이 앞장을 섰고 정책자문위원인 김언배 울산대 교수와 김성수 철새홍보관장이 보조를 맞췄다. <'神市本土記(신시본토기)'>의 저자 장동균 선생과 최승훈 전 울산시 문화특보. 김진규 전 남구청장은 이날의 자천타천 초대 손님들이었다. 방기리 알바위를 세상에 처음으로 알린 정상태 전 울산MBC 피디는 자료(논문 <동뫼에 대한 고찰>) 제공과 특별해설까지 도맡았다.

일행은 현장답사에 앞서 '알바위 문화'에 관심이 깊은 통도사 방장 성파 스님을 토굴로 찾아뵙고 예비 지식 강의를 귀담아들었다. 성파 스님은 방기리 알바위 유적이 '선사시대에 3단으로 쌓아 올린 제단(祭壇)'이란 지론을 펴면서 이 알바위가 통도사 산문(山門) 근처 '땅바위'와 쌍(雙)을 이루는 짝이라는 주장도 펼치셨다. 방기리 알바위가 남성성을 상징한다면 산문 앞 땅바위는 여성성을 드러낸다는 것이었다. 스님의 말씀을 좇아 일행은 답사 대상에 '땅바위'를 추가하기로 했다.

방기리 알바위 답사길에 일행을 먼저 맞이한 것은 길을 가로막은 한 할머니의 하소연이었다. 잠시 발길을 멈추고 할머니의 하소연을 들어보았다. 울산시가 이 일대를 문화재 보호구역으로 묶어두는 바람에 재산권을 행사할 수 없어 억울하기 짝이 없다는 내용이었다. 이 민원은 이미영 회장과 김성수 관장이 차례로 접수했고, 할머니는 그제야 응어리가 풀린다는 듯 표정이 밝아졌다.

1992년 9월 암각화 다큐멘터리 제작 과정에서 발견된 울주군 삼남면 방기리의 알바위는 1994년 7월 경남도 기념물(지방문화재) 제137호로 지정됐다가 울산이 광역시로 승격된 1997년 10월 '울산시 기념물 제10호'로 명패를 갈아 달았다.

울산MBC 기획 '선사인의 예술 암각화' 제작을 이끌었던 정상태 선생은 '방기리 알바위'를 '동뫼'라고 부르며 해설을 이어갔다. 방기리의 밭 가운데 솟은 작은 봉우리 '동뫼'의 명칭에 대해 그는 4가지 설(說)을 열거했다. △'동네 가운데 산'이란 뜻의 동뫼(洞山) 설 △'마을 동쪽의 산'이란 뜻의 동뫼(東山) 설 △'동쪽에 세운 무덤 봉우리'란 뜻의 동뫼 설을 차례로 소개한 다음 △'동쪽의 제사 올리는 봉우리'라는 뜻의 동묘(東廟)로 불리다가 동뫼로 변했다는 설을 하나 더 추가했다. 그러면서 자신은 '동묘(東廟)→동뫼' 설이 가장 합당하다는 의견을 내놓았다.

정 선생은 동뫼의 구조에 대해 '한반도에서 유례를 볼 수 없는 선사시대의 독특한 구조물'이라고 추정했다. 암석이 뒹구는 자연 동산처럼 보이는 현재의 모습이 실은 지진으로 허물어진 것이라는 결론을 내렸다. 그 근거로 그는 방기리 알바위가 양산단층대의 중간지점이라는 사실을 상기시켰다. 그는 또 알바위를 천신(天神)에게 풍년과 안녕을 기원하던 성소(聖所) 즉 제사유적으로 보면서, 축조 시기를 집단 주거 형태가 나타난 청동기시대로 추정하기도 했다.

한 가지 흥미로운 것은 장동균 선생이 십자형(X자형) 암각무늬가 새겨진 네모난 바위와 그 바로 옆의 둥근 바위를 사람 모양의 비석이 자연재해로 인해 쓰러졌을 것으로 해석한 점이다. 답사팀 일행은 방기리 알바위 일대에 대한 울산시 차원의 시급한 발굴 조사가 필요하다고 입을 모았다. 이미영 회장은 이 일대 사유지(私有地)를 시유지(市有地)로 흡수하는 방안도 고민할 필요가 있다는 말로 답사의 마침표를 찍었다.

플라스틱 조화 | 2022.11.20.

최근 경남 김해시가 국무총리상(최우수상)을 거머쥐었다.

지난 11월 10일 부산 벡스코에서 열린 '제18회 대한민국 지방자치 경영대전'에서 쟁쟁한 경쟁 도시들을 따돌리며 거둔 결실이었다. 김해시의 은메달 프로젝트는 '공원묘원 플라스틱 조화(弔花) 사용금지'라는 새로운 환경 시책이었다.

이 시책이 적용된 것은 올해 2월 설 명절 때부터였다. 소소한 지방 소식도 놓치지 않고 챙겨 보는 필자는 이 뉴스를 접하는 순간 탁하고 무릎을 쳤다. 인구 54만(2020년 4월 기준)의 김해시가 인구 110만을 웃도는 울산광역시를 감히 뺨치다니 하는 생각이 문득 스쳐 지나갔던 때문이었다. 시쳇말로 '대박'을 예감했던 것이었다.

흥미로운 것은, 김해시의 수상 소식을 접한 부산 국제신문 취재진이 최근 김해 공원묘원 네 곳 중 두 곳을 다녀와서 11월 20일 자로 르포 기사를 내보낸 일이다. 그 내용을 전하는 것은, 이런 시책을 울산시도 본받았으면 하는 바람이 간절하기 때문이다. 참고로, 김해시가 대박을 터뜨린 '지방자치 경영대전'은 행정안전부가 지자체의 우수 정책을 발굴·확산하려는 뜻에서 한국일보와 손잡고 2004년부터 해마다 여는 행사다.

설이나 추석을 맞아 김해 지역 공원묘원 네 곳의 무덤을 장식하는 꽃은, 새 환경 시책이 시행되기 전만 해도 거의 100%가 '플라스틱 조화'였다. "햇빛에 석 달 있으면 바로 탈색·변색이 되고 미세먼지 가루가 날아다닙니다. 중국산 조화가 2천t가량 되거든요. 계산하면 쓰레기의 양이 엄청난 거죠. 이 조화가 플라스틱이다 보니 태우면 무게보다 탄소가 더 많이 나옵니다.

그 양을 다 더하면 일 년에 태우는 탄소가 1천700t까지 나온다는 이야기죠." 김해시 관계자의 말이다.

전문가의 말을 빌리면 섬뜩한 기분부터 들지 모른다. 플라스틱 조화(弔花)는 합성섬유와 플라스틱, 철심 따위로 만드는 조화(造花)이다 보니 사실 꽃잎은 PE(폴리에틸렌)·나일론·PVC(폴리염화비닐)로, 줄기는 철사와 플라스틱으로 만드는 게 일반적이다. 그러나 그 숱한 조화 가운데 국내 제품은 거의 없고 99.8%가 중국산 수입품이다.

문제는 여기서 그치지 않는다. 연평균 2천t 넘게 수입되는 플라스틱 조화는 연간 약 1천557t의 쓰레기로 변하고, 처리 비용은 매년 약 329억 원이나 든다. 또 플라스틱과 철사 따위로 만들어져 재활용도 쉽지 않고 잘 썩지도 않아서 불에 태우거나 땅속에 묻어야만 한다. 플라스틱 조화의 유해성은 더 긴 설명이 필요 없을 것이다.

중국산 조화 때문에 울상짓던 '한국 화훼자조금 협의회'란 단체가 플라스틱 조화가 환경에 미치는 영향을 알아보려고 연구를 진행했다. 그 결과는 실로 놀라웠다. 벤젠·납·미세플라스틱과 같은 유해 물질이 다량 검출된 것이다. 더 놀라운 것은, 헌화한 후 그대로 놓아둔 조화에서는 미세플라스틱이 평균 1천284개나 나와 새 조화(220개)보다 5.8배나 많았다는 사실이다.

국제신문 기자는 김해시가 새로운 환경 시책을 발굴한 배경도 알아냈다. 플라스틱 조화 사용을 금지하는 법적 장치가 없는데다 작년까지만 해도 그런 시책을 도입한 지자체가 한 곳도 없었기 때문이라고 했다. 이 문제는 앞으로 국회 차원의 고민이 절실한 대목으로 보인다. 하지만 지자체 차원의 시책 추진은 단체장 마음먹기에 달렸다고 본다. 이번에 김해시가 국무총리상을 받은 명분은 '조화 근절을 통한 탄소 저감 실천'이었다.

다음은 김해 공원묘원을 둘러본 국제신문 취재진의 후일담이다. "공원묘원 근처 휴게소에 드라이플라워(=말린 꽃) 자판기가 있고 생화도 팔고 있었다. 한 상인은 '옛날엔 조화를 10명이 사셨다면, 요즘은 6~7명이 생화를 가지고 오신다'고 말했다." 새 시책 시행 9개월 만에 찾아온 변화인 셈이다.

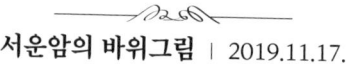

서운암의 바위그림 | 2019.11.17.

우리나라 삼보사찰(三寶寺刹)의 하나인 영축총림 통도사가 거느린 암자는 자그마치 19개나 된다. 그중 하나인 서운암(瑞雲庵)에 대한 '다음백과'의 서술 끝부분은 다소 의아한 느낌을 준다.

"…특별한 문화재는 없지만, 주변이 야생화군락지로 유명해 방문하는 사람이 많다."

그러나 앞으론 고쳐 써야 할 것 같다. 이유는 '인간문화재급' 성파(性坡) 방장스님의 큰 기운이 서운암과 통도사 전체를 끌어안고 있는 데서도 찾을 수 있다.

성파 큰스님의 '토굴'이 올려다보이는 서운암을 두 번째로 찾은 것은 11월 7일 오전이었다. 일부러 짬을 냈다는 울산대 교수 세 분과 동행하기로 한 것은 큰스님을 거처가 아닌 '작품 제작실'에서 만나고 싶은 기대감에서였다. 첫 방문 때는 손 아래 스님의 안내만 받았을 뿐 큰스님의 설명을 직접 듣지는 못했었다.

토굴에서 다소 떨어진 큰스님의 작업실에는 울산의 바위그림 두 점이 실물 크기로 모습을 드러내고 있었다. 국보 제285호인 '반구대 암각화'와 제147호인 '천전리 각석'에 자개와 색깔을 입힌 작품이었다.

이번에는 큰스님의 지시를 받은 손아래 스님이 반구대 암각화 그림판 위로 올라가 걸레질을 하기 시작했다. 옻칠로 흐릿해진 천연색 바위그림을 또렷이 보이게 하기 위한 배려였다. 거리를 두고 본 그림판은 발을 딛고 올라선 스님이 자그맣게 보일 정도로 컸다. 큰스님에게 두 작품의 크기를 여쭈었더니 이런 답변이 돌아왔다.

"하나(반구대 암각화)는 세로 4m, 가로 6.5m 정도고 다른 하나(천전리 각석)는 세로 3m, 가로 9m쯤 될 걸세."

그야말로 대작(大作)이었다. 그럼 완성작은 언제쯤 볼 수 있을까? 큰스님의 대답은 이러했다.

"작년 봄에 시작했는데, 내년 가을쯤 매듭지을 생각이지."

울산 길손들의 길잡이 김언배 교수(울산대 섬유디자인학과)가 보충 설명을 해주었다.

"이 대작들, 섬유디자인 작품이라 볼 수 있지요. 바닥 소재만 해도 삼베가 여섯 겹이나 들어갔으니까. 그 위에 옻과 물감이 여러 번 칠해졌을 겁니다. 이제부터는 그려놓은 바위그림 위에 옻으로 덧칠한 다음 건조하고 칠하기를 여러 차례 반복하게 될 것입니다. 마지막에는 사포질로 마무리하실 거고….”

작업을 구상하신 동기와 과정도 궁금했다. 큰스님의 설명이 이어졌다.

"암각화는 전 세계에 있는 것을 안 훑어본 게 없어. 국립경주박물관 자료도 하나도 빠짐없이 입수했고, 책도 많이 사서 보았지. 암각화를 복사한 뒤 기록대로 실물 크기로 확대했는데 큰 시행착오는 없었어.”

이 말씀은 작품 제작 과정에 들인 공이 어느 정도였는지를 짐작하게 해주었다. 큰스님이 말씀을 이어주셨다.

"암각화는 인류미술의 원조야. 세계의 자료를 그래서 수집하기 시작했지. 지금까지 밝혀진 인류가 만든 암각화 중에 반구대암각화만 한 걸작은 없었어. 그것이 서구의 것이든 중국, 일본의 것이든…. 그리고 원시미술인 암각화는 공통점도 많아. 토속(土俗)에 따라 다르긴 해도 근본은 다 통하지.”

큰스님은 훼손이 심한 반구대암각화의 보존 방안에 대해서도 나름의 견해를 피력하셨다. 우리나라 마애불(磨崖佛)에서도 더러 볼 수 있듯이 암각화 위쪽 지붕 부위 바위에다 구멍을 뚫고 서까래 같은 보호막을 만든다면 비바람 정도는 너끈히 막을 수 있다는 말씀이었다. 마무리 말씀은 이런 내용이었다.

"유네스코 문화유산 등재도 물론 중요하지. 하지만 나는 등재가 안 되더라도 보호하는 것이 더 중요하다고 생각해. 100~200년까지 보존된다고 생각해 보시게."

서운암의 두 바위그림 작품에 대한 큰스님의 자부심은 영축산 높은 하늘을 찌르고도 남음이 있을 것만 같았다. 큰스님은 서구에 가면 대우가 굉장할 거라는 말씀도 덧붙이셨다.

두꺼비 순찰대 | 2019.02.24.

난생처음 들어본 이름이 '두꺼비 순찰대'였다. 아쉽게도 울산 지역의 조직은 아니다. '두꺼비 친구들'이란 청주시 관내 사단법인체가 매년 봄철 두꺼비의 산란기에 선보이는 활동 조직이다. '두꺼비 친구들'이 조직의 깃발을 밖으로 드러낸 것이 2011년부터이니 올해로 9년째인 셈이다. 청주 지역에는 손꼽을 만한 두꺼비 서식지가 네 군데나 있다니 그저 부러울 따름이다.

지난 22일 청주 시내 '농촌방죽'에서 가진 '2019 두꺼비 순찰대 발대식'에는 충북 지역의 환경단체 회원과 시민 50여 명이 자리를 같이했다. 발대식 후에는 '북방산개구리 산란 현황'과 '청주 지역 양서류 서식 실태 보고회'도 열렸다. 이만하면 하는 일은 대충 짐작이 갈 것이다. △산란기 두꺼비 이동 경로의 장애물 제거 △서식지 주변 지역 청소 △로드킬 예방 현수막 게시가 바로 그것이다. 주된 목적은 '멸종위기의 양서류들을 로드킬(roadkill)로부터 보호하고 생물다양성을 증진시키는 것'에 있다.

흥미로운 것은 이 단체를 실질적으로 이끌어오던 활동가가 정계 진출에도 성공한 일이다. 말하자면 '두꺼비 친구들'의 사무처장직을 한동안 맡아오던 박완희 씨가 지난해 6·13 지방선거에서 당선되면서 청주시의회 의원 배지를 달게 된 것이다. 그렇다고 그가 '완장 의식'에 사로잡혀 우쭐거리는 것 같지는 않다. 어쨌건 양서류 보호에 관한 그의 열정은 이 프로젝트에 손대기 시작한 2003년 이후 지금까지 전혀 달라지지 않은 것 같다. 자신을 '두꺼비, 자연, 마을 사람들과 더불어 살아가는 공동체를 꿈꾸는 환경 지킴이'라고 소개한 그는 지난 설에 이런 내용의 새해 인사를 띄웠다. "두꺼비의 생명 평화가 온 누리에 가득한 새해 누리소서!"

두꺼비는 아니지만, 똑같이 양서류에 속하는 '맹꽁이'의 보호 운동은 경남 진주 지역과 충남 지역을 비롯한 전국 각지에서 비교적 활발한 것으로 보인다. 충남 지역의 경우 대전충남녹색연합이 그 일에 앞장서고 있다. 그들은 힘주어 말한다. "예전에는 장마철만 되면 맹꽁~ 맹꽁~ 잘도 보이던 맹꽁이! 지금은 어디로 갔을까요? 맹꽁이가 살지 못하는 곳은 사람도 살기 어렵습니다"라고….

그렇다면 우리 울산은? 두꺼비든 맹꽁이든 이들을 보호하기 위한 활동에 나서고 있다는 활동가나 활동 조직에 대해 별로 들어본 바가 없다. 활동가의 머릿속 기억에만 먼 나라 얘기처럼 남아있을 뿐이다. 윤 석 울산생명의숲 사무국장의 기억 속에는 두꺼비, 맹꽁이뿐만 아니라 산개구리, 도롱뇽, 심지어는 파충류인 뱀의 피해 사례까지 한가득 들어있다. 그는 개구리와 두꺼비가 사라져가는 현실이 참 서글프다고 말한다.

"산란이동을 하다가 깊고 시멘트로 뒤덮인 직각 배수로(농로)에 빠져 허우적거리다가 시멘트 독으로 죽거나 아니면 가뭄으로 말라죽거나 하는 일이 예사로 일어났습니다. 산자락이 사라져 찻길에서 깔려 죽거나, 새로 난 도로의 경계석에 막혀 오지도 가지도 못하거나 때로는 웅덩이가 없어지는 바람에 죽어 나간 생명체들이 부지기수였습니다. 그런 현상은 지금도 현재진행형이니 얼마나 가슴 칠 일입니까?"

그러면서 다른 지방의 사례를 넌지시 귀띔한다. "경남 지역만 해도 환경·생활 교사 모임이 개구리 살리기에 적극적으로 나서고 있는 것으로 알고 있습니다." 그에게는 지자체의 무관심과 인식 부족도 큰 아쉬움이다. 태화강의 배수로를 직각형이 아닌 완만한 경사형으로 바꾸자는 목소리에도 한사코 귀를 막는다며 더는 할 말이 없다는 표정을 짓는다.

누군가가 봄은 여성의 옷매무새에서 온다고 했지만 이젠 표현을 달리해야 할 것 같다. 어찌 보면 '봄의 전령사'란 수식어는 청주의 '두꺼비 친구들'에게 더 걸맞은 게 아닐까. 울산에서도 '두꺼비 순찰대'를 닮은 활동가조직이 산란기의 두꺼비처럼 나타났으면 하는 소망, 간절하다.

백로를 처음 보았다는 학생들 | 2018.09.09.

지난 토요일 낮 밝은 표정의 고1 남학생 33명이 여교사 3명과 함께 삼호 철새공원의 명당 자리 쉼터인 '은행나무정원'을 찾았다. 중구 태화동 중앙고등학교(난곡로 33) 1학년 학생과 인솔·지도교사 일행이 태화강 북쪽(江北)에서 태화강 남쪽(江南)으로 건너오는 데는 줄배 신세 세 번이면 족했다. ('줄배'란 강 양쪽 기슭에 매어놓은 줄을 잡아당겨 강남-강북을 오르내리던 '태화강 나룻배'를 말한다.)

학생들은 모처럼 찾아온 해방감을 환호로 맞았다. "아이들이 처음 접하는 게 제법 많은가 봅니다." 이날의 야외 학습 길잡이 황인석 태화강관광협의회 사무국장의 귀띔이다. 간선도로 두세 곳을 건너기만 하면 '엎어져 코 닿을 자리'인데도 태화강에 처음 와 본 학생들이 그렇게 많다니…. 하긴 그럴 만도 했다. 매일 책하고 씨름하다 보면 바깥세상에 한눈팔 겨를이 없을 터이니까.

학생들의 볼거리 중엔 삼호대숲에 둥지를 튼 여름 터줏대감 백로 무리도 있었다. 숨 막히게 우거진 짙은 녹색의 대숲, 키대로 자란 채 연홍빛 열매 자랑하기에 바쁜 은행나무들, 잔디밭에서 사이좋게 모이를 쪼는 양비둘기 떼들 하며, 모든 게 신기했을 것이다.

이날 야외 학습의 주제는 '2018학년도 과학·수학 학생 중심

체험활동-태화강 생태탐사'. 알고 보니 인솔자 조선화 교사의 직함이 '과학·수학부장'이었다. 학생들은 하나같이 스마트폰을 들고 있었다. 하긴 간절곶공원의 가상현실 체험(포켓몬 게임)도 스마트폰 없인 불가능하지 않았던가.

한국과학창의재단 지원으로 운영된다는 '학생 중심 체험활동'은 문자 그대로 문제도 답도 학생들이 스스로 찾는 방식의 자기 주도적 학습 형태였다. 황 국장이 관여하는 '백로 생태학교'에 먼저 전화를 건 쪽도 학생이라고 했다. 출제 학생 3명 중 한 사람인 김종원 학생(1학년 6반)이 친절하게 설명했다. "객관식 일곱 문젠데요. 나무에 걸린 종이 속 QR코드 문제를 스마트폰으로 알아내서 답을 철새공원 숲에서 찾아내면 됩니다."

'가상(假想)의 새'를 숲속에 숨겨놓고 QR코드 지시어대로 답을 찾아내게 하는 방식이라고 했다. 이를테면 미리 제시한 백로 5종(쇠백로, 중대백로, 왜가리, 노랑부리백로, 흑로) 가운데 '태화강에서 볼 수 없는 백로 2종'을 골라내게 한 다음 정답(노랑부리백로와 흑로)을 맞추면 되는 것이다. 이날 학생들에게는 은행나무정원의 작은 무대 근처에 설치된 해설판의 사진과 설명문이 큰 도움이 됐다. 설명문에는 '태화강을 찾는 철새' 12종과 '태화강에 사는 텃새' 12종에 대한 해설이 담겼다.

그런데 뒷말이 더 기특했다. "저희는 울산 살면서도 울산의 자연생태가 어떤지, 울산의 현안이 무엇인지 잘 모르잖아요. 그래서 우물 안 개구리는 되지 말자, 우리 고장에 대해 자세히 알아보자 하고 셋이서 기획한 게 '태화강 생태탐사'였습니다."

창의성이 유난히 돋보인 학생들의 야외 학습은 "학생 중심 활동, 자기 주도적 학습이 무엇인지?"에 대한 답을 속 시원히 들려주는 것 같아서 흐뭇했다.

마지막 프로그램은 태화강~삼호대숲의 조류(鳥類) 지킴이 김성수 선생(조류생태학박사)의 20분짜리 특강이었다. 천 조각을 잇대어 만든 바지가 트레이드마크인 김 박사가 특유의 넉살 좋은 강연을 풀어나갔다. "옛날, 경주를 월성·금성, 밀양을 밀성, 수원을 화성이라 했듯이 우리 울산은 학성(鶴城)이라고 했다. 학이 많이 살던 고장이란 뜻이다." 학(鶴·두루미)과 태화강 조류에 대한 설명이 대충 끝날 무렵 그는 겨울 철새 떼까마귀가 서로 배려하며 살아가는 습성을 얘기하며 이렇게 말을 맺었다. "여러분은 사회에 나가서도 서로 도움을 주고받는 우정 두터운 중앙고 동문이 꼭 될 것이라 믿는다."

플라스틱을 삼킨 해파리 | 2018.08.05.

'세상에 이런 일이'에 오를 만한 빅뉴스가 하나 매스컴을 탔다. 해파리 체내에서 1㎝가 넘는 플라스틱 조각이 나왔다는 사실, 여러분은 어떻게 생각하시는지? 지난 2일 ANSA통신이 보낸 소식이었고, 과학 저널 '네이처'의 자매지 '사이언티픽 리포츠'에 실제로 실렸다니 거짓 뉴스는 분명 아니다.

이 사실을 밝혀낸 그룹은 이탈리아 시에나 대학·투시아 대학 공동 연구진이었다. 무척추동물인 해파리까지 바닷속을 떠다니는 플라스틱 조각들을 먹이로 알고 삼킨다는 사실은 예삿일이 아니다. 연구진은 이탈리아 서부 해안의 섬 폰차 근해에서 지중해에서 서식하는 해파리를 채집한 뒤 체내 성분을 분석한 끝에 그런 결과를 알아냈다. '폰차 근해'라면 표층해류의 영향으로 해양쓰레기가 무더기로 쌓이는 곳이다.

　연구진이 우려하는 것은 '해양 먹이사슬'이었다. 지름 1㎝가 넘는 플라스틱 조각을 해파리가 삼키고 이 해파리를 참치와 황새치, 바다거북 같은 몸집이 큰 해양 동물이 먹어 치운다고 가정해 보라. 다행히, 우리 같으면, 바다거북쯤이야 '용왕님'으로 알고 막걸리라도 융숭하게 대접해서 바다로 되돌려 보내면 그만이지만 참치, 황새치 따위야 어디 그런가. 해파리가 삼킨 플라스틱은 결국 참치나 고래를 즐겨 먹는 우리네 식탁에 올라오고, 인간 수명까지 좌우하는 것쯤은 물으나 마나 한 것이 아니겠는가?

　ANSA통신과는 무관하지만, 또 하나 충격적인 영상이 2015년 8월 유튜브에 올라와 세계인을 놀라게 했다. 콧구멍에 박힌 이물질 때문에 신음하던 바다거북의 코에서 플라스틱 빨대를 펜치로 끄집어내는 장면과 바다거북이 피를 흘리며 고통스러워하는 모습이 그것이었다. (이 바다거북은) 미국 텍사스 A&M 대학에서 해양생물학을 전공하던 대학원생들이 코스타리카에서 조사하던 도중에 발견한 수컷이었다.

　이 영상을 다시 접하고 지난해 말부터 '불편함의 미학'을 하나씩 실천하기 시작했다는 이세라 씨가 그 장면에 대한 소감을 글로 적었다. "한 남성이 7분간 안간힘을 쏟을 정도로 깊숙이 박혀 도통 빠지지 않는다. 도대체 이 바다거북은 빨대를 코에 꽂은 채 몇 년의 세월을 보냈을까? … 너무도 가슴이 아팠다." 그는 자신이 시작한 일을 '세상을 변화시키는 작은 실천'이라고 소개했다.

영화 <시애틀의 잠 못 이루는 밤>으로 존재감을 알린 미국 시애틀은 커피로도 유명세를 타는 곳이다. '스타벅스'의 본고장인 탓이다. 그 시애틀이 깜짝 놀랄 약속을 전 세계 커피 식구들에게 했다. 7월 1일부터 식당이나 카페에서 일회용 플라스틱 빨대와 식기의 사용을 전면 금지하겠노라 스스로 다짐한 것이다. '플라스틱 빨대 사용 줄이기' 캠페인(#StopSucking)에 앞장서고 있는 미국의 환경단체 LWF(=Lonely Whale Foundation)는 미국에서는 매일 플라스틱 빨대 5억 개가 사용되지만 대부분 재활용과는 거리가 멀다고 홈페이지에서 밝혔다. 이런 사실들을 겸허하게 수용한 시애틀의 저 놀라운 선언이 전 지구촌에 엄청난 파장을 일으키는 것은 시간문제가 아닐까.

함부로 버려지는 플라스틱 빨대는 숱한 동물의 생명을 앗아가는 살상 무기나 다름없다. LWF는 목숨 잃은 조류의 71%와 바다거북의 30%의 뱃속에서 그런 빨대가 나왔다고 경고했다. 먼 나라 얘기를 빌릴 것도 없이 우리 주변 낚시 마니아들 얘기만 들어도 LWF의 경고는 실감이 나고도 남는다. 잡은 물고기의 뱃속에서 플라스틱 조각이 심심찮게 나온다는 얘기였다.

전문가의 말을 들어보자. 버려진 플라스틱이 5mm 이하로 작아지면 표면에 유해 물질이 달라붙기 쉽고, 더 작아지면 물고기의 먹잇감이 되고 만다. '2016년 월드 이코노믹 포럼'에서 보고된 논문은 실로 놀랍기만 했다. 2050년이 되면 바다에서 물고기보다 더 많은 플라스틱을 그물로 잡게 된다는 것이다. '32년 후의 일'이라며 뒷짐만 지고 있어도 괜찮은 것일까?

물 문제에 대한 세 가지 궁리 | 2018.03.18.

논에는 '무논(水畓)'과 그 반대개념의 '천수답(天水畓)'이란 것이 있다. 말 그대로 하늘에서 비를 내려주어야 겨우 벼농사를 지을 수 있는 논이 천수답이다. 근래에 보기 드문 겨울 가뭄을 맞게 된 울산이 꼭 그 지경이다. 공업·농업용수는 물론이요 먹는 물 걱정으로 하늘만 쳐다보는 날이 부지기수였다는 사실을 누가 감히 부인할 수 있을 것인가.

예나 지금이나 치산치수(治山治水)는 국가나 지자체 경영의 기본 요소라 해서 틀린 말이 아닐 것이다. 천지사방에 가뭄이 덮치면 나라님은 다 자신의 부덕의 소치라 하여 기우제(祈雨祭) 올리기를 주저하지 않았다. 세종 5년(1423년) 7월 13일에 올린 기우제의 축문을 잠깐 엿보기로 하자.

"삼라만상은 가뭄에 시달려 고사하기 직전이옵고, 억조창생들이 하늘 우러러 단비 갈구하기 어느덧 반년이옵니다. 임금 된 자가 덕이 없으면 삼재팔난(三災八難)으로 나라를 괴롭힌다고 하였으니 혹 이 소자 '도(=세종의 이름)'의 부덕으로 인한 벌책을 내리시옴인저 … 일체 허물을 '도' 한 몸에만 내리시고 단비를 점지해 주옵소서."

각설하고, 울산시가 지난 14일 '2018년 봄철 가뭄 대비 추진 대책 점검 회의'를 열고 거창해(?) 보이는 가뭄 프로젝트의 대강을 시민에게 공개했다. 소식통은 "생활·공업·농업용수 등 급수 전반에 걸쳐 현 상황을 점검하고 장기적인 대책을 논의하는 자리였다"고 전했다. 눈에 띄는 것은 간이 양수장 3곳으로, 이곳에서 태화강 물을 끌어 올리면 농업용수 하나만은 '걱정 끝'이라고 했다. 두고 볼 일이지만, 걱정거리를 하나라도 덜 수 있다면 그건 행운일 것이다.

그러나 마실 물, 즉 먹는 물은 어떤 방법으로 확보하겠다는 것인지 감이 잘 안 잡혔다. 고심 끝에 내놓았다는 것이 '물 절약 캠페인'이었다. 그 소리를 들은 한 호사가가 한마디 거들었다. "물 절약 캠페인 왜 안 하냐고 소리소리 지를 땐 잠잠하더니 지금 와서 무슨 자다가 봉창 긁는 소리냐"고 말이다. 그래도 안 하는 것보다야 훨씬 낫지 않겠는가.

얼마 전 물 문제라면 자기한테 물어보라고 떵떵거리던(?) 지인 한 사람을 만났다. 그는 세 가지 아이디어를 들려주었다. 신공법을 이용해 너르디너른 학교 운동장 지하에다 빗물 저장고를 만드는 것이 첫째 아이디어였고, 사시사철 물 마르는 일 없는 대운산 계곡을 댐으로 막아서 식수원으로 탈바꿈시키는 것이 둘째 아이디어였다. 그리고 셋째 아이디어는 환경단체와 주민 다수의 반대로 가동을 멈춘 부산 기장의 해수담수화(海水淡水化) 시설을 울산에 도입하는 방안을 적극적으로 검토해 보자는 것이었다.

다소 황당해 보이기까지 한 아이디어들이라는 생각이 들었다. 하지만 '백문(百聞)이 불여일견(不如一見)'이란 말도 있듯이 두 번째 아이디어는 눈대중으로라도 훔쳐볼 요량이다. 그래서 지난 주말 해 질 녘에 찾아간 곳이 대운산 계곡이었다. 그러나 웬걸, 세 갈래 길목에서 내원암 반대쪽 차도를 따라 올라가다가 '이건 아닌데' 싶은 직감이 문득 스쳤다. 울산시가 공을 들여 조성하고 있는 '울산수목원' 예정지가 바로 이 일대였기 때문이다. 그래도 지인은 눈 한 번 깜짝 않고 능청스럽게 말했다. "두고 보시오. 길게 생각할 필요가 있다니까. 수목원을 꾸민 다음 수원지까지 만들면 경관지수 높아지겠다, 먹는 물도 넉넉하게 확보하겠다, 일석이조(一石二鳥) 효과란 것이 바로 그런 것 아니겠소, 허허."

정말 그럴 수만 있다면야…. 천수답 울산의 시민들이 목마를 때마다 비싼 시민 세금을 주고 끌어온 낙동강 흙탕물을 정수(淨水) 처리해서 마시지 않아도 될 날을 손꼽아 기다려도 좋다는 이야기일까.

4장

단소리 쓴소리
세상 그리고 사람 이야기

정치 그리고 국제

대통령 시계 153 | 宋 시장의 고뇌 155 | 달빛 동맹 158 | 류석춘, 사사카와 그리고 161 | 기시 노부스케 163 | 의전 혁신 166 | 인지부조화(認知不調和) 169 | 길거리 미터 171 | 'WE ARE ASAN.'(우리가 아산이다.) 174 | '낭랑 18세' 176 | '튀르키예'라는 나라 179 | 전범기의 재활용 182 | 탐험가 앤드루스와 장생포 184 | 일인(日人) 소설가 눈에 비친 장생포 사람들 187 | 평화 프리허그 190 | <사운드 오브 뮤직>과 2·8 독립선언 193 | 레밍의 부활 195 | 올해의 신조어 '더불어한국당' 198 | '평화·평등'의 상징 UN 기념공원 201 | 로비와 비리 사건 203 | 대필 정치(代筆政治) 206 | 피감기관의 접대 209

대통령 시계 | 2022.06.12.

 대선이 한 달쯤 지난 시점, 울산의 한 중고 가게에서 뜻밖의 물건이 눈에 띄었다. 두 마리 봉황 문양 아래 무궁화 문양이 새겨진 것으로 보아 첫눈에도 예사롭지 않아 보였다. 꼼꼼히 살펴보니 여성용 손목시계였다. 지름이 3cm도 안 되는 둥근 시계 바닥 아래쪽에는 가녀려 보이는 글씨 석 자가 또렷이 적혀 있었다. '박 근 혜'….

 문득 지난해 가을, 양산 통도사 서운암 토굴의 일이 스파크처럼 떠올랐다. '서운암 토굴'이라면 지난 3월 대한불교조계종 제15대 종정 자리에 오른 통도사 방장 성파 스님의 손님 접견실이다. 이날은 마침 울산시의회 L 의원이 울산대 K 교수의 소개로 성파 스님을 알현하던 날이었고, 필자도 일행에 섞여 있었다.

 큰절을 마친 L 의원의 눈이 갑자기 휘둥그레졌다. 스님이 손목에 찬 대통령 시계 때문이었다. 스님은 K 교수가 미리 일러준 대로 당시 여당 소속 L 의원을 의식해 일부러 '문재인 시계'를 차고 있었다. 그 후, 몇 달이 지난 올해 초, 부산 광안동에서 고깃집을 하는 초등학교 동기회장이 사진 넉 장과 간추린 메모 두 장을 카톡으로 보내어 왔다. 뒤늦게 안 일로, 그는 대통령 시계 수집광(컬렉터)이었다. 메모 일부를 인용해 본다. "1~3대 이승만 대통령, 4대 윤보선 대통령, 5~8대 박정희 대통령 때까지는 대통령 시계를 만들지 않았음. 그러다가 9대 박정희 대통령 취임식 때 처음 대통령 시계를 만들었음."

친구는 대통령 시계가 처음 만들어진 날짜를 1978년 12월 28일이라고 했다. 그러나 그 대(代)는 10대 최규하 대통령 때 잠시 끊기고 만다. 대통령 시계가 다시 빛을 본 것은 전두환 대통령 집권 시기(11~12대)였고, 그 뒤로는 끊이지 않고 계속 이어진다. 노태우(13대), 김영삼(14대), 김대중(15대), 노무현(16대), 이명박(17대), 박근혜(18대), 문재인(19대) 대통령 할 것 없이 역대에 걸쳐 모두 선물용 시계를 만들었다는 얘기였다.

친구는 대통령 시계의 쓰임새에 대한 설명도 빠뜨리지 않았다. "대통령 시계 중 휘장(봉황)만 있고 이름이 없는 것은 대통령상 수상 때 상품으로 받은 것임. 대통령 시계는 취임식 때 만든 것도 있고 상을 줄 때 만든 것도 있으나 시계 모양이 다름." 친구가 대통령 9인의 시계를 '취미로 하나씩' 모으기 시작한 것은 10년 전이었고, 그동안 모은 대통령 시계가 자그마치 세 세트가 된다고 했다. 친구의 다음 말은 맛깔스러운 양념이었다. "대통령 시계를 받는 사람은 ①구청장 이상 당선자 ②청와대(지금은 대통령실) 초청 방문자 ③특별한 행사 초청 대상자."

그렇다면 제20대 윤석열 대통령의 시계는? 물론 빠뜨릴 리가 없었다. 그의 말에 따르면 '취임 후 기념품 1호'로도 불리는 '윤석열 대통령 기념 시계'는 5월 10일 취임식에 참석한 '국민

희망대표' 20인이 보름 뒤(5월 25일)에 선물로 받았다. 시계 앞면에는 '대통령 윤석열'이라는 서명과 봉황 무늬가, 뒷면에는 대통령 취임식부터 슬로건으로 써온 '다시 대한민국! 새로운 국민의 나라'가 새겨져 있었다.

뒷면에 '사람이 먼저다'라는 글귀가 새겨진 문재인 전 대통령의 시계(2017년 6월 제작)는 재임 중 '이니 시계', '이니 굿즈'로 불리며 인기 가도를 달린 바 있었다. 머지않아 '윤석열 시계'의 값어치도 천정부지로 치솟을지 어떨지는 아직 장담하기는 이르다. 하지만 '국민희망대표' 20인이 선물 받은 '한정판 윤석열 시계'만큼은 대통령 시계 컬렉터들에게 '부르는 게 값'이 될지도 모를 일이다.

필자가 우연히 손에 넣은 '박근혜 시계'를 탐내는 지인이 더러 있기는 있다. 하지만 워낙 싼 값에 산 시계인지라 때로는 찝찝한 느낌이 들기도 한다. '대통령 시계'도 주인의 명운에 따라 달라질 수 있겠구나 하는 생각 때문인지도 모른다.

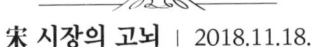
宋 시장의 고뇌 | 2018.11.18.

가을이 되면 바닥에 뒹구는 낙엽만 있는 것은 아니다. 이른바 '부·울·경 트리오'의 '직무수행 지지도'란 것도 있다. 리얼미터가 지난달 27일부터 일주일간 전국 유권자 8천500명의 의중을 떠보았다. 그 결과 드러난 '전국 시도지사 17명의 10월 직무수행 평가'는 유감스럽게도 부·울·경 트리오가 나란히 고개를 숙이게 했다. 평점이 바닥 수준이었기 때문이다. 한 매체는 「꼴찌에서 1·2위」란 제목을 달았고, 그보다 한 달 전 다른 매체는 「14~16위 '최하위권'」이란 제목을 달았다.

진위를 떠나 이 가을, 송철호 울산광역시장의 고뇌가 깊이를 더해 간다는 입소문이 들린다. 원인 중엔 '지지도 하락'도 한몫한다는 분석이 그럴싸하게 가세한다. 귀동냥으로 들은 이 소문, 사실일까? 궁금증도 풀 겸 전화번호를 눌렀다. '수십 년 측근'이란 A 씨가 받았고, 대답은 의외였다.

"옆에서 쭉 지켜봐 왔지만, 사실이 아닙니다. '일' 문제라면 몰라도 일시적 지지율에 좌고우면하실 분은 절대 아닙니다. '모든 판단은 시민들이 하신다.', '해결의 열쇠는 시간'이란 신념만큼은 확실하시지만…."

그러면서 꺼낸 말이 '덫'이다. 처음엔 의아했으나 자초지종을 듣고 보니 이해가 갔다. 시장의 발목을 붙들고 한사코 놓아주지 않는다는 덫! 고뇌의 속살이 누에고치처럼 한 올씩 풀렸다. 공약사항, 다시 말해 '일' 얘기였다. "시장님의 꿈은 노·사·민·정이 서로 어깨 나란히 하고 화백 정치를 펴는 겁니다. 시장님의 발목을 움켜잡는 것 중 하나는 '고질적인 노사 대립의 덫'입니다."

그에게는 고뇌에 빠져들게 하는 덫 말고도 몇 가지가 더 있었다. 청년·일자리 사업 실현을 가로막는 최저임금 논란과 같은 '경제적 상황의 덫', 암각화 보존과 맑은 물 대책의 실현을 더디게 만드는 '부처이기주의와 지역갈등의 덫'도 그를 괴롭히는 덫의 하나라고 했다. 그뿐이겠지 했는데 또 있었다. 가장 골치 아픈 '사람의 덫' 얘기였다.

"남북교류협력위원회를 산으로 끌고 가려는 인적 존재가 또 하나 눈에 띕니다." 이 대목에서 A 씨의 목소리는 '신중 모드'로 변했다. 폭발력 강한 시한폭탄 같은 사람의 존재? 며칠 전 귀엣말로 전해 들은 소문이 '시한폭탄'과 겹쳐지면서 연상 작용을 일으켰다. 짐작 가는 구석이 있었고, A 씨의 다음 말이 그런 짐작을 뒷받침해 주었다. "남북교류협력 위원 중 특정 정당 소속의 인사 한 분의 입김이 '이데올로기의 덫'이 되고 있는 것으로 알고 있습니다."

그래도 주위에선 시장이 깊은 고뇌의 늪을 헤쳐 나갈 것으로 낙관하고 있었다. 취임한 지 이제 겨우 넉 달 보름 남짓. 하지만 그에겐 시간을 낚을 줄 아는 '마음의 여유'라는 파괴력 있는 무기가 있지 않은가. '연내 가시화' 가능성이 높은 굿 뉴스도 '확정 발표' 시점만 기다리고 있을 법했다.

다시 A 씨가 말문을 열었다. "외곽순환도로는 예타 면제가 확실하고, 물 문제, 공공병원 문제도 시간문제일 뿐입니다." 낙관의 근거로 그는 시장의 '폭넓은 인간관계'와 여기에 힘입은 '인맥정치'를 꼽았다. 시장에겐 대통령 말고도 숱한 인맥이 있고, 얼마 전 울산을 찾아 낭보를 전한 송재호 국가균형발전위원장도 그중 한사람이란 게 A 씨의 말이었다.

통화의 마침표는 A 씨 쪽에서 먼저 찍었다. "시장님은 돌아서서 남 욕하는 분이 아닙니다. 그런데 언젠가 아부성 발언을 하는 분한테 이런 말로 나무라십디다. '나보고 대선에 도전하라고? 웃기지 마시오. 문 대통령이 A급이면 나는 C급밖에 안 되는 사람이야. 허허.'"

달빛 동맹 | 2019.04.28.

'…피기 시작한 꽃이 소금을 뿌려놓은 듯이 흐뭇한 달빛에…' 이효석의 소설 <메밀꽃 필 무렵>의 한 구절이다. 한자어로 '월광(月光)', '월색(月色)'이라고도 하는 '달빛'만큼 서정성 짙은 우리말이 또 있을까? 서정적인 그 낱말 '달빛'을 동서(東西)를 대표하는 영·호남(嶺湖南) 두 도시가 특허라도 낸 듯 보란 듯이 우려먹기에 바쁘다. '달빛동맹', '달빛고속도로', '달빛내륙철도(=광주-대구를 1시간 안에 이어줄 철도)'가 대표적이다.

하지만 알고 보면 그리 대단한 일도 아니다. '달-'은 대구(大邱)의 옛 이름 '달구벌'에서, '-빛'은 광주(光州)의 딴 이름 '빛고을'에서 따온 글자이기 때문이다. 여하간, 지은이들의 빼어난 조어(造語) 감각은 칭찬하지 않을 수 없다.

도시들끼리 손을 잡는다는 것은 그 자체로도 흥미로운 일이다. 특히 대구-광주를 2인 3각의 끈으로 묶어준 '달빛동맹'은 그 의미가 예사로워 보이지 않는다. 울산시와 경주·포항시가 2016년 6월에 맺은 '해오름동맹'이나 중세 유럽의 상업도시끼리 맺은 '한자동맹(Hansa同盟, 13~15세기)'과는 차원이 다르다. '동서화합(東西和合)'의 큰 뜻이 숨어있기 때문이다.

1989년에 태동한 '영호남수필문학회'의 창립 동기도 다르지 않다.(전북·부산 수필가의 사적 인연으로 물꼬를 튼 이 수필 문학 모임은 1991년의 '영호남수필' 창간을 거쳐 1996년에는 광주-전남-전북-부산-울산-대구·경북 등 영호남 7개 도시를 아우르기에 이른다.)

지금은 거의 소멸된 것이나 다름없지만 영·호남인 사이에는 한동안 서로 등을 돌리는 일이 참으로 많았다. 그 뿌리에 대해서는 구구한 설(說)이 존재한다. 혹자는 박정희-김대중 후보가 맞붙었던 1971년 대통령 선거 당시를 거론하고, 어떤 이는 역사를 거슬러 올라가서 백제-신라의 갈등까지 들먹이기도 한다. 또 다른 전문가는 지역별 투표 성향을 근거로 "한국 대선 역사에서 가장 극명한 지역감정(地域感情)은 김대중-이회창 후보가 대결한 1997년 대선 때 나타났다."고 주장한다. 이 망국적(亡國的) 지역감정은 그 뒤로도 잊을만하면 되살아나곤 했다.

"우리가 남이가?" 김영삼-김대중-정주영이 3파전으로 격돌한 14대 대선을 코앞에 둔 1992년 12월 11일, 그 유명한 부산 '초원복집'에서 김기춘 당시 법무부 장관이 부산 지역 기관장들을 모아놓고 끄집어냈다는 이 말은 지역감정의 뇌관에 불을 붙인 결정타로 분류된다. 3년 후 1995년 총선 무렵, 평소 '영호남 지역감정 허물기'에 남달리 앞장서던 한 지인(당시 부산 사상구 후보)이 그 구호를 유용하게 써먹은 덕분에 국회의원 배지를 달게 된 일은 아직도 떨떠름한 기억으로 남아있다. 자극적이고 선동적인 이 구호가 당시에는 '약발 받는' 특효약 노릇을 톡톡히 했다고 전해진다.

각설하고, 대구시와 광주시는 요즘 '참 잘 나가는 사이'다. 이용섭 광주시장은 지난 23일 화요 간부회에서 "10년째를 맞는 달빛동맹이 민선 7기 들어 더욱 견고해지고 있다."면서 "대구시와의 상생협력 사업인 '달빛동맹'을 비롯해 동서 화합을 다지는 교류 협력 사업을 강화하라."고 지시했다.

그는 또 "오는 26일 권영진 대구시장이 광주에서 상생협력을 주제로 특강을 하고 5월 18일부터 운행되는 228번 버스 명명식과 시승식도 갖는다."면서 "저도 5월 2일 영호남 갈등 해소를 주제로 대구 경북대에서 특강할 예정"이라고 말했다. 여기서 '2·28'은 대구 민주화운동, '5·18'은 광주 민주화운동을 의미한다.

같은 날 광주시는 "조달청이 최근 광주~대구 간 '달빛 내륙철도' 건설을 위한 사전타당성 조사 용역을 발주했다."고 밝혔다. 앞서 대구시는 대구 지역 일간지 매일신문의 2017년 9월 20일 자 기사를 인용해 "광주-대구 고속도로 이름을 국토교통부가 받아들여 '달빛고속도로'로 바꿀 수 있게 됐다."고 전했다. 울산시로서는 너무나 꿈같은 일인지도 모른다.

류석춘, 사사카와 그리고 | 2019.09.22.

연세대 류석춘 교수 발언의 후폭풍이 태풍 '타파'의 위력을 능가할 기세다. '후폭풍의 눈' 속에 들어가 있는 연세대 총학생회는 페이스북에 올린 22일 자 '긴급 공지'에서 '류 교수의 수업 중 발언'을 강력히 규탄하면서 '가능한 모든 대응'을 준비하겠다고 밝혔다. 연세대 민주동문회와 이한열기념사업회 등 5개 동문 단체는 공동성명을 내고 학교 측에 류 교수의 파면을 요구했다. 이들은 "류 교수의 망언은 수준 이하의 몰지각한 매국적 발언이며, 교육의 중립성을 규정하고 있는 교육기본법을 어긴 망동"이라며 분을 삭이지 못했다.

그렇다면 류 교수가 어떤 말을 했기에 그 여파가 일파만파로 번지고 있을까. 연합뉴스는 문제의 발언이 21일 입수한 '발전사회학'(연세대 사회학과 전공과목의 하나) 19일 자 강의 녹음본에 고스란히 담겨 있다고 밝혔다. 녹음본에 따르면 류 교수는 "(위안부 관련) 직접적인 가해자는 일본(정부)이 아니며, (위안부는) 매춘의 일종"이라고 했다. '매춘부와 과거의 위안부는 동급 비슷한 수준'이라는 말도 서슴지 않았다. "매춘은 오래된 산업으로 과거에도 있었고 미래에도 있을 것."이라고 말한 그는 질문을 던진 여학생에게 "궁금하면 (매춘) 한번 해볼래요?"라고 입을 가볍게 놀리기도 했다. 자신의 딸 앞이라면 감히 그런 말을 했겠나 싶어서 화가 치밀기도 한다.

일련의 전개 과정을 기사화하는 과정에서 느낀 것이 있었다. "그래도 우리 젊은이와 지성인들의 의식 속에는 정의감과 민족정신이 면면히 살아서 꿈틀거리는구나." 하는 안도감 비슷한 자존감이었다. 정치권에서도 여야를 불문하고 규탄의 목소리를 높였다. 한때 당의 새로운 진로를 모색하고자 류 교수를 혁신위원장으로 추대한 바 있는 한국당 역시 "매우 부적절한 발언"이라며 위안부 피해자와 유가족, 그리고 국민에게 유감을 표시했다.

'류석춘' 하면 이내 연상되는 단어들이 있다. '사사카와 재단', '이승만 학당', '이영훈', '반일 종족주의'가 그것이다. '일본 재단'으로도 불리는 '사사카와 재단'의 창설자는 2차 세계대전의 1급 전범 사사카와 료이치(笹川良一, 1899-1995)였다. 그는 흥미롭게도 1976년 박정희 당시 대한민국 대통령으로부터 '수교훈장 광화장'을 받은 적도 있었다.

네티즌 A 씨는 일본제품 불매운동 바람이 불기 시작하던 무렵 다음과 같은 글을 인터넷에 올렸다. 국적을 한국으로 바꾼 호사카 유지 세종대 교수한테서 일본 극우들의 친일 한국인 양성, 한국인 길들이기 소식을 듣고는 끔찍한 느낌마저 들었다면서⋯.

"일본 극우재단인 사사카와 재단은 우리나라 곳곳에 돈을 뿌려 신친일파를 양성하고 있다. 우리나라 사람들이 여기서 받은 돈으로 곳곳에서 암약하고 있는데 대표적인 것이 'N'이란 조직이다. 교수들 중에도 장학금이나 연구비를 받은 자들이 상당수 있다는데, 저들이 신친일파가 되어 학생들에게까지 부정적인 영향을 끼치고 있다. 정치인도 예외가 아니고, 언론인 중에도 많을지 모른다."

네티즌 B 씨는 이런 말을 남겼다. "일본 놈들이 한반도를 떠나면서 한 말이, 친일 매국노들을 키워서 언제고 다시 돌아와 지배해 보겠다는 말을 했다지요? 섬뜩하고 두려운 말입니다. 현재 '토착 왜구'라 불리는 것들의 행동을 보면 알지요." 네티즌 C 씨는 이런 주장을 폈다. "극우가 아니라는 류석춘, 사사카와 료이치가 세운 '일본 재단'의 돈으로 설립된 '아시아연구기금'의 사무총장을 역임한 사람이지."

이들 네티즌더러 '나오는 대로 시부리지(지껄이지) 마라.'며 핀잔이라도 줄 사람이 곧 나타날지 모른다. 그러나 최근의 '류석춘 사태'를 지켜보고 있으면 저도 몰래 고개가 갸웃거려진다. A 씨, B 씨, C 씨의 주장이 모두 사실이 아니길 바라는데도 그렇다.

기시 노부스케 | 2019.08.11.

"잘못된 과거를 제대로 청산하지 못하면 문제가 더욱 커질 수밖에 없다. 한일 관계가 바로 그렇다. 청산해 내지 못한 역사는 그렇게 부메랑처럼 다시 우리를 괴롭힌다. 일본의 침략을 당연하다고 외치는 자들이 여전히 존재한다. 일본의 장학금을 받아서 공부한 뒤 친일을 당연하게 여기고 설파하는 자들이 사회 곳곳에 뿌리내리고 있다.…"

'자이미의 베드스토리(J's BEDStory)'에 올라온 8월 7일 자 글의 앞부분이다. 제목은 '손석희의 앵커 브리핑-기시 노부스케와 박정희, 그리고 문재인과 아베'. 손석희라면 MBC 아나운서국장을 거쳐 JTBC에서 보도 담당 사장, 대표이사 사장을 차례로 지내면서 촌철살인(寸鐵殺人)의 비평을 멈추지 않는 유명 앵커로 알려져 있다. 글쓴이의 글은 이렇게 이어진다. "친일파 청산을 막은 이승만은 그들에게 칭송받는 존재다. … 그들에게 일본은 조국이나 다름없으니 말이다. 친일파 청산을 막은 이승만과 그렇게 힘을 키운 토착 왜구들은 아베가 싸우는 현 정부가 눈엣가시일 뿐이다."

놀랄만한 주장을 눈 하나 깜짝 않고 내뱉은 셈이다. 하지만 누구 하나 태클을 건다는 소식이 아직은 없다. 비슷하게 놀라게 한 것은 다음 문구들이다. '일본군 출신 박정희가', '아베의 외할아버지 기시 노부스케에게 충성 맹세를 한 박정희', '권력을 잡은 박정희가 노골적으로 전범에게 충성을 표시하는 모습' 따위가 그렇다.

글쓴이의 박정희 비판은 거침이 없다. "일부에 의해 신격화되어 있지만, 그는 신도 대단한 지도자도 아니다. 술만 마시면 일본 군가를 부르는 경악스러운 친일파일 뿐이었다. 그런 자를 찬양하는 무리들, 정치적 입지를 위해 여전히 죽은 자를 이용하는 그들에게 박정희는 내세우기 좋은 존재일 뿐이다."

충격 표현 몇 줄에 매달리다가 하마터면 본론을 잊을 뻔했다. 필자의 관심사는 '쇼와의 요괴(昭和の妖怪)'라는 별명의 기시 노부스케(佐藤信介, 1896~1987)다. 일본 총리까지 지낸 그에게 관심이 가는 이유는 두 가지다. 박정희가 존경해 마지않는 사부(師父)라는 점, 그리고 아베 신조(安倍晋三, 1954~) 일본 총리의 외할아버지라는 점이 그것이다. 이 2차 대전의 A급 전범은 '전쟁할 수 있는 나라 일본'의 씨앗을 외손자에게 건네준 인물이기도 하다.

잠시 손석희 쪽으로 돌아가 보자. 그는 최근의 앵커 브리핑에서 '국가재건최고회의 의장' 박정희가 1961년 8월과 1963년 8월 두 차례에 걸쳐 기시 노부스케에게 친서를 보낸 사실을 상기시킨다. 1961년 8월이라면 군부 쿠데타가 일어난 지 석 달이 지난 시점이다. "근계(謹啓=삼가 아룁니다). 귀하에게 사신을 드리게 될 기회를 갖게 되어 극히 영광으로 생각합니다."

기시 노부스케에 대한 그의 설명은 이렇게 이어진다. "그것은 한국의 최고 권력자가 일본의 막후 실력자에게 보낸 편지글의 시작이었습니다. 편지를 받은 사람은 … 전 만주국 산업부 차관, 전 일본 상공부 대신, 전 일본 총리. 만주국 산업부 차관을 지내면서 식민지 수탈을 주도했고 … 아베 신조에게 절대적 영향을 끼친 사람이기도 합니다." 그는 친서를 직접 전달한 인물이 영화 <기시 노부스케 귀하>의 실제 모델로 잘 알려져 있고, 해방 후 반민특위에 의해 첫 번째로 체포된 특급 친일파 박흥식(전 화신백화점 사장)이었다고 덧붙인다.

두 사람의 글을 모두 인용할 수는 없다. 그래도 손석희의 이 말만은 굳이 공개하고 싶다. "1970년, 한일 국교 정상화 5년을 맞이한 한국의 대통령은 강제징용과 식민지 수탈에 앞장선 기시 노부스케에게 한국 정부가 수여하는 1등급 훈장 '수교훈장 광화대장'을 수여했습니다. 아마도 그의 외손자인 아베 신조는 외할아버지가 받은 그 훈장을 보면서 … '한국은 믿을 수 없는 나라'라고 되뇌고 있을지도 모릅니다."

대한민국에 대한 수출규제도 '백색국가 배제'도 이와 무관치 않다. 일본을 '세계의 중심'이라고 여기는 아베와 그 추종자들이 '전쟁하는 나라'의 칼을 빼 드는 순간은, 상상만 해도 끔찍한 일이 아닐 수 없다.

의전 혁신 | 2020.11.08.

2018년 6월 치른 6·13 지방선거는 울산에도 적잖은 변화를 가져왔다. 변화는 울산시장과 5개 자치구·군 단체장 자리를 민주당 일색으로 바꾼 것만이 아니었다. 울산시의원 22명 중 17명이 민주당 깃발을 꽂았고, 5개 구·군의회의 의석도 절반 넘게 민주당이 차지했다.

선출직 공직자들이 임기를 시작한 2018년 7월, 변화의 바람이 또 한 차례 일었다. 집행부와 의회를 가리지 않고 '의전 혁신(儀典 革新)'의 바람이 몰아치기 시작한 것이다. 그 무렵 누가 어떤 어록을 남겼나 싶어서 포털사이트를 뒤졌으나 유감스럽게도 울산 분들의 것은 찾을 수가 없었다. '꿩 대신 닭'이라고 다른 고을 원님들의 어록도 큰 차이가 없는 것 같아 감히 인용해 보기로 한다.

다음은 수원시와 대구시 지역신문 기사를 간추린 내용이다.

△ 염태영 수원시장 관련(2018.08.23.)= 염 시장은 회의에서 "시민이 행사의 주인공이 될 수 있도록 시의회, 지역사회와 사전협의를 거쳐 달라."고 당부했다. 그는 또 "차 문 열어주기, 우산 씌워주기, 행사장 입구에서 영접 인원 도열하기, 앉을 때 의자 빼주기 의전은 당장 없애자."며 솔선수범을 다짐했다. 이에 따라 수원시는 주요 행사 초청은 모바일 초청장으로 대신하고, 내빈 소개 및 인사 말씀은 최소한으로 줄이고, 행사는 주빈 참석 여부에 상관없이 정시에 시작하고, 시민들을 앞자리에 모셔 최우선 배려하기로 했다.

△ 권영진 대구시장 관련(2016.04.18.)= 권 시장은 확대간부회의에서 "대구시장 중심의 의전문화에서 탈피해야 한다."며 "행사에 해당 실·국장과 과장은 물론 담당 사무관이 줄줄이 참석하는 것을 자제하라."고 지시했다. "행사 때 시장 의전을 하지 말라고 몇 번 얘기를 했는데도 잘 고쳐지지 않는다."는 말도 덧붙였다. 그는 또 "주말 행사에는 담당자 한 사람만 나오면 된다."는 말도 했다. 시장이 나온다고 해서 국장·과장, 사무관·주무관까지 줄줄이 나와야 할 필요가 없다는 지론이었다.

의전 준칙은 울산에서 잘 지켜지고 있을까? 그것이 궁금해 제54회 처용문화제 첫날(10.30) 태화강 둔치를 일부러 찾았다. 개막식이 열리기 직전 앞자리 내빈석 배치 상황을 잠시 살폈다. 특이한 점이 눈에 들어왔다. 내빈석에 '~님'자가 있는 종이쪽지와 없는 종이쪽지 두 가지가 동시에 발견된 것이다. 맨 앞줄은 모조리 '~님'자가 붙었으나 두 번째, 세 번째 줄은 들쭉날쭉해서 신기했다. "행사의 주인은 시민"이라던 사회자의 멘트에도 '시민석' 배치 순서는 그다음이었다.

교육감, 국회의원 뒤에는 '~님'자가 붙었으나 '시의원', '구의원'과 '남구청장 권한대행' 뒤에는 존칭이 붙지 않았다. '울산예총 회장'과 '울산민예총 회장', '문화원연합회 화장', '중구문화원 원장'과 '북구문화원 원장', '고래문화재단 상임이사'와 2명의 금융기관 본부장 뒤엔 '~님'자가 붙었으나 '문화예술 원로', '동구문화원 원장', '울주문화원 원장', '울주문화재단 이사장' 뒤에는 존칭이 붙지 않았다. 도대체 왜 그랬을까?

옆자리의 지인이 한마디 거들었다. "문화예술인을 우대해서 그랬는지도 모르죠." 실은 그것도 아니었다. 뒤늦게 자초지종을 들을 수 있었다. 행사 주최 측(울산문화재단)은 존칭을 빼기로 했으나 시 의전 담당 쪽에서 부분수정을 가한 데다 진행요원의 개인적 실수도 끼어든 것 같다고 했다. 어쨌거나, 의전 담당자가 했다는 말이 미소를 머금게 했다. "아무리 그래도 그렇지…." 최소한의 예의는 갖추는 게 옳다는 뜻으로 들렸다. '의전 혁신'은 그래서 여전히 어려운 과제인지도 모른다.

인지부조화(認知不調和) | 2020.06.07.

 '성차별적 요소를 감지해 내는 민감성'으로도 풀이되는 '성인지 감수성(性認知 感受性)'이란 용어를 이해하는 데는 시간이 제법 걸렸다. 한 고개를 넘고 나니 또 한 고개가 앞을 가로막았다. 난생처음 접하는 심리학 용어 '인지부조화(認知不調和)'가 그것이었다. 흥미로운 것은 이 두 가지 용어가 이른바 '오거돈 사건'에서 동시에 등장한다는 사실이다.

 '인지부조화'란 용어는 도대체 무슨 의미일까? 사전마다 해석이 조금씩 달랐다. 그렇더라도 한 가지 같은 점은 있었다. '인지부조화 이론'의 창시자가 미국의 사회심리학자 '레온 페스팅어(Leon Festinger)'라는 사실이다.

 그의 실험 사례 하나를 살펴보면, 페스팅어는 동료와 함께 신도인 척하며 사이비 종교 집단에 들어가 신도들을 관찰했다. 신도들은 '며칠 후 종말이 오니까 구원받으려면 돈을 내야 한다.'는 교주의 말을 굳게 믿었으나 끝내 종말은 오지 않았다. 하지만 신도들은 '종말이 안 왔으니 그동안 우리가 믿었던 것이 엉터리.'라는 합리적 의심을 하는 대신 '우리가 간절히 빌었으므로 신이 감동하셔서 종말이 오지 않았다.'며 자신들의 신념을 합리화했다.

 어느 사전 편집자는 '인지부조화'의 유사 용어로 '자기합리화'를 대비시킨 다음 사이비종교 종말론자의 예를 들며 '인지

부조화'와의 의미상 차이를 설명했다. 종말이 온다고 설레발을 쳤는데 오지 않자 "그럴 리가 없어!" 하면서 멘붕 상태가 된 모습이 '인지부조화'이고, "우리가 열심히 기도해서 멸망을 피해 갔다!"며 자위하는 모습은 '자기합리화'라는 것이다. 그런데 혹자는 "그건 어쩔 수 없는 일이었어."라는 자기합리화가 '인지부조화'에 가깝다고 주장한다.

어쨌든 뜻풀이에 혼란을 가져온 주인공은 부하 여직원 강제추행 사건을 제 입으로 시인한 오거돈 부산시장이다. 지난 2일 오후 재판부가 그의 구속영장을 기각하자 피해 여성은 이틀 후 입장문을 내고 자신의 심경을 밝혔다. 피해 여성은 "영장실질심사에서 나온 오 전 시장의 주장에 충격을 받았다."면서 "'혐의는 인정하지만 기억은 나지 않는다.'는 말의 모순에서 대형 로펌의 명성을 실감한다."고 꼬집었다.

특히 오 전 시장에 대해서는 "향후 재판에서는 최소한의 합리적 반론으로 대응해 달라."면서 "전관 출신 변호사들을 선임해 '인지부조화'를 주장하는 사람에게서 사과의 진정성을 찾을 수 없다."는 말로 그의 아픈 데를 찔렀다. 피해 여성의 말대로라면 '인지부조화'란 표현을 '전관 출신 변호사'가 구사했다는 것이 된다.

며칠 후, 필자는 첩보나 정보를 휴대전화처럼 휴대하고 다닌다는 지인으로부터 오 전 시장에 대한 '따끈따끈한 첩보'를 들을 기회가 있었다. 그 속에는 부산시장 재임 시 회의 도중에 조는 일이 잦았고, 보좌진이 '남성 호르몬' 투약을 권했으며, 그러는 사이 코로나19 사태가 터지면서 영상물 시청 횟수가 늘어났고, 양자의 기이한 조합이 '5분간의 추태'로 이어졌을지 모른다는 그럴듯한 첩보 분석도 들어가 있었다.

그 후엔 이런 생각도 하게 되었다. '인지부조화'란 '국 따로 밥 따로' 혹은 '머리 따로, 다리 따로'의 의미와 유사할지도 모른다는…. 좌우간 요즘은 '벨트 아래 문제'에 지나치게 너그럽던 사회 분위기가 '지는 해' 신세라는 느낌을 지울 수 없다.

길거리 미터 | 2020.02.16.

며칠 전 울산이 고향이면서 서울에 산 지 50년쯤 된다는 지인 한 분의 전화를 받았다. 중요한 선거가 있을 때마다 울산 지역 민심을 물어오던 이 지인이 이날 대뜸 꺼낸 말에 귀가 솔깃해졌다. '길거리 미터'란 말을 아느냐는 것이었다. 처음 듣는 말이라 했더니 그는 친절하게 설명을 풀어나갔다. "왜 △△미터라는 여론조사기관 잘 아시지요? 그 엉터리 기관의 조사 결과를 도저히 못 믿겠다 해서 생겨난 게 바로 '길거리 미터'라는 여론조사 방법입니다." 그분의 설명인즉, 현황판 같은 여론조사 판을 길거리에 세워놓고 근처를 지나가는 사람들을 대상으로 문재인 대통령의 국정 수행에 대한 호감·비호감 여부를 묻는 노천 여론조사라는 것이었다.

이때 쓰이는 소도구는 둥글고 손톱만 한 스티커. 파란색은 남자용, 빨간색은 여자용으로, 조사에 응할 생각이 있으면 조사판에다 붙이기만 하면 된다. '문재인 지지율 길거리 조사'의 문항은 단 세 가지다. "잘한다", "못한다", "모르겠다" 이 셋 가운데 하나만 골라 스티커를 바로 그 밑에 붙이기만 하면 끝이다.

여론조사기관이면 의무적으로 표시하는 '신뢰도'가 궁금해서 지인한테 되물었다. 안티(대통령 비판) 그룹을 미리 풀어놓았다가 야바위 놀음하듯이 바람도 잡고 '못한다' 쪽에 스티커를 다량 붙이게 만들면 그걸로 소기의 성과는 손쉽게 거둘 수 있는 것이 아니겠느냐 하고…. 이 대목에서 그는 말없음표(…)로 답변을 대신했다. 그러면서도 대통령에 대한 지지율이 형편없는 바닥 수준이며 이는 전국적 현상이라고 목소리를 높였다.

'길거리 미터'라! 지난해 하반기부터 시작됐으며, 울산에서는 지난해 10월 롯데백화점 근처에서 실시한 적이 있다는 지인의 말도 확인할 겸 인터넷 검색에 들어갔다. '자유의 창', '자유로운 도시'처럼 '자유'란 단어가 자주 언급되는 걸로 보아 이내 감이 잡혔다. '자유로운 도시'가 눈에 띄어 먼저 뒤져보았다. 작성일자는 2019년 12월 31일이었다.

"길거리 미터, 문재인 지지율 조사- 2019년도 서울, 경기도, 인천 종합 결산. 6.27~12.23일 서울, 경기, 인천 시·군·구 길거리에서 2시간 동안, 보드 판에 잘한다. 못한다. 모른다에 본인들이 스티커를 붙이는 것으로 각 시·군·구 조사 장소에서 1회 이상 조사… 총 69회. 참여 인원 7천150명. 남자는 49% 참여에 20% 지지. 여자는 51% 참여에 29% 지지. 모른다는 극소수. 길거리 여론조사 결과는, 서울·경기·인천 문가 지지율 평균 25%….”

그다음 표현은 흥미를 더 자극했다. "지방을 따져보면 전라도는 60%라고 보고, 부산·경남은 30%라고 짐작하고, 대구·경북은 25% 정도, 충청·강원·제주는 30% 남짓이라고 보면 문가 지지율은 전국 평균 30% 이하라고 봄." 그러면서 이런 토도 달았다. "이런데도 언론보도는 문가 지지율이 늘 40% 이상, 50% 초반이라고 보도."

내친김에 한 술만 더 뜨기로 하자. "여론조사 언론보도의 실체를 보면 1천 명한테 전화하면 50명 정도 응답. 여기서 25명이 지지하거나 찬성하면 지지율 50%, 반대가 15명이면 30%, 나머지는 모름이나 무응답. 결론은 1천 명한테 전화해서 25명이 지지하거나 찬성했는데 지지율 50%라고 발표."

무지에서 비롯된 것 같다거나 악감정에 받쳐서 뱉어낸 말 같다고 굳이 사족까진 달고 싶지는 않다. 다만 이런 주장을 사실로 받아들이는 사람들이 의외로 많아 보인다는 사실만큼은 감추고 싶지 않다. "이쯤 되면 막 가자는 거지요?" 불편한 심기를 드러내는 지도자가 아직은 시야에 안 잡히는 것 같다. 그래서 이런 말 한마디쯤 덧붙이고 싶다. "우리나라, 참 좋은 나라. 언로가 이만큼 트인 나라가 지구촌에 어디 또 있겠나?"

'We are Asan.' (우리가 아산이다.) | 2020.02.02.

'울산 사랑의 온도계'가 100도를 다 채우지도 못한 채 86도 선(1월 30일 기준)에서 멈춰 섰다. 17년 만의 일이라고 하고, 전국적 현상이라는 말도 들린다. 사람들은 그 원인을 물질 즉 돈에서 찾으려는 경향이 있다. 덩달아 인정, 온정의 우물이 메말라진 것은 이미 오래란 말도 있다. 나라의 지도자들이 정치를 잘못해서인가, 종교계의 목자들이 목양을 게을리해서인가? 아름다운 우리네 미풍양속은 긴 동면에서 깨어나지 못한 지 너무 오래인 것 같다.

메마른 정서는 큰일이 있을 때마다 불쑥불쑥 튀어나온다. 가뭄 끝에 큰물이라도 나면 사막의 땅속에서 선잠을 자던 개구리 떼가 제 세상이라도 만난 듯 요란스레 울어대는, 흡사 그런 모습이다. 연전 아프리카 예멘 난민들이 내란을 피해 제주도로 무리 지어 몰려왔을 때도 그랬고, 신종 코로나바이러스 사태로 중국 우한에 거주하던 우리 교민들이 충청도 두 곳에서 집단보호를 받고 있는 최근의 일만 해도 그렇다. 곱디곱던 우리네 심성이 언제부터 저리도 일그러져 버린 것일까?

지난달 30일 오후 우한 교민의 임시 거주 시설인 충남 아산 경찰인재개발원을 찾았던 진영 행정안전부 장관과 양승조 충남도지사는 일부 주민들의 거센 항의에 부딪혀야 했다. 날계란 세례를 받은 데다 장관과의 대화 장소인 마을회관에서는 회관 입구 유리창이 깨지기도 했다. 이유는 분명했다. 오죽했으면 '우한 지역 교민, 청와대에 수용하라'는 손팻말과 트랙터가 다 등장했겠는가. '결사반대'를 목청껏 외치는 일부 주민들은 팔짱을 끼고 도로에 드러눕기까지 했다. '라돈 매트리스' 파동에 이어 우환 교민을 충남 아산과 충북 진천으로 데리고 오려는 것은 충청도민을 우습게 아는, '충청도 홀대'라는 주장이 나오기도 했다.

그러나 상황 전개 과정에는 한 편의 드라마처럼 극적인 반전도 뒤따랐다. 31일 오전 아산 지역 주민들이 초사2통 마을회관 회의에서 교민 수용을 더는 반대하지 않기로 의견을 모은 것이다. 그 대신 정부와 충남도에 철저한 방역 대책을 요구했고, 비로소 소통이 이뤄졌다. 이를 전후로 이색 팻말이 생중계 화면을 장식하기 시작했다. '#We are Asan(=우리가 아산이다)'이란 글씨가 선명하게 돋보였다. 인정, 온정의 소리와 함께 감동의 메아리가 아산의 하늘에 울려 퍼지기 시작했다.

"We are Asan. 고통과 절망 속에서 많이 힘드셨죠? 진천, 아산에서 편안히 쉬었다 가십시오. 우한 교민 여러분 화이팅!", "아산 시민은 우한 교민을 환영합니다. 오시느라 고생 많으셨습니다. 이제 한숨 내려놓으시고 아산에서 쉬시기 바랍니다.", "We are Asan! 우리는 서로의 사회안전망입니다. 아산 시민은 환영합니다. 함께 이겨내요!!" 간간이 이런 문구도 시선을 끌었다. '#손피켓 릴레이', '#우한 교민 환영', '#아산', '#진천'···. 우한 교민의 아산 수용을 찬성하는 아산 시민들이 릴레이 캠페인에 앞장선 것이다.

아산에 거주한다는 엄 모 씨는 페이스북 글에서 "한쪽 기사만 보시고 각종 SNS에서는 아산과 진천을 비방하는 글들이 쏟아지고 있어서 마음이 참 아프다."고 했다. 그러면서 "저처럼 우한에서 오는 우리 교민들을 환영하는 아산 시민이 많다는 것을 보여주고 싶었다."며 손피켓 릴레이를 시작하게 된 동기를 밝혔다.

먼발치서 일어나는 일이었지만 한동안 눈언저리가 뜨거워 옴을 느꼈다. 어느 분의 수필에서 읽었던 '염화시중의 미소'도 몸소 체험하는 것 같았다. 바로 이런 게 우리 민족의 진면목이라는 생각이 진하게 스쳐 지나갔다.

그런데 도대체 무엇이 우리네 성정을 이리도 메마르게 비틀어버렸을까? 정치인보다 종교 지도자의 할 일이 더 많다는 생각도 들었다. 언제까지 땅속에서 겨울잠에 취한 개구리 시늉만 하고 있을 것인지, 그런 반문도 하고 싶었다.

'낭랑 18세' | 2020.01.05.

"저고리 고름 말아 쥐고서/ 누구를 기다리나 낭랑 18세…."
작곡가 박시춘(1913~1996)이 짓고 가수 백난아(1927~1992)가 부른 <낭랑 18세> 노랫말의 첫 소절이다.

1949년에 나왔다는 이 노래의 제목이 최근엔 MBC '복면가왕'의 참가자 이름으로 더 많이 알려져 있다던가. 가수 현철과 문희옥, 한서경, 김영임이 다시 끄집어내 불렀고, 2003년 6월엔 KBS 드라마시티, 2004년 1월~3월엔 같은 방송사 월화드라마의 제목으로도 쓰였으며, 코미디영화 <영구와 땡칠이>(1989)에서는 영구의 애창곡이 될 정도로 재활용 폭이 넓었다.

뚜껑을 열어보니 뜻풀이가 몇 갈래로 나뉜다. 첫째, '낭랑(朗朗)'은 '밝을 낭, 명랑할 랑'의 한자 말로 '청춘(靑春)'을 뜻한다. 둘째, '낭랑'은 '소리가 맑고 또랑또랑하다', '빛이 매우 밝다'라는 뜻의 '낭랑하다'의 어근(語根)으로 '청춘'을 뜻한다. 셋째, '낭랑(娘娘)'은 '왕비나 귀족의 아내를 높여 부르는 말'이다.

그런데 요즘 이 말이 뜨거운 감자로 떠올랐다. 지난달 27일 공직선거법 개정안이 국회를 통과하면서 투표할 수 있는 나이가 만 19세에서 18세(2002년 4월 15일 이전 출생)로 낮춰진 탓이다. 뜻밖에 투표권을 쥐게 된 '낭랑 18세'는 어림잡아 전국에 50만 명이고, 고3은 5~6만 명이다. 국회 본회의 통과 이틀 전(12월 25일) 늦은 밤, 마지막 필리버스터 주자 김태흠 의원(한국당)이 발언 종료 6분을 남기고 한 발언과 당시의 상황을 잠시 되짚어 본다.

"(선거법 개정안이 통과되면) 고등학교가 정치 예외 지대에서 정치 태풍 지대로 변하고 전교조 교사들의 그릇된 교육, 교실의 선거판화로 학교 교육은 심각한 피해를 겪을 것입니다. 만약에 나쁜 후보가 고3 학생들에게 돈이나 살포한다면 이 나라 어떻게 되겠습니까?" '만약에'라는 조건이 붙긴 했지만, 자리를 지키던 민주당, 정의당 의원석에선 항의가 속사포처럼 쏟아졌다. "그것 받고 투표할 고3 아무도 없습니다. 애들 그렇게 폄훼하지 마십시오.", "청소년들, 그렇게 주관이 없는 줄 아세요?", "다들 자기 같은 줄 아는 모양이지." 설전(舌戰)은 계속 꼬리를 물었다. "상상력이 불순하다.", "사과하라!", "뭘 사과해?"….

같은 주제의 입씨름은 지금 이 시각에도 여전히 뜨겁다. '낭랑 18세 선거 교육'에 대한 고민은 정치권에서도 교육 현장에서도 깊어만 간다. 그 와중에 선수(先手)를 친 주인공이 있었다. 서울시교육청이다. 지난달 22일 그랬다니 선거법 개정안의 무사통과를 족집게처럼 예감하고 있었을 법하다. 4월 총선에 맞춰 '모의 선거 프로젝트 학습'을 실시할 40개 학교를 미리 정해 놓았다고 발표한 것이다. 학습 대상에는 고등학교 19곳뿐만 아니라 초등학교 10곳, 중학교 11곳도 포함돼 있었다.

이를 눈치챈 한 문화일보 논객은 12월 18일 자 사설에서 공격의 포화를 거칠게 퍼부었다. "조희연 서울시 교육감이 자신과 같이 좌편향의 친전교조일 뿐 아니라, 선거범(犯)이기도 한 곽노현 전 교육감에게 학생 선거 교육을 맡겼다."는 표현을 구사했다. "이성마저 잃은 처사로, 그 저의가 의심스럽다."는 독설도 곁들였다. 이른바 '이념 논쟁'에 불을 붙인 셈이다.

그럼에도 울산에서는 아직 '바스락' 소리도 없다. 교육부의 세부 지침이 내려오기를 기다렸다가 대응해도 늦지 않다는 것일까? 그러나 '등불을 든 신부'처럼 항시 예비하는 자세가 바람직하지 않을까. 선거연령의 하향 조정이 또 다른 국론분열의 불씨가 되지 않도록 교육 당국이나 사회지도층이 지혜를 모아야 할 때다. 정치·이념 편향이 아니면서도 '낭랑 18세'들에게 새로운 깨우침을 선사할 수 있는 지혜를 말이다.

'튀르키예'라는 나라 | 2023.02.07.

지구촌 전체가 숙연한 분위기다. 7일 기준, 사망자만 4천 명이 넘는 '튀르키예 강진' 탓이다. 국내에서는 궁금증도 홍수를 이룬다. "튀르키예가 어떤 나라지?"

낯선 것이 당연할 수도 있다. 나라 이름표를 바꿔 단 것이 2021년 12월이고, 국제연합(UN) 승인을 받은 것이 지난해 6월이니 안 그렇겠는가. 그렇다면 옛날 국호(國號)는? 지중해의 동북쪽에 연한 나라, 중국어로 '토이기(土耳其)', 영어식으로 '터키(Turkey)'라고 불렀던 나라가 바로 튀르키예다. 한국을 '형제의 나라(Brother's country)'로 여기는 '6·25 혈맹'이기도 하다.

달라진 공식 명칭은 '튀르키예 공화국(Republic of Turkiye)'. 여기서 튀르키예(Turkiye)는 '튀르크인의 땅'이란 뜻이다. 국토는 785,347㎢로 남한 면적(100,364㎢)의 약 7.8배에 이를 정도로 엄청나게 너르고, 인구는 2022년 기준 8천534만 1천 명으로 남한 인구(5천162만 8천 명)의 약 1.6배에 달한다.

튀르키예 사람들의 인종적 뿌리는 몽골계 유목민인 '돌궐(突厥, Gokturk)족', 달리 말해 '투르크(Turk)족'이라는 학설이 주류를 이룬다. 한 누리꾼은, 지난날 돌궐이 기세등등하던 시절, 고구려-돌궐 연합군이 당나라군과 싸웠던 기록을 찾아볼 수 있다는 주장을 편다. 또 그 무렵 두 나라 사이는 고구려 연개소문 장군이 돌궐 공주와 혼인을 맺을 정도로 끈끈한 동맹 관계를 유지했다는 말도 덧붙인다. 실제로, 돌궐과 고구려의 교류를 뒷받침할 만한 비문(퀼테긴비, 闕特勤碑)이 1890년대에 몽골의 오르혼 강변에서 발견된 일이 있었다.

'돌궐'에 대해 우리의 역사책들은 대충 훑고 지나가는 경향이 있다. 그러나 튀르키예 사람들은 결이 좀 달라 보인다. 돌궐의 역사를 진지하고 깊숙하게 배우고 돌궐을 '조상의 나라'로 여기면서 그 뿌리에 대한 자긍심이 대단하다는 것이다. 국호의 변천 과정을 그들은 돌궐→투르크→터키→튀르키예로 기억한다.

근대에 와서도 그들은 역사책에서 배운 덕분인지 한국을 '형제의 나라'로 받아들인다. 6·25 한국전쟁 당시 전투병을 보낸 16개 UN 참전국 가운데 네 번째로 많은 병력(1만 5천 명)을 파견하고 두 번째로 많은 전사자(3천500명)를 낸 사실에서도 미뤄 짐작할 수 있다. 혹자는 이런 의문을 제기한다. "그들은 왜 그렇게 많은 병력을 파견했고, 왜 그토록 목숨을 걸고 싸웠을까?"

 그러나 사이버 공간의 일부 글에서는 국내에 '반(反) 튀르키예' 감정이 식지 않고 있다는 느낌을 받는다. 종교적 편견 탓인지도 모른다. '한국 이슬람의 씨앗'을 '한국전쟁 때 파병된 터키군'이 뿌렸다는 선입견 때문일 수도 있다. 어쨌거나 튀르키예 사람 대부분은 코리안(Korean)을 '형제의 나라 사람들'로 예우한다는 느낌을 지울 수 없다. EBS의 <세계테마기행>이나 KBS의 <걸어서 세계 속으로>에서 그런 장면은 그다지 낯설지 않다.

 그런데 뜻밖의 변고가 일어났다. '선한 사마리아 사람' 같은 튀르키에 사람들이 예고도 없이 들이닥친 규모 7.8의 강진(強震)으로 고난의 늪에 빠져 신음하고 있다는 것이다. 외신 보도에 따르면 사망자 수는 시간이 흐를수록 눈덩이처럼 불어나 지금은 수천을 헤아리고 있다. 그들의 참상을 강 건너 불구경하듯 할 수가 있을까.

 2002 월드컵 때의 일을 떠올린 누리꾼이 있었다. "한국과 터키의 3, 4위전에서 '한국과 터키는 형제의 나라, 터키를 응원하자!'라는 글이 인터넷을 타고 퍼져나갔다. 하이라이트는 자국에서조차 본 적이 없는 대형 터키 국기가 관중석에 펼쳐지는 순간, TV로 경기를 지켜보던 수많은 터키인이 감동의 눈물을 흘렸다는 사실이다."

전범기의 재활용 | 2019.09.15.

전범기(戰犯旗)는 전범국가(戰犯國家)의 상징적 깃발로, 일본의 욱일기(旭日旗)와 독일의 하켄크로이츠(Hakenkreuz)가 대표적이다. 그러나 두 전범기의 운명은 제2차 세계대전이 끝나면서 180도로 달라진다. 역사를 있는 그대로 받아들이려는 겸허한 시각과 부끄러운 역사를 애써 지우려는 수정주의 시각으로 갈라선 탓이다.

나치독일의 나치당 깃발과 완장 표지로도 쓰인 하켄크로이츠는 히틀러(1889~1945)의 몰락과 함께 깃대가 꺾인 채 역사의 뒤안길로 사라진 지 오래다. 독일어로 '갈고리'를 뜻하는 '하켄(Haken)'과 '십자가'를 뜻하는 '크로이츠(Kreuz)'의 합성어인 하켄크로이츠(일명 '갈고리 십자')를 독일 정부는 대전 이후 법으로 금지했다. 과거의 일그러진 역사에 대한 통렬한 참회가 그 밑거름이었다.

그러나 역사 수정주의 망상에 사로잡힌 아베와 그의 손아귀에 잡힌 일본 정부는 전혀 딴판이다. 군국주의 부활의 발판으로 욱일기만큼 재활용 가치가 큰 것도 없다는 판단에 사로잡혀 허우적거리는 꼴이다. 지구촌 곳곳에서 '욱일기 쇼'가 기승을 부리는 것도 다 그 때문일 것이다. 욱일기를 도쿄올림픽의 응원 도구로 사용하겠다는 낯 두꺼운 배짱도 그런 인식의 소산임이 분명하다.

그 주체가 '일본회의' 소속 극우단체이건 각료의 79%를 일본회의 골수분자로 채운 아베 총리(일본회의 특별고문)이건, 사전작업은 상상외로 치밀해 보인다. 미국인 화가 뷰 스탠튼이 로스엔젤리스(LA) 한인타운 중심가 공립학교의 체육관 외벽에 그려 수개월간 논란의 불을 지핀 '욱일기 문양 벽화'는 상징적 사례의 하나일 뿐이다.

최근 뉴스는 놀라운 소식 하나를 전했다. 폴란드의 주스 회사 호르텍스가 욱일기를 제품의 디자인으로 사용하다 한국인들의 항의에 부딪혀 생산을 중단키로 했다는 것이 바로 그 소식이다. 이 당찬 일의 주인공은 한국외대 폴란드어과 학생 조중희(24) 씨였다. 지난달 폴란드에서 인턴 생활을 하던 그는 SNS에 폴란드어로 "욱일기가 나치독일의 하켄크로이츠와 같은 의미"라는 글을 올리며 디자인 교체를 요구했고, 이를 본 폴란드 교민들도 항의메일 보내기에 기꺼이 동참했다.

2차 세계대전 초기, 나치독일의 가장 큰 피해 당사국이었던 폴란드의 기업 호르텍스는 결국 우리 교민들의 빗발치는 요구에 두 손을 들고 만다. 단서가 포착된 건 아니지만, LA 한인타운 중심가 학교의 벽화 사태에서 보듯, 이 과정에도 일본 우익들이 음흉한 수법으로 극우(極右) 본색을 드러냈을 개연성이 높다. 한국의 학계와 정계에까지 매수의 손길을 뻗치면서도 유엔에서는 '포스트 플레이'에 재미를 붙이고 있는 그들이 순진하거나 금전에 눈이 먼 타국인들에게 무슨 짓인들 못 하겠는가. 한국과 중국의 반대에도 불구하고 욱일기 문양 사용 원칙을 고수하는 도쿄올림픽조직위원회의 거드름은 본체만체 뒷짐만 지고 있는 국제올림픽위원회(IOC)도 그런 대상에서 예외는 아닐 거라는 생각이 든다.

이탈리아와 프랑스 전선에서 나치 독일군에 맞서 싸웠고 한국전쟁에도 참전했던 미 육군 45보병사단이 제2차 세계대전 발발 직후(1939년 4월)까지 사단 마크로 '갈고리 십자'를 사용한 사실은 매우 흥미롭다. 이 문양은 아메리카 원주민의 '천둥새' 상징 문양에서 따왔으나 나치가 사용하면서부터 금기(禁忌)의 표적으로 둔갑하고 만다. 누가, 언제, 어디서, 왜, 어떻게 사용했느냐가 선악(善惡) 판단의 새로운 잣대로 작용했을 것이다. 일제 말기, 조선총독부가 경성부청 건물에 나치와 일제의 동맹을 기념해 일장기와 하켄크로이츠를 나란히 게양한 사실도 흥미롭기는 마찬가지다. 두 전범기가 초록동색(草綠同色)으로 치부되던 때의 일이기는 하지만….

탐험가 앤드류스와 장생포 | 2019.09.01.

'로이 채프먼 앤드류스(1884.1~1960.3)'는 미국의 유명한 탐험가이자 자연사 연구자다. 딴 곳에서는 몰라도 울산 장생포에서만큼은 그런대로 먹히는 인물이다. 울산 남구청에서 장생포 고래생태체험관 옆에 그의 흉상을 세우고 고래문화마을에

홍보 공간까지 차려놓은 데는 그만한 이유가 있다. 영화 <인디아나 존스>의 실제주인공으로 알려진 데다 장생포에 머문 적이 있었고, '한국계 귀신고래'라는 이름을 처음으로 붙인 양반이기 때문이다. 그러나 정체를 알고 나면 실망감이 클 수도 있다. 운 좋게도 그의 정체를 더듬어볼 기회가 있었다. 울산대곡박물관(관장 신형석)이 <대외교류를 통해 본 울산>이란 제목의 개관 10주년 기념 학술회의를 지난달 30일 울산박물관 2층 대강당에서 마련해 주었던 것이다.

발표 주제 5건 모두 무게감이 있었다. 그중에서도 허영란 울산대 교수(역사문화학과)의 <근대 울산, 혼종적 장소의 두 얼굴>은 흥미를 배가시켰다. 이 논문에서 허 교수는 일본인 소설가 '에미 스이인(1869~1934)'의 울산 견문 기록인 <실지탐험 포경선>과 미국인 앤드류스의 각종 저술을 추적해서 나름의 유의미한 해석을 내린다. 에미 스이인에 대한 글은 이미 알려진 바가 있어 잠시 감추기로 한다.

허 교수에 따르면 조선 해안에서 잡히던 '이상한 고래(Korean devilfish)' 이야기를 1910년, 일본에서 들은 앤드류스는 2년 후 울산 장생포를 찾는다. 미국 캘리포니아 연안에서 50년간 자취를 감춘 귀신고래(gray whale)와의 연관성을 찾겠다는 욕구 때문이었다. 허 교수는 그가 장생포에 머문 기간을 1912년 1월 5일~2월 말로 추정한다. (앤드류스는 자신의 장생포 체류 기간을 '6주간'이라 했으나, 일부 인터넷 사전은 '1년간'으로 적고 있다.) 앤드류스는 장생포에서 일본 동양포경회사의 도움으로 귀신고래를 40마리 넘게 조사했고, 전신 골격 2점도 확보했다. (전신 골격 1점은 지금도 워싱턴 국립자연사박물관에서 전시되고 있다.)

앤드류스란 인물의 정체를 허 교수의 추적을 통해 짐작해 본다. "그의 눈에 비친 한국인들(장생포 사람들)은 일본인과는 달리 야만적인 존재였다. 한국인을 경멸했던 에미 스이인처럼 그에게도 한국인들은 고래 뼈나 노리는 자들이었기 때문이다. … 그가 머물던 집 근처에 쌓아둔 첫 번째 전신 골격이 하나둘씩 없어지자 그는 문에 구멍을 내고 감시에 나섰고, 두꺼운 면바지를 입은 한국인이 접근하자 총기를 쏘아서 맞추었다. 총을 맞은 조선인은 미친 듯이 소리를 지르며 달아났고, 그 소문이 퍼지면서 쌓아둔 고래 뼈가 더 이상 없어지지는 않았다." 앤드류스는 장생포 사람들이 고래 뼈로 국을 끓여 먹는다는 사실도 잘 알고 있었다.

다음은 허 교수 논문의 일부다. "장생포는 고래와 과학 탐구를 매개로 이루어진 교류와 연결, 교차의 장소였다. 그럼에도 그때나 지금이나 이 초국가적 역사를 울산이나 장생포의 지역사로서 어떻게 포착할 것인지에 대한 문제의식은 아주 박약한 실정이다. … 장생포라는 혼종적 장소는 우리에게 아직도 제대로 인식조차 되고 있지 못하고 있다." 남구청에 대한 아쉬움도 감추지 않는다. "한국에서 그(앤드류스)는 구체적으로 알려져 있지 않다. 장생포 고래박물관 옆에 그의 흉상을 세운 울산 남구조차도 그와 장생포의 인연에 대해 구체적인 조사나 연구를 한 것으로는 보이지 않는다. 영화 <인디아나 존스>의 모델이라는 유명세를 문화관광 콘텐츠로 활용하면 된다는 생각이었던 것으로 보인다."

지금도 장생포 고래문화마을의 '앤드류스가 머물렀던 집' 홍보 공간에는 다음과 같은 아리송한 글귀가 방문객들을 맞이하고 있다. "세계 최초로 '한국계 귀신고래'라고 명명한 업적은 코리언 신대륙 발견 이론과 함께 영원히 전달되고 있습니다." 빈칸을 채우는 일은 울산 남구청의 몫이 아닐까.

일인(日人) 소설가 눈에 비친 장생포 사람들 | 2019.09.08.

지난주의 글이 미국인 탐험가 '로이 채프먼 앤드류스(1884~1960)'의 장생포 방문기였다면 이번 주의 글은 일본인 소설가 '에미 스이인(江見水蔭, 1869~1934)'의 울산 견문록이다. 이 역시 지난달 30일 울산박물관에서 열린 '대곡박물관 개관 10주년 기념 학술회의' 자료에 실린 허영란 교수(울산대 역사문화학과)의 논문이 그 바탕이다.

<실지탐험 포경선>(일명 '포경선')의 저자이자 <가토 기요마사>(소년문학총서)의 집필자이기도 한 에미가 울산 장생포의 땅을 밟은 시기는 1906년 4월 16일이었다. 그는 그해 1월 도쿄에서 '포경 시찰' 제안을 받고 동양어업주식회사의 포경기

지(출장소)가 있는 장생포항을 찾는다. 1906년 4월 중순이라면 일제가 러일전쟁에서 승리한 직후 대한제국의 외교권을 빼앗아 간 을사조약(을사늑약, 1905.11.17)을 강제로 맺은 지 불과 5개월이 지난 시점으로, 식민 지배국의 국민 에미의 거드름이 하늘을 찌르던 시기이기도 했다.

허 교수에 따르면 <포경선>은 에미가 1906년 4월 16일부터 5월 3일까지 울산 장생포 포경기지의 조업 상황을 몸소 체험하고 정리한 기록이다. 에미는 포경선 '니콜라이 호'의 고래잡이꾼들이 고래를 잡는 장면부터 잡은 고래를 운반하고 해체하기까지의 전 과정을 상세하게 기록했다. 허 교수는 이 책을 '1900년경에 시작된 장생포 포경업의 초기 모습을 알려주는 중요 자료'라고 평가한다. 그러면서 울산 사람들을 '미개인'으로 본 에미의 비뚤어진 시각을 예리하게 해부한다.

"사람들은 모두 토착민들로 저마다 손에 도끼를 들고 흰색 목재를 깎고 있었다. 흰색 목재라고 본 것은 고래의 뼈였다. 비료로 일본에 보낼 때까지는 저곳에 쌓아두는데, 조선인들이 든 도끼는 이미 썩어 문드러져 뼈에 겨우 조금 붙어있는 살점을 식용으로 먹기 위해 깎아내는 것이었다. 그런 사실을 알았을 때 비로소 내가 조선에 있다는 것을 깨달았다." 에미가 남긴 <포경선>의 한 대목이다. 허 교수의 평가가 이어진다. "그에게 조선을 실감 나게 해 준 것은 도끼를 들고 고래 뼈에 붙어있는 살점을 뜯어내는, 가난하고 불결한 사람들의 무리였다. 이런 태도는 통역을 맡았던 조선인이나 장생포마을 사람들에게 그대로 적용되었다."

에미의 <포경선>에는 그가 가까이서 접했던 조선인 몇몇이 실명과 함께 등장한다. 28살 먹은 일본어 통역 신성삼도 그중의 한 사람이었다. 에미는 신성삼의 초가집 내부를 다음과 같이 묘사했다. "방바닥은 온돌인데 그 불결함은… 돼지우리에 손을 약간 댔다고 보면 될 정도였다. 그러나 그가 가난하지는 않았다." 허 교수는 신성삼이 가난하지 않았던 이유도 설명한다. "통역을 해 주는 대가로 고래 뼈에 붙은 고기를 독점해서 팔 수 있었기 때문"이었다는 것이다.

에미는 장생포마을 건너편의 조선인 마을도 배를 타고 건너가서 둘러보고는 이런 소감을 남겼다. "상륙하자 또 다른 종류의 악취…. 너무나 불결한 조선인 가옥 100호 정도가 불규칙하게 마을을 이루고 있었다." 어찌 보면 솔직한 장면 묘사 그 이상은 아니다. 하지만 미국인 앤드류스가 귀신고래 전신 골격의 뼈에 붙은 살점을 떼어 가곤 하던 조선인들을 겁주기 위해서 몰래 총을 쏘아대던 짓이나 에미가 고래 뼈에 붙은 살점에 집착하는 조선인들을 미개인쯤으로 낮잡아본 짓은, 지금의 우리로서는 실로 분통 터지는 일이 아닐 수 없다.

에미의 <포경선>에 대한 이야기는 신형석 울산대곡박물관장이 2009년 9월부터 이듬해 3월까지 어느 지역 일간지에 반년 가까이 소상하게 연재한 적이 있다. 신 관장은 연재를 마치는 맺음말에서 이런 글을 남겼다. "당시의 일본인들이 우리나라 사람들을 어떻게 바라보고 생각했는가를 엿볼 수 있는 대목이 여러 군데 나온다. 다시는 이런 역사가 되풀이되지 않기를 바라고 또 바란다."

평화 프리허그 | 2019.08.25.

　일본 아베의 광기(狂氣)가 한일 두 나라 국민 관계에 엄청난 파장을 일으키고 있다. 그런 와중에도 눈에 띄는 것은 민간 차원의 이벤트나 교류 행사. 다음은 지난 24일 KBS가 '뉴스 9'에서 내보낸 뉴스 한 토막이다.

　[앵커] "틀어진 한일 관계 속에 오늘도 서울 광화문 광장에서는 아베 정권을 규탄하는 촛불 문화제가 열렸는데요. 광장 한쪽에서는 '한일 양국의 평화를 바란다'며 프리허그를 진행하는 일본인 청년도 있었습니다."

　[리포터] "…광화문 광장 다른 쪽에서는 한 일본인 청년이 팔을 벌리고 시민들을 기다리고 있습니다. 최근 악화한 한일 관계로 일본에서는 한국인들이 일본인들을 싫어하는 게 아니냐는 생각을 많이 하고 있다는 게 그 이유입니다."

　'한 일본인 청년'이란 세계 여행가로 알려진 '구와바라 고이치(桑原功一)' 씨를 두고 하는 말이다. 검은 안대를 두른 그의 흰 와이셔츠에는 'FREE HUGS FOR PEACE'란 영문이 또렷했다. "평화를 위해 거리낌 없이 껴안아 달라."는 주문이었다.

한국 언론에 단골로 등장하는 그는 6년 전 인터뷰에서 이런 말을 남겼다. "필리핀과 호주에 살면서 많은 한국인을 만났어요. 한국인은 일본인을 싫어한다고 생각했지만 그들은 내게 무척 친절했어요. 그래서 전 한일 관계에 희망이 있다는 걸 증명하고 싶었고 친해질 수 있다는 걸 보여주고 싶었어요."

이 말의 진정성은 어느 정도일까? 해답은 그의 행적에서 찾을 수 있다. 당돌해 보이기까지 한 그의 행위예술의 뿌리는 2011년도로 거슬러 오른다. 이때부터 그는 해마다 한국의 광화문이나 대학로에서 '프리허그 프로젝트'를 실천에 옮겼다. 2013년 6월 중순에는 서울을 찾아와 프리허그에 도전했다. 도쿄 신주쿠 한인 거리에서 일본 극우단체 '재특회(=재일한국인의 특권을 허용하지 않는 시민의 모임)'가 반한(反韓) 시위를 거칠게 벌이던 바로 그 무렵이었다. AJU(아주경제) TV는 "아베 총리, 일본 청년에게 좀 배우세요"라는 제목의 뉴스를 내보냈다.

구와바라 씨의 집념은 일본에 유학 중인 한 여대생에게 고스란히 전염된다. 2015년 11월 29일 자 <이투데이>의 기사를 들여다보자.

"한국 대학생 윤수연 씨의 프리허그 동영상을 일본인 여행가 구와바라 고이치 씨가 12일 유튜브에 올렸다. 윤 씨는 (일본어로) '저는 한국인입니다. 같이 포옹하지 않을래요?'라고 적힌 피켓을 들고 교토 한복판으로 한복을 입고 갔다. 한 일본인은 한국어로 '우리 한국 사람 사랑합니다.'라며 윤 씨를 포옹

했지만 무관심한 일본인도 있었다."

이듬해인 2016년 <글로벌 24>는 11월 24일 자 기사를 이렇게 띄웠다. "'와사비 테러' 이후 반한 감정이 고조된 일본 오사카에서 한복을 입고 눈을 가린 여성이 서 있습니다. '저는 한국인입니다. 그렇지만, 저는 당신을 믿습니다. 함께 안아보실래요?'라는 팻말을 적어놨습니다. 근처에선 반한 시위대가 거리 행진을 하고, 누구 하나 선뜻 나서지 않는 이때, 또래의 여성이 다가와 두 팔을 벌려 안아줍니다. 뒤이어 꼬마부터 중년 남성까지 프리허그에 동참합니다."

이 이벤트 역시 구와바라 씨가 기획한 캠페인이었고, 한일 두 나라를 오가며 펼쳐졌다.

지난 24일 아베 규탄 집회에 참가한 한 시민은 KBS 인터뷰에서 "일본 사람이라고 특별히 미운 게 아니라"고 말했다. 구와바라 씨는 '평화는 증오로 만들어지지 않는다.'는 메시지를 전하고 떠났다. 24일 일본 야마구치현에서는 자매도시 사이인 시모노세키시와 부산시가 무산될 뻔했던 '조선통신사 행렬 재현 행사'를 16번째로 진행했다. 이날 밤 서울 남산 국악당에서 열린 제25회 창무국제공연예술제에 참가한 일본 무용수들은 "지금이야말로 두 나라 예술인이 협연해야 할 때"라고 입을 모았다. 정치꾼 아베는 미워해도 정치 때가 안 묻은 보통의 일본 사람은 미워하지 말라는 메시지일까?

<사운드 오브 뮤직>과 2·8 독립선언 | 2019.02.10.

대학 시절에 감명 깊게 보았던 영화 <사운드 오브 뮤직(The Sound Of Music, 1965)>을 2월 9일 밤, EBS에서 다시 만났다. 영화 속 노래 <에델바이스(Edelweiss)>는 아직도 필자의 애창곡이다. 그뿐만이 아니다. '폰 트랩' 해군 예비역 대령 부부와 7남매가 들려준 '안녕'이란 노랫말 "So Long, Farewell, Auf Wiedersehen, Goodbye"는 아직도 가슴 뭉클한 감동의 극치로 간직되고 있다.

'뮤지컬 영화의 고전'이 된 이 영화는 오스트리아가 조국인 폰 트랩 일가의 실화를 바탕으로 제작해 1956년 독일에서 히트한 영화 <트랩 가족>을 뮤지컬로 각색한 작품이다. 1965년 아카데미 시상식에서는 5개 부문(작품·감독·편곡·편집·녹음)의 상을 휩쓸기도 했다. 하지만 영화 <트랩 가족>이 뮌헨에서 처음 선보였을 때는 폰 트랩 일가가 나치의 손아귀에서 필사적으로 벗어나는 장면이 죄다 잘리는 곡절을 겪어야 했다. 오스트리아를 병합한 나치독일의 징병 요구를 몸으로 거부한 폰 트랩은 진정한 애국자였고, 그가 부른 노래 <에델바이스>는 조국애의 상징이었다.

2월 8일 오전, 일본 도쿄의 재일본 한국YMCA(이하 '도쿄 YMCA')와 종로구 서울YMCA에서 같은 성격의 기념행사가 동시에 열렸다. '2·8 독립선언 100주년' 기념행사가 바로 그

것이었다. 특히 도쿄 행사는 2·8 독립선언의 횃불이 식민 종주국의 심장부 도쿄에서 올랐다는 점에서 관심이 집중됐다. 이를 입증하듯 이 자리에는 이청길 도쿄YMCA 이사장, 이수훈 주일대사, 피우진 국가보훈처장 등 국내 저명인사가 다수 참석했다. 광복회원, 애국지사 유가족, 유학생 대표 등 참석자 300여 명은 "대한독립 만세!"를 세 번씩 외쳤다.

'2·8 독립선언'은 어떤 운동일까? 3·1운동은 잘 아는 우리 국민 대부분에게 '2·8 독립선언'은 먼 나라 이야기로 들릴지도 모른다. 2·8 독립선언은 1919년 2월 8일, 일본 도쿄 조선기독교청년회관에서 조선 유학생 대표들이 비장한 마음가짐으로 발표했던 독립 의지의 실체적 구현이었다. 앞서 만주, 러시아의 독립운동가 39명이 중국에서 발표한 '대한독립선언'의 뜻을 계승한 것이자 국내 3·1운동의 기폭제가 됐다는 평가를 받는다. 이날 대통령은 SNS 글에서 "유학생들이 낭독한 '조선청년독립선언서'는 우리 독립운동의 화톳불을 밝히는 불쏘시개가 됐다."면서 "최팔용·윤창석·김도연·이종근·이광수·송계백·김철수·최근우·백관수·김상덕·서춘 등 도쿄 조선청년독립단 열한 분의 이름 하나하나를 기억하겠다."고 다짐했다.

이 선언서는 "모든 조선청년독립단은 우리 2천만 조선 민족을 대표하여 정의와 자유의 승리를 얻은 세계 만국 앞에 독립을 이루기를 선언하노라."로 시작된다. 조선 유학생 대표들은 '우리 겨레의 정당한 요구'란 말과 함께 '영원한 혈전(血戰)'이란 표현을 당당하게 구사했다. "정의와 자유를 기초로 한 민주주의 위에 새 국가를 건설하겠다."는 다짐과 "문화와 정의와 평화를 애호하는 우리 겨레는 세계의 평화와 인류의 문화에 공헌하겠다."는 각오도 아울러 밝혔다.

9일 오노 야스테루(小野容照) 규슈대 교수는 도쿄YMCA에서 열린 '2·8 독립선언 100주년 기념 심포지엄'에서 2·8 독립선언을 매우 높이 평가했다. 1919년 베이징대 학생들이 일으킨 5·4운동의 계기가 되기도 했으며, 대만인들이 자치운동을 펼치는 데도 영향을 끼쳤다고 했다. '3·1운동', '임시정부 수립'과 함께 3대 독립운동의 하나로 꼽히는 2·8 독립선언. 앞으로는 <사운드 오브 뮤직>의 <에델바이스>를 즐겨 노래하는 대신 '2·8 독립선언'의 한 구절이라도 제대로 외우는 데 시간을 할애해야겠다는 다짐을 100주년에 즈음해서 해 본다.

레밍의 부활 | 2019.01.20.

최근 포털사이트에 흥미로운 질문이 올라왔다. 답변은 그보다 더 흥미로웠다.

"김OO 도의원, 현재도 도의원입니까?"

"현재는 무직입니다. 원래는 △△당 소속이었지만 레밍 논란으로 제명되었고 현재는 무직이죠. 2020년 21대 국회의원에 출마할 예정이라고 합니다."

'무직' 상태인 것은 그가 지난해 6·13 지방선거에 얼굴을 내밀지 않았기 때문이었다.

'김OO 도의원'이라면 설치류 '레밍'의 존재를 우리 국민에게 인상 깊게 각인시킨 분이다. 지지난해 여름 22년 만의 '역대급 폭우'로 중부권에 물난리가 난 사실을 빤히 알면서도 동료 의원들과 외유성 유럽 여행을 떠났다고 해서 전국을 뜨겁게 달구었던 인물이 바로 그였다. '레밍'도 이 시점에 나온 발언이다.

그는 한 언론사 인터뷰에서 국민을 '레밍'에 빗대어 비하한 것으로 알려지면서 여론의 쓴맛을 감내해야 했다. 귀국 후, 사과 인터뷰에서 그는 억울하다며 분통을 터뜨렸다. '외유성 해외연수'라고 꼬집은 특정 언론사에 '레밍 신드롬' 운운했을 뿐인데 그 말을 마치 국민 전체를 비하한 것처럼 교묘하게 편집했다는 게 그의 주장이었다. 당시 한 언론은 그의 발언을 '역대급 막말'이라며 '국민은 집단행동을 하는 이상한 설치류'라는 제목을 달기도 했다.

이 무렵 김OO 도의원은 통화에서 레밍(Lemming=나그네쥐)을 '집단행동을 하는 설치류'라고 했다. 그의 말대로 이 동물은 주로 북아메리카와 유라시아의 툰드라 지역에 서식하는 몸길이 7~15cm의 초식성 설치류다. 그런데 이 작은 동물이 유명해진 것은 '맹목적 집단 추종' 습성 때문이다. 그러기에 혹자는 레밍을 '집단자살을 하는 동물'로 이해한다.

그런 신비의 동물 레밍이 최근에 되살아났다. 당권 도전을 꿈꾼다는 '홍카콜라' 진행자 홍준표 전 자유한국당 대표의 입을 통해서였다. <뉴스 줌인>이란 매체도 이 사실을 지난 18일자 보도에서 파헤쳤다. 다음은 그 일부다.

[앵커] "레밍, 굉장히 낯이 익습니다?"

[기자] "네, 재작년에 한번 시끄러웠던 적이 있죠. … 이때 김OO 의원의 징계를 지시한 사람이 당시 홍준표 대표였습니다."

[앵커] "그런데요?"

[기자] "홍 전 대표가 페이스북에 레밍이란 단어를 계속 쓰고 있어서요. 그때의 기억이 남아서인지 모르겠지만, 페이스북 화면을 보면, '황교안 레밍 신드롬으로 모처럼 한국당이 활기를 되찾아 반갑다.' 어제 올린 글인데 한 시간 만에 '레밍 신드롬'이란 말을 '입당'이란 말로 수정했습니다. 뉘앙스가 완전히 달라지는 거죠."(중략)

[기자] "그런데 홍 전 대표가 오늘 또 '국민과 당원들은 레밍이 아닙니다.' 이런 글을 올렸습니다."

[앵커] "왜 자꾸 '레밍'을 들먹이는 걸까요?"

[기자] "네, 레밍의 습성 때문인데요. 맹목적으로 무리의 우두머리만 따라다니는 집단행동을 하는데, 그러다 한꺼번에 호수나 바다에 빠져 죽기도 하거든요, 홍 전 대표에겐 황교안 전 총리의 입당 후 한국당 내 상황이 그렇게 보였나 봅니다."

[앵커] "정치인들이 이런 비유를 참 많이들 써요?"

[기자] "네, '비유의 정치학', 이렇게도 볼 수 있는데요. 누가 어떻게 쓰느냐에 따라서 비난을 받기도 하고, 촌철살인(寸鐵殺人)이 되기도 하는 거죠."

또 다른 영상매체의 한 진행자는 레밍이 최근 우리나라에서 감쪽같이 사라졌다고 말했다. 그러면서 이는 레밍 특유의 맹목적 습성 때문일 거라고 너스레를 떨었다. 그의 너스레가 요즈음 비상식적으로 돌아가는 정국을 빗댄 촌철살인은 아니었는지….

올해의 신조어 '더불어한국당' | 2018.12.09.

해마다 세밑이면 기다려지는 소식이 있다. 교수신문이 전국 대학교수 1천 명의 의견을 물어 발표하는 '올해의 사자성어'다. 2001년에 '오리무중(五里霧中)'으로 시작했고, 올해는 18번째가 된다.

나라가 어지러웠던 2015년과 2016년의 사자성어는 '혼용무도(昏庸無道=세상이 온통 어지럽다)'와 '군주민수(君舟民水=임금은 배, 백성은 물)'가, 새 대통령을 탄생시킨 지난해(2017년)에는 '파사현정(破邪顯正)'이 낙점을 받았다. 이 사자성어를 추천한 최경봉 원광대 교수(국어국문학과)는 추천의 변을 이렇게 풀었다. "사견(邪見)과 사도(邪道)가 정법(正法)을 누르자 우리 국민은 올바름을 구현하고자 촛불을 들었고, 나라를 바르게 세울 수 있는 기반을 마련했다. '적폐청산'이 제대로 이뤄지길 바란다."

'2018년 올해의 사자성어'는 아직 오리무중이다. 그러나 어떤 사자성어라도 내리누를 것 같은 '따끈따끈한' 신조어가 하나 눈에 띈다. 거대정당 '더불어민주당'과 '자유한국당'을 '한통속'으로 몰아붙인 '더불어+한국당'이란 신조어다. 작전을 같이 짠 탓일까. 이 기발한 여섯 글자 신조어 '더불어한국당'은 바른미래당 김수민 원내대변인과 민주평화당 박주현 수석대변인, 정의당 정호진 대변인의 논평에 똑같이 등장한다.

이들의 논평은 원색적이고 신랄하면서도 독설과 저주까지 내포하고 있다. 김수민 대변인(바른미래)의 논평이다.

"'더불어한국당'이 탐욕과 배신으로 돼지우리만도 못한 국회를 만들었다. 연동형 비례대표제 약속을 내팽개치고 내년도 예산안을 날치기 통과시킨 양당은 국민이 심판할 것이다.", "예산안 통과는 오염된 물과 더러운 기름이 손을 잡고 하나가 될 수 있음을 보여준 지저분한 야합으로, 구(舊)적폐와 신(新)적폐가 하나가 된 것이다."

박주현 대변인(민주평화)의 논평은 조금 점잖은 편이다.

"이번 예산 파동에서 '적폐 본진' 한국당만 신이 났다.", "'더불어한국당' 의원들은 고용보험과 쌀 직불금을 줄여 그들의 지역사업에 퍼부었다."

같은 당 문정선 대변인은 후속 논평에서 더불어민주당의 '민(民)'자와 자유한국당의 '자(自)'자를 합성한 '민자당(民自黨)'에다 '밥그릇 연대'란 용어까지 구사했다.

"'민자당' 적폐연대가 이뤄낸 첫 번째 쾌거는 자신의 '밥그릇 연대'였다."

그는 더불어민주당을 '더불어 적폐로 변신한 민주당'이라고 비꼬기도 했다.

정호진 대변인(정의)은 "말로는 촛불정신을, 행동은 '더불어한국당'을 지향하는 집권여당"이라고 힐난했다. 하지만 '더불어+한국당'을 '협치(協治) 정신의 발로'라며 긍정적으로 보는 시각도 없지 않다.

지난 7일 더불어민주당 소속 송철호 울산시장과 자유한국당 소속 윤영석 국회의원(경남 양산갑)이 울산시장실에서 파안대소하며 손을 맞잡은 사례가 그런 본보기의 하나다. 두 여야 정치인은 이날 '울산-양산 광역철도 건설' 문제를 놓고 '협치 정신'을 보였다는 평가를 받았다. 지난 8월 울산·부산·경남 시도지사 모임에서 광역철도 추진을 제안한 바 있는 송 시장으로서는 '초당적 협치'의 모범을 보였다는 뒷말을 덤으로 듣기도 했다.

그러나 8일 새벽 국회 본회의장에서 이루어진 '더불어한국당'식 협치에 대해 아직은 곱지 않은 시각이 지배적인 것 같다. '오월동주(吳越同舟)', '이해득실에 따른 야합(野合)' 등등의 볼멘소리가 꼬리를 물기 때문이다. 그런 와중에도 '실세 의원' 소리를 듣는 민주당 이해찬 대표(세종시)와 윤호중 사무총장(경기 구리시), 한국당 안상수 예결위원장(인천 중구동구강화군옹진군)과 장제원 의원(부산 사상구), 바른미래당 김관영 원내대표(전북 군산시) 등은 이른바 쪽지예산, 민원 예산을 알뜰하게 챙겼다는 구설에 오른다.

그래도 신조어 하나는 참 잘 만들었다는 뒷말은 여전히 강세다. '올해의 신조어'는 단연 '더불어한국당'이 아닐까.

'평화·평등'의 상징 UN 기념공원 | 2018.11.11.

난생처음 고향 땅 부산을 향해 묵념을 올렸다. 11월 11일 오전 11시에 맞춰 1분간…. 그 시각, 예포 19발과 함께 부산 전역에 울려 퍼졌을 사이렌 소리가 울산시청 근처까지는 와 닿지 않았다. 그렇다 해도 감회는 깊었다. 'UN 기념공원'을 잠시라도 생각할 수 있다는 사실이 고마웠다. 부산은 한국전쟁 기간 1천129일 중 1천23일간 '피란 수도'가 아니었던가.

'11월 11일 오전 11시'는 한국전쟁에 '유엔군'의 이름으로 참전했다가 UN 기념공원에서 영면하고 있는 11개국 장병 약 2천300명의 넋을 기리는 추모행사의 하나다. '부산을 향하여(Turn Toward Busan)'란 슬로건이 붙은 이 '1분간 묵념' 이벤트는 2007년 캐나다 참전용사 커트니 씨가 제안했고, 지금은 한국전쟁 참전 60개국 중 21개국이 똑같이 지켜오고 있다.

필자가 어릴 적 보았던 UN 기념공원(그때는 단순히 '유엔묘지'라고 불렀다)의 모습은 '초라함' 말고는 더 붙일 표현이 없을 정도로 썰렁한 분위기였다. 그러나 지금은 전혀 딴판이다. 유해가 안장된 주(主) 묘역, 참전국 국기와 유엔기가 게양된 상징 구역, 유엔군 위령탑, 전몰장병 추모명비, 추모관 등의 기념물들이 추모객의 발길을 붙든다. 조경도 세계적 수준이다. 유엔군 참전용사 중 17세 최연소 나이로 산화한 호주 병사 도운트(J. P. Daunt) 이병의 이름을 딴 '도운트 수로(水路)'도 옷깃을 여미게 한다.

묘역의 총면적은 23만㎡이다. 1951년 1월 18일에 조성된 이후 1951~1954년에 걸쳐 참전 16개국 전사자 약 1만 1천 명이 매장된 적도 있었지만 상당수는 나중에 그들의 조국으로 돌아갔다. 어릴 적에 보았던 유리함 속 전몰 병사의 핏자국 선명한 스카프, 그리고 터키 국기 등은 아직도 망막에서 쉬 떠나질 않고 있다.

하지만 '유엔묘지' 근처에서 한국전쟁의 기억을 되살리게 해준 건물 몇몇은 역사의 뒤안길로 사라진 지 오래다. 종전 후에도 옛 '수산대학교' 구내에 남아 이따금 스친 듯 지나치기도 했던 '서전병원(瑞典病院=스웨덴 야전병원)' 건물과 백사장이 바로 코앞에 있었던 '이승만 별장'이 바로 그것들이다. 지금까지 보존돼 있었더라면 UN 기념공원을 떠받치는 근현대사의 훌륭한 지킴이로 남아있었을 테지만 아쉽게도 지금은 더 이상 볼 수가 없다.

UN 기념공원은 현재 세계인들의 가슴속에 어떤 존재로 각인되어 있을까? 그중 하나가 유엔군 참전의 명분이었던 '세계평화'인 것은 누구도 부인할 수 없다. 그렇다면 다른 하나는? 필자는 주저 없이 '평등'이라고 말하고 싶다. "사람 위에 사람 없다."는 말이 가장 실감 나는 곳이기 때문이다. UN 기념공원

국제관리위원회 관계자가 이렇게 말했다.

"전사하신 참전용사 대부분이 유엔묘지에 도착한 순서대로 안장돼 있습니다. 지위고하는 전혀 중요한 게 아닙니다."

대통령, 독립유공자, 병사와 같은 생전의 신분이나 계급에 따라 묘역의 위치와 규모가 달라지는 현충원과는 차원이 다르다는 얘기로 들렸다.

하지만 어깃장을 놓아 분위기를 흐리게 만드는 이들도 있다. 매사를 이념적 잣대로만 판단하려 들기 때문일까? 근처 몇 군데를 구경하다가 UN 기념공원에도 잠시 들른 부산 S 교회의 여성 목회자 한 분이 SNS에 올린 글이 신경을 건드렸다.

"이곳은 한국전쟁 때 우리나라를 빨갱이들의 손에서 지키려고 죽은 4만 명의 유엔군 전사자 명단이 기록되어 있는 곳입니다. 이런 부산에서 어떻게 그런 대통령이 나왔는지…. 주여, 이 나라를 다시 한번 빨갱이들의 손에서 구원해 주소서!"

UN 기념공원을 이념의 색깔로 덧칠하지 말고 '평화'와 '평등'의 상징으로만 기억한다면 어떻겠는가.

로비와 비리 사건 | 2018.10.21.

한국에서 '로비(lobby)'라 하면 부정적 이미지를 먼저 떠올리는 경향이 있다. 미국과는 달리 법적 보호를 못 받는 탓도 있겠으나 '부정', '불법'과 동의어로 여기는 정서가 지배적인 탓이다. 이 용어는 지난 20일 KBS의 '엄경철의 심야토론'에서도 몇 차례 전파를 탔다. 심야토론의 주제는 '사립유치원 파문… 개혁 방안은?'이었고, '로비'란 말은 패널의 한 사람이자 국회 보건복지위원회 간사인 기동민 의원(민주당, 전 서울시 정무부시장)이 먼저 꺼냈다. 그는 로비의 주체로 '한유총(=한국유치원총연합회)'을, 로비의 객체로 교육 당국(교육부, 교육청)과 국회를 지목하면서 자신도 반성하는 징표로 머리를 숙였다.

흥미로운 것은 사립유치원 문제를 다루는 자리에 정원이 16명인 국회 교육위원회 소속 위원이 한 명도 나타나지 않은 사실이다. '로비의 객체'로 오해받을 소지가 있어서 KBS 측이 일부러 배제했거나 소속 위원 스스로가 거절했을지 모른다는 추측을 낳았다. 토론회에는 이덕선 한유총 비대위원장(하나복지재단 이사장)과 이학춘 동아대 국제법무학과 교수(사학기관 재무회계규칙 연구논문 저자), 김명신 서울시교육청 감사자문위원(전 서울시의원)도 패널로 참여했다.

기 의원은 물론 사립유치원 운영자를 곱지 않은 시선으로 보는 분들의 주장을 종합하면, 한유총의 로비 능력은 '타의 추종을 불허할 만큼' 막강하다는 것이다. 전국 사립유치원(4천282곳)의 74.1%(3천173곳)가 이 단체에 가입돼 있다 보니 선거 때마다 영향력이 엄청나기 때문일지도 모른다. 사립유치원들이 수십 년째 교육 당국의 감시에서 벗어날 수 있었던 것도 다 한유총 특유의 막강한 로비 덕분이란 얘기였다. 그래서인지

혹자는 교육 당국과 사립유치원의 '유착관계'에 초점을 맞추기도 한다. 그런 인식의 바탕에는 '로비와 비리는 함수관계'라는 선입견이 깔려있는 것도 사실이다.

이날 심야토론엔 댓글(문자 의견)들이 숱하게 올라왔다. 다음은 그중 일부로, 사립유치원을 비난하는 글이 양적으로 우세했다.

"유치원 원장님들, 교육자인 줄 알았더니 자영업자였군요!"

"아쉬울 땐 자영업자였다가 자존심은 교육자시군요."(이는 '사립유치원 운영자는 사적 영역과 공적 영역에 동시에 속해 있다.'는 이덕선 위원장과 이학춘 교수의 지론을 빗대어 한 말이다.) "유치원 장사꾼 이제 그만!", "앞에서는 반성하는 척, 뒤에서는 반성 없는 자세! 이건 아닌 것 같습니다.", "존경받고 싶으면 투명하게 해 주세요.", "아이들 볼모로 휴업하는 유치원은 절대 지원금 주지 마세요.", "정말 반성이라곤 찾아볼 수 없어 화가 납니다.", "감사 안 받고 수익사업 하고 싶으면 국가지원금 아예 안 받으면 되겠네요."

'성인용품'이나 '루이비통'을 부각한 일부 언론의 선정적 보도, 사립유치원을 일방적으로 매도하는 태도에 대한 비판의 글, 사립유치원을 감싸는 글도 간간이 올라왔다.

"언론도 책임이 있습니다. 자극적인 단어 사용으로 학부모 불안감만 조장하고….", "유치원은 교육 사업입니다. 마녀사냥 하지 맙시다.", "우리 유치원 원장님은 정말 좋아요. 좋은 방향으로 결정되면 좋겠어요."

하지만 반론도 만만찮았다. "공적 자금이든 사적 자금이든 성인용품 구매는 아닌 듯."

대안을 담은 글, 어린이집을 겨냥한 글도 가세했다. "사립유치원 없애고 국공립으로 100% 전환이 답이다.", "유치원만 아니라 어린이집도 감사 대상이 되어야 한다."

결말이 어떻게 날지는 아직 오리무중이다. 다만 지금 이 시점에 정말로 필요한 것은, 거창한 로비가 아니라 '한유총'이 대변하는 사립유치원 업계의 자기반성과 자정 노력이 아닐까? 한유총이 '유아교육 발전에 공헌하며 유치원의 건전한 육성과 발전에 기여하기 위해 설립된 사단법인'이기에 하는 말이다.

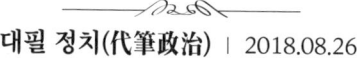

대필 정치(代筆政治) | 2018.08.26.

"이번 성명, 귀에 확 들어오던데.", "동감이야. 비유도 근사하고."

화제의 중심에는 으레 ○○당 시당 대변인의 이름이 들어갔다. 그런데 불편한 진실이 있다. 제 이름 석 자를 올려놓은 대변인치고 성명서 하나 제 실력으로 작성할 줄 아는 이가 그리 많지 않다는 사실 말이다.

알고 보면 성명서는 대개 별도의 인물이 대필(代筆)해 준다. 필력(筆力) 하나 '끝내주는' 숙련된 문장사(文章士)가 따로 있다는 얘기다. 이들은 누에고치에서 비단실을 뽑듯 수려한 문장을 곧잘 뽑아낸다. 속는 것은 일반 시민이나 정치 고객들뿐이다. 하지만, 그렇다고 민·형사상의 책임을 물을 처지도 못 된다. 알고 속고 모르고 속는 수밖에 없다.

대필 작업은 지방자치단체나 지방의회의 수장이라고 해서 예외가 있는 것은 아니다. 적어도 열에 아홉은 '스피치라이터(Speech-Writer)'라는 문장사를 '5분대기조'처럼 따로 대기시켜 놓고 그의 펜 끝을 주시하는 일에 익숙해져 있다. 공식 행사에서 낭독 의례(?)를 거치게 되는 대회사나 축사, 격려사는 대부분 문장사의 손을 거쳐 나온 회심작들이다. 그렇다고 이해가 안 가는 것은 아니다. 지체 높은 화자(話者=Speaker)일수록 1분 1초가 바쁘신 몸일 터이고, 축산가 뭔가 하는 그 하나 때문에 머리 싸매는 시간 그 자체가 아깝지 않을 수 있겠는가.

문장사 의존도는 조직의 수장일수록 더 높은 편이다. 그러다 보니 '영혼이 실종된' 미사여구(美辭麗句)의 나열에 그칠 가능성도 없지 않다. 이런 관행에 익숙해지다 보면 독자나 청중들은 허상(虛像)만 좇다가 말 수도 있다. 하지만 모든 수장이 다 그렇다는 것은 아니다. 문장력, 필력으로 따져 둘째가라면 서러워할 전 울산시장 K 씨나 현 울산시장 S 씨 같은 분들은 예외이기 때문이다. 이런 분들은 문장사가 밤잠을 설쳐가며 작성해서 올린 '말씀 보따리'를, 입맛에 안 맞는다거나 모양새가 안 좋겠다는 판단이 서면 아예 거들떠보지 않기도 한다.

이처럼 대필은 정치계에서 흔한 일상처럼 굳어져 있는 것으로 보인다. 그런데도 '고양이 목에 방울 다는' 일이라면 아무도 엄두를 내지 않는다. 그런 풍토 속에서 지역 정가에서 대필 작업이 진화(?) 과정을 거치는 것 같다는 소식이 들린다. 어느 기초의회에서 실제로 일어난 일로, 전언(傳言)에 따르면 기초의원 A 씨는 최근 평소와 격(格)이 다른 세련된 문장과 예리한 관점의 질문으로 동료의원들의 부러움을 샀다. '격조 높은' 문장은 5분 자유발언, 구정 질문, 심지어 상임위원회의 조례안 심사 과정에서도 위력을 발휘했다.

호기심이 발동한 동료의원 몇몇이 그에게 물었고, A 의원도 스스로 쓴웃음을 지어 보였다. '체질에 맞지 않았다.'는 점을 시인한 것이다. '윗선'의 하명(下命)이 있었다는 사실도 털어놨다. 5분 자유발언도, 구정 질문도, 조례안 심사 발언도 대부분 윗선에서 보내준 대로 읽었으며, 그 짓이 싫어서 일부 대목은 자신의 스타일로 바꾸었다고도 했다.

A 의원은 그래도 '윗선'에 대해서만은 끝까지 입을 다물었다. "의리 하나 끝내 준다."는 뼈 있는 농담에 이어 구구한 억측이 꼬리를 물었다. 어느 수장을 보필하는 문장사의 작품일지 모른다는 설(說), 당협(=당원협의회) 차원의 작전 지시에 따라 모 유력인사 보좌진의 손길을 거쳤을지 모른다는 설 등등…. 진위를 알 길은 없다. 여하튼 이 같은 대필정치(代筆政治)가 지역 정치계 곳곳에 스며들어 있는 것만은 사실이다.

피감기관의 접대 | 2018.04.15.

국정감사에서 갑(甲) 자리에 있는 국회의원은 을(乙) 자리에 있는 피감기관에서 볼 때 상전(上典)이나 다름없다. 이런 사실을 필자도 피부로 느낀 적이 있다. 1980년대 후반 국정감사 때의 일이다. 이른바 '양김(兩金) 시대'를 주도하던 YS, DJ의 입김이 하늘을 찌를 때였다.

특종(特種)이 시야에 들어온 것은 그해 부산지방국세청 국정감사 직후였다. 웬일인지 오후 5시에 시작된 국정감사가 1시간도 못 채우고 서둘러 끝이 나자 국감 위원 10여 명이 대절버스에 쫓기듯 올라탔고, 버스 기사는 해운대 청사포의 최고급 횟집으로 차를 몰았다. 당시 방송 일에 종사하던 필자는 동물적 직감에 이끌려 뒤를 밟기 시작했다.

국감 위원들은 횟집 2층에, 필자는 3층에 동료 기자와 자리를 잡았고, 메신저 역할은 횟집 종업원이 순순히 맡아주었다. 종업원이 전해온 메시지는 그야말로 '특종감'이었다. 부산서 제법 잘나간다는 접객업소 여성 예닐곱이 의원들 사이사이에서 한복차림으로 술 시중을 들고 있고, 횟값·술값은 부산지방국세청 관계자가 다 내기로 했다는 이야기였다.

필자는 이날 밤잠을 설치며 쓴 기사를 서울 본사로 송고했고, 이 기사는 다음 날 아침 방송을 타고 전국으로 퍼져나갔다. 공교롭게도 이 기사는 매일 방송을 들으며 출근하던 YS의 안

테나에도 잡혔고, YS는 즉시 자파(自派) 의원들에게 불호령을
내렸다.

"국감이고 뭐고 다 때려치우고 곧바로 올라와!"

뒤늦게 이 사실을 안 DJ 역시 자파 의원 전원을 서울로 불러
올렸다. 이날 부산 지역 피감기관은 '감사 시간 단축'이라는 뜻
밖의 행운에 술로 자축연(自祝宴)을 벌였다는 소문이 나돌기
도 했다.

그로부터 약 30년이 지난 시점, 김기식 금융감독원장이 자
격 논란의 덫에 걸려 매타작을 당했다. 분위기로 보면 옷 벗을
날도 멀지 않아 보였다. 그를 겨냥한 집단 멍석말이의 명분은
'국회의원이 왜 피감기관 돈으로 외유(外遊)를 다녀왔느냐.'는
것이었다. 국민의 눈높이에서 보면 문제가 될 수도 있다. 중앙
선관위의 유권해석이 먼저일 수도 있지만, 관심의 초점은 그가
옷 벗을 시기가 언제쯤일까에 맞춰진다. 혹시 4월 16일? 4월
16일이라면 세월호 침몰 참사 4주기에 해당하는 날이 아닌가.
4년 전을 돌아보면, 세월호 참사 직후 언론매체들이 앞다퉈 보
도한 것 중의 하나가 '피감기관의 지원을 받은 국회의원들의
외유'였다. '세월호' 관련이라면 한국선주협회가 자유로울 수
없겠다는 생각이 떠올랐다.

보도에 따르면 '선주협회 지원 국회의원 해외 출장'은 2009
년부터 시작됐고, 그 전통은 2013년에도 이어졌다. 그러나 세
월호 참사가 일어난 2014년을 두고는 '맞다', '아니다' 두 가지
설이 공존했다. 참고로, 문화일보는 2014년 4월 30일, 선주협

회의 '2013년 사업보고서'를 인용해 이런 기사를 실었다. "선주협회는 지난해 5월 4박 5일 일정으로 OOO당 국회의원 5명의 해외 항만 시찰을 지원했다." 또 다른 매체는 이런 기사를 띄웠다. "외유 후에는 선주협회에 대한 대대적 지원을 골자로 하는 '보은(報恩)의 국회 결의안' 발의를 주도했다."

당시 언론은 국회의원들이 선주협회의 지원으로 최소한 2차례 해외 시찰을 다녀왔고, 그 숫자가 한 번은 5명, 한 번은 6명이라고 보도했다. 그 속에는 정의화(전 국회의장), 김무성(전 당 대표) 의원의 이름도 들어있었다.

몇 년 전, 이 기사에 빠짐없이 이름을 올린 지역 국회의원에게 넌지시 전화로 물었더니 이런 답변이 돌아왔다. "정의화, 김무성 의원도 같이 갔다 왔다. 뭐 잘못된 것 있나?" 하지만 이렇게 말해줄 수는 있을 것 같다. "선주협회 지원으로 외국 여행 다녀온 전·현직 국회의원들이 옷 벗을 날만 기다리고 있을 김기식 금감원장에게 감히 돌을 던질 수 있을까."라고 말이다.

5장

—

단소리 쓴소리
세상 그리고 사람 이야기

역사 그리고 진실

태화루에서 들어본 '태화루 역사' 215 ｜ 울산왜성을 바라보는 눈 (上) 217 ｜ 울산왜성을 바라보는 눈 (下) 220 ｜ 동상, 그리고 시대정신 222 ｜ 김대건 신부 탄생 200주년과 희년(禧年) 225 ｜ 램지어의 헛소리와 그 배후 227 ｜ 희미한 그해의 5.18 230 ｜ 부정(不正)한 기억의 소환 233 ｜ '서전병원'에 대한 추억 235 ｜ '박상진 역사공원'에 대한 고민 238 ｜ <올드 랭 사인> & '에키타이 안' 240 ｜ 부림사건, 그 마침표 243 ｜ 우리에게 베트남은? 246

태화루에서 들어본 '태화루 역사' | 2021.05.30.

지난 28일, 한 줄의 문자 메시지를 받았다. 29일 오후 태화루 누각에서 특강이 있다는 전갈이었다. 강의 제목은 <울산 역사 속의 태화루>였고, 강사는 뜻밖의 인물 신형석 울산박물관장이었다.

발길이 어느새 태화루를 향하고 있었다. 누각에는 울산 역사를 사랑하는 마흔 남짓한 사람들이 하나둘 자리를 잡기 시작했다. 흥미로운 것은 '코로나 맞춤형' 자리 배치였다. 흡사 과거 응시생들이 줄지어 앉은 모습이었다. 참석자 중에는 김연옥 울산시 문화예술과장과 이 행사를 마련한 전수일 울산문화재단 대표도 섞여 있었다.

"태화루는 원 태화루와 후기 태화루로 나뉘고 장소도 각기 다릅니다. 후기 태화루가 헐릴 때 목재는 학성이씨 월진문회에서 '이휴정'을 짓는 데 활용하게 됩니다(1940년 이후). '태화루' 현판도 보관하고."

1시간 30분을 다 채운 신 관장의 강의는 숨 돌릴 틈을 주지 않았다. 그가 결론부터 말했다. "어렵게 건립된 태화루를 제대로 활용해서 문화 창달의 공간으로 거듭나기를 바랍니다." 그의 강의 내용 가운데 밑줄 그을만한 일부만 간추려 본다.

'원(原) 태화루'는 신라 선덕여왕 대에 자장(慈藏) 스님이 당나라를 다녀와서 세운(643년 이후) '태화사'와 뿌리를 같이한다. 그러나 '태화강 황룡연(현 용금소) 북쪽 바위 위에 지어졌다.'는 원 태화루의 족보는 임진왜란 무렵에 사라지고 만다. 정확한 위치는 아직 아무도 모른다. 그 뒤 기록에 나타나는 태화루는 '후기(後期) 태화루'를 가리킨다. 대동여지도, '경상도읍지 울산부(1832년)'의 태화루 역시 후기 태화루를 말한다. 옛 울산초등학교 운동장에 자리를 잡고 있었다.

신 관장은 '영남 삼루'도 잠시 짚어 주었다.

"진주 촉석루와 밀양 영남루, 울산 태화루를 일컫는 '영남 삼루'는 사실 기록에는 없고 누군가 지어낸 말입니다. 그런데 제가 보기에 영남루의 규모는 태화루에 못 미칩니다. 누각 기둥 수에서부터 차이가 뚜렷합니다."

태화루에 대한 자부심으로 읽혔다. 그의 강의 내용에는 태화루를 다녀간 고려조의 성종(981~997)과 대문장가인 노봉 김극기(1150~1209), '울주 팔경'을 노래해서 '인문학의 씨앗을 뿌린' 설곡 정포(1309~1345)도 등장한다. 신 관장이 말했다.

"성종이 태화루에서 연회를 베풀었다는 기록이 있습니다. 그런데 대어를 드셨다가 그만 배탈이 나서 개경으로 돌아간 얼마 후 38세의 젊은 나이에 세상을 떠나고 맙니다."

1997년을 떠올린 그는 뜻밖의 소식도 전해주었다.

"성종이 울산을 다녀간(997년) 지 꼭 1천 년 만에 울산이 광역시로 승격한 사실, 여러분 모르셨죠?"

신형석 관장의 타임머신은 2005년으로 되돌아갔다. 2005~6년이라면 '로얄 예식장' 자리에 주상복합아파트가 들어선다고 논란이 요란하던 시기다.

"평당 1천만 원에 계약이 끝났다고 했지만, (당시) 박맹우 시장은 그 자리에 태화루를 짓겠다는 결심을 굽히지 않았습니다. 의회에서는 위치 문제도 제기해서 제가 백방으로 뛰어다닌 끝에 찾아낸 것이 <학성지>(=울산의 역사를 처음으로 집대성한 서지, 1749) 필사본입니다. 의원들을 설득시킨 결정적 증거가 되었죠."

강의가 끝난 뒤엔 '태화루 삼행시' 짓기가 이어졌다. 필자도 과거를 보듯 앉은 자리에서 몇 자를 긁적였다. "태: 태화루의 딴 이름/ 화: 화평 즉 평화/ 루: 누대에 이어지리 큰 평화의 울산!" 여섯 명 가운데 두 명이 당첨 행운을 얻었고 필자도 그 하나를 얻어 쥐었다. 난생처음 '나이 덕분에' 맛본 행운이기도 했다.

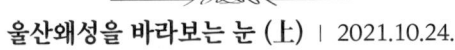

울산왜성을 바라보는 눈 (上) | 2021.10.24.

학성공원, 즉 '울산왜성(蔚山倭城)'이란 근린공원의 서쪽 진입로에 왜장(倭將) 가토 기요마사(加藤淸正)의 동상을 세우려던 계획이 자라목처럼 쏙 들어간 것이 언제쯤인지 정확한 기억은 없다. 다만 전국동시지방선거가 치러지기 직전이었을 거라는 기억만 희미할 뿐이다. 본지와 울산MBC 취재진의 쓴소리를 귀담아들은 지자체의 장이 바로 그 직후 취소 결정을 내린 사실이 그런 짐작을 하게 한다.

그 무렵 가토 기요마사 동상의 건립 목적은 다른 데 있지 않았다. 일본 관광객 유치에만 눈독을 들였다는 소문이 파다했다. 반대 여론이 꿈틀거리기 시작한 것도 그 때문이었다.

"어디 감히 쪽발이 두목의 동상을 조명(朝明) 연합군을 지휘한 권율(權慄) 장군과 나란히 세우겠다는 말인가. 발상 자체가 고약하기 짝이 없다."

반대 여론은 송곳날 같았다.

그런 이야기의 현장 울산왜성이 최근 다시 논란의 장으로 소환됐다. 지방선거가 반년도 더 남은 시점에 부름을 받은 것이다. <동북아 3국이 바라본 도산성 전투 학술대회>가 지난 20일 열린 곳은 중구청 2층 '중구 컨벤션'. 여기서 '도산성(島山城)'이란 학성(鶴城) 또는 '울산왜성'의 옛 이름으로, 왜군이 울산읍성과 병영성의 성돌을 빼내서 날라 진지를 쌓고 조명 연합군과 싸웠던 곳이다.

기조 강연과 주제 발표가 차례로 이어졌다. <울산왜성과 도산성 전투>란 제목의 기조강연은 임진혁 울산연구원 원장이 맡았다. 주제발표는 <조선(朝鮮)이 바라본 도산성 전투>, <명(明)이 바라본 도산성 전투>, <왜(倭)가 바라본 도산성 전투>의 세 갈래로 나뉘었다. 흥미로운 대결이 펼쳐졌다. 기조 강연자인 임진혁 원장과 <왜(日本)가 바라본 도산성 전투>를 들고나온 한삼건 울산대 명예교수의 엇갈린 시각이 흥미의 불씨를 지폈다.

임 원장이 먼저 입을 열었다. 임진왜란의 마지막 육지전투가 벌어졌던 울산왜성을 조선, 명, 왜 3국의 관점에서 재조명해서 역사의 교훈을 배우는 교육의 장으로 활용하자고 제안했다. 나름의 구상도 덧붙였다. '울산왜성'과 조명 연합군 주둔지였던 그 건너편 '학성산' 사이에 국립울산박물관을 짓고 조·명·왜 3국의 자료들을 전시해서 교육용으로 활용하자는 것이었다.

임 원장의 구상은 여기서 끝난 게 아니었다. 서울 덕수궁 정문의 '수문장 교대식'을 떠올린 그는 박물관 광장에서 3국의 의장대가 정기적 퍼레이드를 펴도록 해서 관광객에게 볼거리를 제공하자고 했다. 그렇게 하면 해외 관광객 특히 일본과 중국 관광객들에게 그들의 선조들이 이역만리 먼 이곳에서 왜 그리도 치열하게 전쟁을 치러야 했는지 보고 경험할 것이고, 그렇게 하면 울산 최대의 국제관광자원이 될 것이 틀림없다는 논리였다.

하지만 한삼건 교수의 견해는 전혀 달랐다. 한 교수는 임 원장의 견해에 일격을 가하듯 지론을 이어갔다. "이전에는 단 한 번도 붙여진 적이 없었던 '왜성'이라는 명칭을 1997년 이후 사용하면서 울산왜성이 정유재란 당시 우리 조상이 피 흘려 싸운 우리의 전적지가 아니라 현재도 일본인의 조상을 기리는 장소인 것 같은 착각을 불러일으키고 있다."는 것이 한 교수의 반론이었다.

한 교수는 "일본에 의한 한반도 식민지지배가 본격화하면서 '내선일체론(內鮮一體論)'에 따른 조선인 교화 등에 앞장선 가토 기요마사와 같은 장수를 소환해서 국민정신 교육 자료로 활용할 사회적 필요성이 오히려 높아졌다."고 목소리를 높였다. 또 그런 사상을 바탕으로 일본이 1935년부터 '울산왜성'을 시작으로 한반도의 왜성을 지정문화재인 '고적'으로 지정하기 시작했다는 것이 한 교수의 설명이었다. ▷下편으로 이어짐

울산왜성을 바라보는 눈 (下) | 2021.11.14.

구름 한 점 없는 주말(11월 13일), 한때 '도산성(島山城)'으로 불렸던 울산왜성을 오랜만에 찾았다. 거의 1년 만이었다. 찾는 이들의 발길은 뜸했고 '위드 코로나'에 힘입은 반짝 버스킹 공연은 바람 빠진 잔치 풍선을 닮아 있었다.

바로 그 옆, 말에 올라탄 갑옷 차림의 두 장수 도원수 권율(權慄)과 경리 양호(楊鎬)의 구릿빛 동상은 빛이 바래서 그런지 이날따라 초라하기 짝이 없어 보였다. 그래 보여도 이 두 인물은 정유재란(丁酉再亂) 때 '도산성 전투(1597.12.23.~1598.01.04.)'에서 '독 안에 든 쥐' 왜군(倭軍)를 잡겠다고 병사 3~4만 명을 불같이 호령하던 조명(朝明) 두 나라의 합동 사령관들이 아니던가.

사진 몇 장을 찍어 보냈더니 금세 답글이 왔다. 지인의 말속에는 가시가 있었다.

"조잡해서 보기가 민망합니다."

작품성은 논할 가치도 없다는 사족을 달았다. 단 하나, 동상 언저리 돌판에 새겨진 날짜별 전장 상황만은 일목요연해서 좋았다.

"명나라 군대가 울산에 도착하여 울산왜성 앞 왜군 병영을 불태웠으며, 권율 장군도 조선군을 거느리고 참가했다. 왜군은 장수 6명을 포함하여 500여 명이 전사한 것으로 알려졌다. 가토 기요마사가 서생포왜성에서 울산왜성으로 급히 들어왔다."

"1597.12.30.= 왜군은 갈증에 시달린 나머지 말의 피나 자신의 소변을 받아 마시기도 하였다. 군량이 바닥나자 종이와 벽의 흙도 끓여 먹었다."

동상이 세워지기 전후 사정을 꿰뚫고 있는 필자이지만 아직도 풀지 못한 궁금증이 몇 가지 있었다. 조명 두 사령관의 동상과 같이 세우기로 했던 왜장(倭將) '가토 기요마사' 동상의 묘연한 행방이 그중 하나였다. 그의 동상은 지역 언론사의 거센 반론 때문인지 아직 한 번도 햇볕을 쬔 적이 없었다.

현재 세워져 있는 두 인물 동상의 시선이 왜군이 죽기 살기로 지키려고 했던 도산성이 아니라 조명 연합군 사령부의 진지가 있었던 학성산(鶴城山)을 향하고 있는데도 여태 바로잡을 생각을 왜 안 하는지? 이것도 다른 하나의 궁금증이었다. '설계변경' 이전만 해도 밑그림 속의 왜장은 학성산 쪽을, 조명 사령관들은 도산성 쪽을 향하고 있었던 기억이 또렷하다.

어쩌면 가토 기요마사의 말 탄 동상이 대명천지에 공개되기를 바라는 분들도 있을 것이다. 학성산~도산성 사이에 '국립울산박물관'을 짓고 '덕수궁 정문의 수문장(守門將) 교대식'을 본떠 '조·명·일(朝明日) 3국 의장대'가 퍼레이드를 펼치게 하면 관광객이 제 발로 찾아올 것이라고 믿는 분도 있어서 하는 얘기다.

물론 학술적 제안은 누구나 할 수 있다. 하지만 그 제안에 '중일 관광객 유치'라는 상업성(장삿속)이 더 짙게 채색돼 있다면 문제는 사뭇 달라질 수도 있다.

"침략군 수괴의 동상을 우리 울산에 세우겠다고?"

"지구촌 어디에 그런 민족이 있다던가?"

울산 중구청이 가토 기요마사의 동상을 세우기 직전에 터져 나온 반대 목소리의 한 갈래는 그랬다. 이 논리는 앞으로 계속 유효할지도 모른다.

내친김에 가파른 계단을 뜀박질하듯 뛰어올라 울산왜성(학성공원)의 '1층'에 다다랐다. ('1층'은 '삼지환'의 또 다른 이름이다.) '三之丸(산노마루)'의 표지석 <三丸趾>은 옛 그대로였다. 끄트머리 한자가 '터'를 뜻하는 우리 식 '址'가 아닌 '趾'인 게 신기했다. 일본어에 능통한 지인에게 다시 물었다. 속 시원한 답이 돌아왔다. "우리는 '址' 자를 쓰지만, 일본 사람들은 '趾' 자를 쓰더군요. 일제강점기에 세워진 것으로 보입니다." 2층과 3층, 즉 '二之丸(니노마루)'과 '本丸(혼마루)'은 다음 기회에 찾아보기로 했다.

동상, 그리고 시대정신 | 2018.03.04.

"사학에 몰아친 '친일 지우기' 바람" 99주년 삼일절 즈음,

수도권 일부 대학가에 칼바람이 몰아쳤다. 사학 설립자를 겨냥해 친일파의 흔적을 지우려는 우국(憂國)의 바람 같기도 했다. 유튜브에는 '친일 행적 알리기' 동영상이 삼일절 분위기를 뜨겁게 달구었다. "나라 팔아먹은 '친일파 동상' 버젓이 세워져 있는 학교 6곳"이란 제목까지 달렸다.

고려대 학생회는 서훈을 박탈당한 설립자 '인촌 김성수'의 동상 철거와 교내 '인촌기념관' 명칭 변경을 학교 측에 요구했다. 항일독립운동가단체는 고려대 앞 '인촌로'의 도로명 변경을 위한 서명운동 준비에 나섰고, 전북 고창에서는 김성수 생가의 도(道) 기념물 지정 취소 움직임이 포착됐다.

친일파 흔적 지우기 불씨는 이화여대에까지 옮겨붙었다. 학생들로 구성된 '친일 청산 프로젝트 기획단'은 설립자 김활란의 교내 동상 앞에 그녀의 친일 행적을 알리는 팻말을 다시 설치할 것을 예고했다. 기획단은 고려대를 비롯해 설립자가 친일파로 낙인찍힌 다른 대학과도 손을 잡는 공동전선 카드도 만지작거린다는 소식이 들려왔다. 몇 해 전, 연세대 학생들은 설립자 백낙준의 동상 철거를, 한국외대 학생들은 설립자 김흥배의 동상 철거를 요구한 바 있다. 그들의 친일이 학생들의 우국충정에 불을 지핀 것이다.

그런데도 비수도권 대학가만은 삼일절이 며칠 지난 지금까지도 무풍지대로 남아있는 느낌이다.

"새 물결 … '학교 동상을 현대 인물로'"

석상(石像), 석고상은 논외로 하고 동상(銅像)만 놓고 본다면,

또 다른 의미의 '무풍지대'가 전국 곳곳에 널려 있음을 알 수 있다. 학교장의 영향력이 강한 초·중등 일선 학교들은 거의 모두 예외가 없다. 학생들이 정신적 사표(師表)로 추앙하기를 기대하고 세운 역사 속 인물 동상이 대부분이다. 하지만 누구 하나 갈아세우겠다고 나서는 이가 없어서 고개가 갸웃거려지기도 한다.

울산 지역 학교 네댓 군데를 둘러본 소감이지만, 동상의 주인공들은 식상할 정도로 천편일률적이었다. 세종대왕, 이순신 장군 동상은 기본이고 간간이 신사임당·유관순, 김유신·화랑 동상에다 "나는 공산당이 싫어요."라고 외쳤다는 이승복 어린이의 동상에 이르기까지, 모진 풍상을 40~50년이나 견뎌 왔구나 하는 느낌을 지울 수 없었다.

"요즘 새로운 움직임이 나타나고 있다."고 운을 뗀 KBS 기자는 '새로운 흐름' 몇 가지를 생생하게 들려주었다. 세계적 산악인 엄홍길 씨(휴먼재단 상임이사)의 모교인 고성 호암초등학교에서 역사 속 인물 대신 이 학교 졸업생의 동상을 세우기로 했다는 소식이 대표적이었다. "엄홍길 아저씨처럼 노력하고 인내심을 기르고 또 끈기 있게 이끌어 나가는 걸 배우고 싶어요."라는 이 학교 5학년 여자 어린이의 말은 그야말로 감동이었다. KBS 기자는 "과거에 갇혔던 동상들이 현대인들의 영웅으로 되살아나고 있다."는 말로 기사를 마무리했다.

울산교육청 자료를 인용한 한 언론 보도를 보면 지난해 6월 기준, 울산 지역 72개 학교에 세워진 동상 251개 가운데 63.3%(159개)가 낡았거나 흠집이 나 있다. 교육청은 보수·정비 예산을 마련하고 역사·인성교육도 추진하겠다고 대책을 밝혔다. 그러나 시대의 흐름에 발맞추려는 시대정신은 일선 교육 현장 어느 구석에서도 찾아볼 수 없어서 아쉬웠다.

'과거에 갇혀 있는 것'은 빛바랜 동상만이 아닌 것 같았다. 학교장도 교육당 국도 과거의 울타리 안에서 빛바랜 박제가 돼 가는 것도 전혀 모르고 있는 것 같아서 안쓰럽기까지 했다.

김대건 신부 탄생 200주년과 희년(禧年) | 2021.03.14.

기독교 신자가 아니면 생경하게 들릴 수도 있는 '희년(禧年)'. 영어권에서는 'jubilee(주~벌리)', 히브리어로는 '요벨(yobel=기쁨의 나팔 소리)'이라고 하는 이 낱말을 다음 백과에서는 이렇게 정의한다. "희년은 성경에 나오는 규정으로, 안식년이 일곱 번 지난 50년마다 돌아오는 해. 이 해가 되면 유대인들은 유일신 야훼가 가나안 땅에서 나누어 준 자기 가족의 땅으로 돌아가고 땅은 쉬게 한다…."

영어 jubilee에는 '(기념)축제, 축전, 환희'라는 뜻이 있다. 한자 '기쁠 희(禧)' 자의 뜻(=기쁘다, 즐기다, 좋아하다) 그대로 이 해는 기쁨으로 맞이하는 해다. 가톨릭(천주교)에서는 보통 '25년마다 돌아오는 성년(聖年=Holy Year)'을 뜻하고 'Silver Jubilee'는 25주년·25년제를, 'Golden Jubilee'는 50년 축전·50년제를 의미한다고 한다.

언급했듯, 희년이 되면 땅과 집이 본디 주인에게 돌아가고, 노예가 해방되고, 부채가 면제되었다. 이러한 인식은 구약성경 '레위기'에 그 근거를 둔다. "안식년이 일곱 번 지나면, 사십구 년이 끝난다. … 너희는 오십 년이 시작되는 이 해를 거룩한 해로 정하고, 전국의 모든 거주민에게 자유를 선포하여라. 이 해는 너희가 희년으로 누릴 해이다." (레위기, 25장 8~10절)

레위기 25장의 다음 구절은 외국인 노동자와 나란히 살아가는 오늘날의 우리에게도 큰 울림으로 다가올 것이다. "주인은 그를 해마다 고용하는 것으로 하고, 그를 품꾼으로 대접하여야 한다. 어떤 주인이라도 그 종을 심하게 부려서는 안 된다. … 희년이 되면 그는 풀려날 수 있다." '희년(Year of Jubilee)'은 로마 가톨릭교회에서 기념하는 특별한 해를 말하고, 25년마다 돌아오는 '정기 희년'과 특별한 이유로 선포하는 '특별 희년'이 있다. 희년에는 교황이 제시한 조건을 지킨 신자들에게 전대사(全大赦)라는 특전이 주어진다. '전대사'는 죄에 따른 벌을 모두 사면 받는 것을 뜻한다.

프란치스코 교황은 2015년 3월, '자비의 특별 희년(Jubilee of Mercy)'을 선포했다. 그 기간은 그해 12월 8일('원죄 없이 잉태되신 동정 마리아 대축일')부터 2016년 11월 20일('그리스도 대축일')까지 이어졌다.

그렇다면 올해는 신앙적으로 아무런 흔적도 없이 지나가는 해일까? 그렇지 않다. 천주교 부산교구 울산대리구의 선교사

목국장인 김영훈 미카엘 신부에 따르면, 올해는 프란치스코 교황이 한국 천주교를 위해 선포한 '특별 희년'이다.

이 특전은 '조선 최초의 신부'로 추앙받는 '김대건 안드레아 신부(1821.08.21~1846.09.16)의 탄생 200주년'이 되는 해인 덕분에 얻은 특별한 선물이다. 그 기간은 2010년 11월 29일(待臨 제1주일)부터 2021년 11월 27일(대림 제1주일 전날)까지. '전대사'의 특전도 희년이기에 가능한 일이다. ('대림'이란 '예수 그리스도의 강림을 기다리고 준비한다.'는 뜻이다.)

2019년 11월 14일 유네스코는 '2021년'이 김대건 신부의 탄생 200주년인 점에 주목하고 '2021년의 유네스코 세계기념인물'로 김대건 신부를 선정했다. 김대건 신부는 1984년 4월에 내한한 교황 요한 바오로 2세에 의해 '성인'의 반열에 오른 바 있다.

그로부터 37년이 지난 2021년, 바로 이 기념비적인 해에 '코로나19 소멸'이란 기적이 이 지구촌에서 일어나게 된다면? 세인들은 어쩌면 '김대건 안드레아 희년'에 내린 하느님의 선물로 기억하려고 하지 않을까.

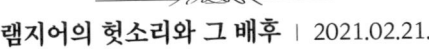

램지어의 헛소리와 그 배후 | 2021.02.21.

독일 베를린 할머니들이 뿔났다. 일본군 위안부 피해자를

'자발적 매춘부'라고 지껄인 마크 램지어 하버드대 로스쿨 교수의 망언에 화가 머리끝까지 치밀었기 때문이다. 베를린 할머니들은 램지어의 말을 '헛소리'라고 일축했다. 이 할머니들이 주축이 된 독일의 시민단체 '오마스 게겐 레히츠'는 지난 19일 베를린 '평화의 소녀상' 앞에서 침묵 집회를 열고 소녀상 영구 설치 활동을 이어가기로 했다.

미국의 역사학자 '알렉시스 더든' 코네티컷대 교수도 국제 학술지 측에 보낸 <역사에 대한 학대>라는 글에서 램지어의 주장을 조목조목 반박했다. 그는 국제사회가 반인륜 범죄로 규정한 위안부 강제 동원에 '계약 관계'라는 용어를 쓰는 건 수치스러운 일이라고 꼬집고, 램지어의 주장이 '아무 근거 없는 가짜뉴스'라고 비판했다. 그는 또 '학문의 자유는 민주주의의 핵심이지만, 학문적 거짓말은 그렇지 않다.'며 일침을 놓기도 했다.

램지어 비판에 합류한 이들은 또 있다. 외신은 하루가 멀게 그런 소식을 쏟아낸다. 앞서 하버드대 동료 교수 2명(앤드루 고든, 카터 에커트)은 비판 성명을 냈고, 4개국 역사학자 5명은 "논문이 오류 수준을 벗어났다."며 철회를 촉구했다. 며칠 전 하버드대에선 한국계 학생들이 위안부 문제의 진실을 알리기 위한 온라인 토론회를 열었다. 일일이 열거하자면 지면이 모자랄 정도다.

램지어는 2019년 1월, 일본의 한 언론 인터뷰에서 조선인 강제징용 피해자들에 대해 "일본 공장에서 일한 사람들은 불쌍히 여기지 않아도 된다."거나 "미쓰비시 공장으로 보내졌던 사람들은 행운이었다."는 막말을 서슴지 않았다. 일본의 전범기업들에게 강제징용 피해보상을 선고한 우리 대법원의 2018년 판결이 말도 안 된다며 일본 편을 든 것이었다. 램지어는 또 다른 논문에서 일제강점기에 일본인이 재일교포를 차별한 것은 재일교포의 탓이라고 주장했다. 당시 조선인들을 읽지도, 덧셈·뺄셈도 못 하는 하등 노동자로 묘사하기도 했다.

이에 버금가는 나라 안팎의 현상에도 주목할 필요가 있다. '학문의 자유' 운운하며 램지어를 편든 로렌스 바코우 하버드대 총장의 어정쩡한 태도만 해도 그렇다. 하버드대의 교훈이 '진리(veritas·베리타스)'라지만 그는 그 교훈을 달착지근한 무언가와 '엿 바꿔 먹기'를 했다.

하버드대 총장을 뺨칠 정도로 램지어의 팔을 용기 있게 들어준 국내 학자도 있다. 도대체 뭐가 어떻게 돌아가는 걸까? 우리네 학계나 언론계에선 아무도 속 시원한 대답을 들려주지 않는다. 하지만 너무 실망할 필요는 없다. 그런 와중에도 사이다 발언을 들려주는 이가 있었다. 그 발언의 주인공은 일본계 귀화 정치학자 호사카 유지 세종대 교수였다.

호사카 교수는 이달 들어 YTN 라디오와 KBS TV 심야프로 등에 잇따라 출연해 "위안부가 매춘부라는 하버드대 교수는 친일파"라고 직격탄을 날렸다. KBS <더 라이브>에서는 일본의 극우세력이 하버드대와 램지어는 물론 국내 친일 학자들의 돈줄이라는 주장을 서슴없이 내놓았고, CBS라디오에서는 램지어를 '미쓰비시 교수'라고 부르기도 했다. 이들이 모두 일본 극우세력의 돈으로 목을 축여왔으며, 최근의 친일 발언은 은혜에 대한 보답이라는 주장도 폈다.

그의 직격 발언에 '친일 학자들'이 어떻게 대응할지는 아직 미지수다. 이들이 입을 그래도 다문다면 호사카 교수의 주장이 옳다는 말이 된다. 호사카 교수는 램지어가 속한 '미국일본학자문위원회'와 류 모 교수와 유관한 '아시아연구기금'의 돈줄은 '닛폰 재단(옛 '사사카와 재단')'이고, 2명의 李 모 연구원이 속한 '낙성대경제연구소'의 돈줄은 '도요타재단'이라고 분명하게 말했다. 과연 누구의 말이 옳은 것일까.

희미한 그해의 5.18 | 2020.05.17.

그해 8월, 부산 국제신문 편집국 기자들은 대부분 영문도 모른 채 사직서를 써야 했다. 정기 인사 발령 시기의 정무직 공무원들처럼 사직의 이유를 윗선의 지시대로 '일신상의 이유'라고 적어낼 수밖에 없었다. 그날이 '8월 15일'이었다는 필자의 기억이 정확하다면, 기자들은 하필이면 광복(光復)을 자축하는 날에 해직(解職)의 쓴잔을 강제로 들어야 했다.

그해 5월, 국제신문 사회부 소속 조갑제 차장(전 '말'지 편집장, 전 '월간조선' 사장)이 회사 몰래 광주로 숨어들었다. '타고

난 기자' 조갑제는 특별취재 요청을 간부진이 보기 좋게 거절하자 동생이 인턴 과정에 있던 대학병원에서 신병 치료를 받겠다며 병가(病暇)를 신청하곤 곧바로 잠입 취재에 들어갔다.

조 기자가 빛고을 광주의 소요 현장에서 발로 뛰며 취재 중이라는 사실은 동행했던 사진기자가 몰래 감추어 온 현지 취재 기사를 눈으로 보고 나서야 알 수 있었다. 포연(砲煙) 내음 물씬한 '5·18 광주사태'의 이 생생한 현장 증언은 그러나 빛을 보기도 전에 편집국 상급자의 화풀이 대상이 되었고, 갈가리 찢긴 채 편집국 쓰레기통에 처박히는 신세가 되고 말았다. 원인은 기사가 온통 '계엄군(戒嚴軍)'이 아닌 '시민군(市民軍)'의 시각으로 채워져 있었기 때문이었다.

당시 입사 동기였던 사진기자는 전남-경남 경계 지점에서 눈에 불을 켜고 있던 계엄군의 살벌한 몸수색을 피하려고 기사 원고와 현장 사진을 몸속에 숨긴 채 '산을 넘고 물을 건너' 죽을 고비를 넘겨 가며 날랐노라고 후일담을 전했다. (당시의 기사용 원고지는 줄이나 칸이 없고 8절 갱지를 네 조각으로 찢은 손바닥만 크기의 백지였다.)

조갑제 기자가 보내온 발냄새 절은 기사들은 한동안 '광주사태'로 불렸던 5·18 광주민주화운동의 생생한 기록물이었다. 전두환이 주도하는 신군부(新軍部)의 계엄령 선포와 교묘한 보도통제는 광주의 실상을 군모로 가렸고, 국내 언론매체들은 '알아서 기는' 관행에 스스로 길들어갔다. 특히 계엄군은 옛 부산시청(현 '롯데 몰') 건물에서 '기사의 사전검열'로 지역 언론사들의 숨통을 죄었고, 럭키그룹(LG그룹의 전신) 계열의 국제신문은 약 3개월 후 '찍소리 한번 못 내고' 신군부 '언론 통폐합' 작전의 희생양이 되고 만다. 해직 기자들이 군홧발에 채이듯 낭인(浪人)의 세월 속으로 내몰리기 시작한 것도 바로 이때부터였다.

그해 상반기는 나라 전체가 소요 사태와 강력 사건으로 얼룩지고 있었다. 그해 4월 하순, 강원도 정선군 사북면에서는 동원탄좌 소속 광부들의 격렬한 시위가 전국 소요의 봉홧불이 되었고, 그 불빛은 부산의 산업현장까지 훤하게 비추면서 동국제강, 연합철강 노동자들의 연쇄 파업 사태의 불쏘시개가 되고 만다. 동명목재 강석진 사장 별장의 강도 사건도, 필로폰계의 대부 이황순 체포 작전에 부산남부경찰서 전 직원이 나선 것도 모두 그 무렵에 거의 동시다발로 일어난 일이었다.

그러나 광주 취재 건으로 국제신문의 다른 기자들보다 두어 달 먼저 사직서를 써야 했던 조갑제 기자 주변에서 일어났던 그 이후의 시각적 변화는 40년이 지난 지금도 여전히 물음표로 남아있다. 일시나마 광주 시민군과 울분을 같이 나눴고 한동안 진보성향 '말'지에 몸담기도 했던 그가 왜? 무슨 이유로 박정희의 예찬자로, '극우 논객'으로 변신했는지는 여전히 수수께끼다. 하지만 독실한 크리스천이었던 그가 거짓을 싫어하는 정직한 인물인 것만은 틀림없다. 5·18 당시의 현장취재 경험을 바탕으로 '북한 특수군(일명 '광수') 광주 투입설'을 주장하는 이들을 향해 쓴소리를 마다하지 않는 사실이 이를 입증한다. 해마다 이맘때쯤이면, 머릿속에서 1980년 그해의 5·18이 되살아난다.

부정(不正)한 기억의 소환 | 2020.04.19.

"못 살겠다, 갈아보자!" 4·15 총선을 코앞에 둔 3월 29일, 김종인 미래통합당 총괄선대위원장이 호기 있게 꺼내든 회심의 반전 카드였다. 한 언론매체는 '64년 만의 소환'이란 제목을 달았다. 64년 전이면 제3대 정·부통령 선거 시기인 1956년이었고, "못 살겠다~"는 당시 야당 민주당이 내걸었던 선거 구호였다. 여당인 자유당은 "구관(舊官)이 명관(名官)이다. 갈아 봤자 별수 없다."라는 구호로 맞짱을 떴으나 민심은 이미 등을 돌리는 분위기였다.

소환 작업은 그 선에서 그치지 않았다. 4·19혁명 제60주년 기념식을 생중계하기 직전인 19일 오전, KBS는 <역사 저널>의 기획물 <피의 일주일, 4·19부터 하야까지>를 다시 불러내 혁명 전후를 재조명했다. 이 기획물의 첫 방송은 4·15 총선을 2시간 앞둔 14일(화) 밤 10시쯤에 나갔다. 필자의 기억이 되살아난 것은 1960년 3·15 제4대 정·부통령 선거 때 자행돼 4·19혁명의 도화선이 되었던 '사상 최악'의 투·개표 수법들이었다.

'스페셜 타임스'가 맛보기를 제공했다. "정치깡패를 동원해서

회유와 협박을 하고, 사람들을 3명~5명씩 짝짓게 해서 공개투표를 지시한다. 이뿐만이 아니다. 개표 현장에서도 거침없는 부정이 자행된다. 쌍가락지 표, 피아노 표 등 기상천외한 방법으로 개표 조작이 이뤄진다. 심지어 수면제를 탄 닭죽을 먹여 상대 진영 관계자들을 재운 뒤 투표용지를 바꿔치기까지 하는데…."

또 다른 매체의 긴 글 '3·15 부정선거의 행태' 9가지 역시 흥미롭다. ① 사전투표= 일정 비율의 표를 미리 기표했다가 투표함에 넣는다. ('4할 즉 40% 사전투표'란 말은 이때 선보인다.) ② 야당 참관인 쫓아내기= 시계를 조작하거나 핑계를 댄 다음 자유당 참관인이 야당 참관인을 몰아내고 그사이 투표를 조작하고, 말을 안 들으면 납치·폭행도 불사한다. ③ 3·5·9인조 공개투표= 선거에 익숙지 않은 유권자를 지도한다며 3~5~9인이 한 조를 이뤄 공개투표를 하게 한다. ④ 뇌물 살포 및 협박= 사람에게 음식이나 물건을 대대적으로 뿌리고 이른바 '어깨(정치깡패)'를 동원해 유권자들을 협박한다. ⑤ 강령술(降靈術)= 죽은 사람의 이름을 선거인명부에 올린다. (이사 간 사람의 이름도 명부에 올리는데, 이들의 표는 당연히 자유당 몫이 된다.) ⑥ 올빼미표= 일부러 전깃불이 나가게 한 뒤 어둠을 틈타 개표통을 바꿔치기한다. ⑦ 피아노표= 이승만(자유당 대통령 후보)을 찍지 않은 표를 미리 매수된 개표원이 떨어뜨리는 척하며 책상 아래로 들어가 양 손가락에 지장을 묻히고 피아노를 연주하듯 무효표로 만든다. (조병옥 민주당 대통령 후보는 선거 며칠 전에 타계했다.) ⑧ 쌍가락지표= 반대표에 표시를 하나 더 해서 무효표로 만든다. ⑨ 샌드위치표= 개표할 때 야당 표(장면 민주당 부통령 후보 표) 뭉치 위아래에 여당 표(이기붕 자유당 부통령 후보 표) 1장씩을 끼워 여당표로 집계한다.

역사 저널 출연진은 '개표 부정 TOP 3'로 피아노표와 쌍가락 지표, 샌드위치표 셋을 지목했다. 더 놀라운 것은 투·개표 조작 으로 너무 많아진 자유당 후보의 득표율을 한참 줄이라는 하명 을 윗선에서 내린 일이다. 소도 웃을 일이지만, 자유당 후보의 득표율이 너무 높으면 금세 들통이 날 거라는 우려 때문이었다.

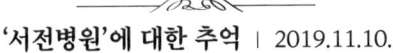

'서전병원'에 대한 추억 | 2019.11.10.

6·25 한국전쟁 당시의 기억이 그리 많지는 않다. 전쟁이 났 을 때 겨우 세 살이었고 전쟁이 끝났을 때 여섯 살이었으니 그 럴 수밖에 없었다. 그래도 추억의 주머니를 뒤적거리다 보면 한 움큼은 손에 쥐어진다. 지하 방공호와 피난민, 여러 날 밤 온 시가지를 화염으로 뒤덮은 부산역 대화재(1953년 11월 27 일)와 미군에 의한 '신작로' 개설, 그리고 '이승만 별장'과 서전 병원이 그것이다.

지하 방공호는 6·25의 포성이 부산까지는 와 닿지 않아 쓸 모없이 땅속에 묻혔지만 어릴 적 호기심은 지금도 추억의 잡기 장에서 어렴풋이 되살아나곤 한다. 그리고 고향 동네에는 서울서 피난 내려온 의사네 집안이 서울 수복 때까지 '의원' 간판을 내걸었고, 동네 아이들은 그 집 아이를 '서울내기 담만네기….'라며 짓궂게 놀려대던 기억이 아직도 생생하다.

'서전병원'이 무슨 의미인지, 어려서는 잘 몰랐다. 동네 아이들과 어울려 이따금 놀러 다닌 곳은 백사장이 널찍하게 펼쳐진 이웃 동네 대연동의 바닷가였다. 그 바닷가 백사장의 상당 부분은 '출입 금지' 팻말이나 다름없는 철조망이 늘 둘러쳐져 있었다. 뒤늦게 안 일이지만, 그 바닷가 백사장은 부경대에 흡수된 '국립 부산수산대학'의 실험용 어패류양식장이었다. 대학 안으로 들어서면 맨 먼저 마주치는 것이 아담한 단층 석조건물 '이승만 별장'이었고, 그다음 만나게 되는 것이 일자로 길게 늘어선 대학 본관 건물 안의 '서전병원'이었다.

서전병원의 '서전'이 한자로 서전(瑞典) 즉 '스웨덴'을 일컫는 말이라는 사실을 안 것은 한참 뒤의 일이었다. 당시 영세중립국 스웨덴에는 한국전쟁이 일어난 지 한 달이 지난 1950년 7월부터 '가장'이란 수식어가 붙기 시작했다. 의료지원단을 보낸 다섯 나라 중에서 가장 먼저 UN에 파견 의사를 밝혔고, 가장 큰 규모를 유지했으며, 가장 오랜 기간 활동하면서, 가장 많은 환자를 돌보았기 때문이다.

여러 기록에 따르면 스웨덴 각지에서 자원한 176명의 '서전 의료지원단'은 전쟁이 난 그해 9월 23일 부산에 도착했다. 그러나 부상자가 급증하자 도착 이틀 만에 옛 부산상고(현 롯데백화점 부산 본점) 운동장에 200병상 규모의 적십자 야전병원을 세우고 진료를 시작했다. 이 무렵은 인천상륙작전(9월 15일) 이후 한국군과 유엔군이 서울을 되찾고 반격에 나서던 시기였다. 이때만 해도 '수산대학 내 서전병원'은 이름이 생기기 전이었다. 스웨덴 의료지원단은 1953년 정전협정이 맺어진 뒤에도 본국으로 돌아가지 않고 '부산 스웨덴 병원'으로 이름만 바꾼 채 전쟁 난민과 극빈자 진료에 최선을 다했다.

서전병원이 옛 부산상고에서 수산대학으로 자리를 옮긴 것은 1955년 5월이었고, 한국에서 완전히 철수한 것은 1957년 4월이었다. 그래도 일부 의료진은 한국에 남아 결핵 퇴치 사업에 전념했다. 스웨덴 의료진 1천124명이 무려 6년 6개월 동안 진료한 부상자나 환자는 적군, 아군, 민간인을 안 가리고 200만 명이 넘었던 것으로 전해진다. 인류애(人類愛) 실천의 세계적 모범사례라고 할 수 있을 것이다.

서전병원이 만 2년 가까이 둥지를 텄던 옛 부산수산대학 자리는 UN 소속 '유엔기념공원'에서 그리 멀지 않다. 때마침 11월 11일, 이 기념공원에선 'Turn Toward Busan(턴 투워드 부산)'이란 이름의 추모행사가 열린다. 필자도 오전 11시부터 1분간 고향 동네에서 가까운 유엔기념공원을 향해 묵념을 올릴 참이다. 서전병원에 대한 추억과 스웨덴 의료지원단의 숭고한 정신을 다시 한번 기리는 뜻에서다.

2017년 9월 13~30일 부산 동아대 부민 캠퍼스 미술관에서 '서전병원-스웨덴 참전용사 눈으로 본 피란 수도 이야기'란 사진전이 열렸을 때 누군가가 한 말이 있다. "Let us never forget(우리 결코 잊지 맙시다)." 스웨덴 의료지원단과 서전병원은 잊지 못할 추억의 한 조각으로 필자의 뇌리에 영원히 남을 것이다.

'박상진 역사공원'에 대한 고민 | 2019.06.09.

일제강점기에 광복회 총사령으로서 무장 독립투쟁을 이끌었던 고헌 박상진 의사. 울산 시민들의 가슴에 격조 높은 자긍심을 심어준 박 의사는 지금 북구 송정동 생가 뒤편 '박상진 역사공원'에서 동상(銅像)으로 거듭날 날짜만을 기다리고 있다. 그러나 최근 박 의사 주변에 뜻하지 않은 고민이 생긴 것 같아서 안타깝다.

고민거리는 역사공원을 둘러싼 몇 가지 잡음이다. 그 잡음은 동상의 어디가 어떻다거나, 부조가 초라해 보인다거나, 몇몇 태극기의 모양새가 좀 그렇다는 말들이 주를 이룬다. 그런데 그 잡음이 하나같이 설득력이 있는 것들이어서 고민의 깊이가 더해진다. '도대체 어떻게 해 놓았기에…' 하는 생각에 며칠 전 두어 차례 현장을 찾았다.

한번은 금석학의 대가를, 또 한 번은 조형예술학의 대가를 모시고 현장을 둘러볼 기회가 있었다. 답사 결과 '잡음' 성격의 지적은 거의 대부분이 '합리적 의심'에 근거하고 있었다. 다음 지적 사항들은 박상진 역사공원에 대한 애정이 깊거나 전문성이 예사롭지 않은 분들의 것임을 미리 밝혀둔다.

물론 서로의 시각이 다를 수는 있다. 그렇더라도 시공사인 LH(한국토지주택공사)로부터 '이 상태대로 물려받아선 안 된다.'는 점에서는 생각이 일치했다. LH라면 울산 혁신도시 조성공사를 마무리하는 단계에서 시민들의 마음에 못질까지 한 업체라고 보는 시민들도 더러 있기에 모종의 선입견이 작용했을 법도 하다.

전문가 A 박사는 동상의 얼굴이 향하는 방향이 문제라고 지적했다. 동상의 시선이 '치우친 북쪽'을 향하고 생가와 등진다는 것은 상식에 어긋날뿐더러 '北(북)'은 지리학상 삶[生]과 등을 진 역상[死]이라는 말도 덧붙였다 또 고헌의 생가를 방문한 기념으로 인증사진을 찍으려고 해도 동상의 얼굴 방향 때문에 종일 역광(逆光)이 생겨 기념사진 한 장 제대로 찍을 수가 없다는 지적도 있었다. A 박사는 또 동상의 제호를 세로 한글로 '고헌 박상진 의사'라고 새겼을 뿐 '像(상)' 자를 빠뜨린 것은 동상의 기본조차 모르는 비상식적 행위라고 꼬집었다. 그는 "아무리 기부채납이 예정된 동상이라 해도 너무 무성의한 것 아니냐."고 개탄하기도 했다.

동상의 오른손에 든 태극기 모양새는 고헌의 기개와는 거리가 멀어 보이고, 태극기 한쪽 4괘(四卦)의 건곤감리(乾坤坎離) 순서가 잘못된 것도 문제라는 지적도 있었다. 乾 즉 '三'자 모양의 괘는 깃대에 바짝 붙이는 게 이치상 옳은데도 고헌의 오른손에 쥐어진 태극기 앞쪽은 그렇지 못하다는 것이다.

전문가 B 박사의 지론도 새겨들을 만했다. B 박사는 공원의 바닥 돌과 동상 좌대의 색깔이 역사공원의 위엄과 분위기를 제대로 살리지 못한다고 진단했다. 그는 바닥 돌을 검정색으로 처리하고 특히 부조가 새겨진 가벽 윗면을 곡선으로 처리한 것도 역사공원의 품격을 떨어뜨릴 뿐이라고 지적했다.

박상진 역사공원에 애착이 많은 C 씨는 '광복회 강령'을 돌에 새긴 글 가운데 '일절(一切)의'라는 표기는 '일체의'로 바로잡아야 한다고 조언했다. 그는 또 '不遠復(불원복) 태극기(=대한제국 말기, 의병장 고광순[1848~1907]이 사용한 태극기로 천안 독립기념관에 소장)'가 가벽 공간에 끼워 맞추느라 가로로 길게 처리한 것은 가볍게 보아 넘길 일이 아니라고 했다.

LH의 기부채납 이전인 6월 14일, '고헌박상진의사추모사업회'가 이사회를 열기로 했다. 이 자리에서 앞서 지적한 문제점들이 진지하게 논의될지 어쩔지는 불투명하다. 하루속히 박 의사 주변의 고민을 덜어줄 마땅한 조치가 나오기를 기대한다.

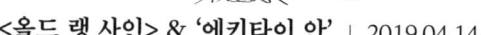

\<올드 랭 사인\> & '에키타이 안' | 2019.04.14.

\<상제(上帝)는 우리 황제를 도우사…\> '대한제국 애국가' 가사의 첫머리다. 황실 의뢰로 곡을 지은 독일해군 출신 '프란츠

에케르트'는 그 공으로 태극훈장을 받는다. 1902년 8월 15일에 정식 국가가 되었고, 1904년 5월부터 일선 학교에서 가르쳤으나 1910년 일제가 국권을 빼앗으면서 금지곡이 되고 만다. 공식 국가(國歌) 자리를 훔쳐 간 일본 '기미가요'도 에케르트가 지은 사실은 역사적 아이러니로 분류된다.

전문가들의 조사·증언에 따르면 우리 애국가는 1900년을 전후로 여럿 존재했다. 새문안교회 신도들이 지은 '애국가'를 비롯해 열 손가락이 넘는다. 그중에서도 8·15해방 직후까지 50년 넘게 살아남은 애국가는 스코틀랜드 민요 <올드 랭 사인(Auld lang syne)>에 가사 "동해물과 백두산이…"를 붙인 애국가가 거의 유일해 보인다.

<찬송가 이야기>로 유명한 이천진 목사(한양대학교회)는 "1896년 독립문 정초식 때 배재학당 학도들이 부른 애국가가 <올드 랭 사인>이었다."고 말한다. 스코틀랜드 시인 '로버트 번즈'가 한 촌로의 사투리 구술(口述)을 채록해서 1788년에 발표한 <올드 랭 사인>은 '윌리엄 실드'가 오페라 <로지나>에 수록하면서 더 유명해졌다. 아무튼 우리에겐 <석별의 정>으로도 알려진 이 곡이 한국 찬송가 속에서는 <천부여 의지 없어서(='Father, I stretch my hands to Thee')>란 제목으로 명맥을 이어가고 있다.

주목할 점은 우리 대한민국 '애국가'의 작곡가 안익태 선생(1906-1965)에 대한 끊임없는 '친일(親日)' 논란이다. 이 논란에 불씨를 지핀 이는 <친일음악론>과 <인물로 본 한국 근현대

음악사-음악가 10인의 엇갈린 선택>이란 2권의 유작(遺作)을 남긴 고(故) 노동은 교수(1946~2016, 민족음악연구회 회장·중앙대 국악대학장 역임)다. 그리고 그 불씨에 기름을 부은 이는 지난 1월 <안익태 케이스-국가 상징에 대한 한 연구>란 저서를 펴낸 이해영 한신대 국제학부 교수다. 그는 이 저서에서 "안익태 애국가는 '기독교, 미국, 서북', 곧 당시 남한의 주류 네트워크에 올라타 증식되고 있었고, 안익태 신화는 갈수록 메아리처럼 증폭되고 있었다."고 주장한다.

그의 논지대로라면, 놀라운 것은 안 선생의 지능적 변신술이다. <한국 환상곡(Korea Fantasy)>의 작곡자(29세이던 1935년에 작곡)라는 기억만으로도 그를 '열혈 애국청년'으로 여기던 숱한 국민의 환상(幻想)을 한 방에 날려버리게 되지나 않을지 걱정이 앞선다. 여하간 미국에 머물며 <한국 환상곡>을 작곡하던 무렵, 그의 영문 이름은 'Eak Tai Ahn'이었다. 그러나 나치(Nazi) 치하의 독일로 건너가 유럽 무대에서 활약한 뒤로는 '에키타이 안(Ekitai Ahn)'이란 일본식 이름으로 문패를 갈아 단다.

놀라운 것은 일본의 꼭두각시 국가 '만주국'의 독일 주재 공사 명함으로 '유럽 첩보망 독일지부 총책(출처=미국 전략첩보국·OSS 보고서)' 구실을 하던 일본인 '에하라 고이치'의 집에 일본의 진주만 습격 사흘 뒤부터 머물면서 보란 듯이 보신(保身)의 길을 걸어온 것처럼 비친다는 사실이다. 실제로 '에키타이 안'은 나치와 일본이 손잡고 판을 치던 1941~1944년 무렵

나치 점령국만 옮겨 다녔고, 일본 찬양 자작곡 <교향적 환상곡 만주국>과 <에텐라쿠(越天樂)>도 곧잘 연주하고 다니다가 독일 패망(敗亡) 낌새가 짙어지자 프랑코 치하의 스페인으로 건너가 몸을 숨긴다.

이 밖에도 그를 둘러싼 비판은 양파껍질을 떠올리게 한다. 이승만-박정희 양대 정권의 눈에 들기 위해 변신한 흔적도 그의 추적자들에 의해 하나둘씩 벗겨지고 있다. '안익태 애국가'의 선율과 '만주국'의 선율이 몇 군데 비슷한 점을 들어 '자기 표절' 주장까지 나오는 판국이다. 그에 대한 변호의 말은 다음 기회에 전하기로 한다.

부림사건, 그 마침표 | 2018.09.02.

휴대전화로 문자 한 통을 보내온 것은 수년 전, 부산서 서울로 이사 간 대학 후배였다. 그의 과거를 수십 년간 지켜봐 온 필자로선 문자를 읽는 순간 감전이라도 된 듯 전율을 느꼈다.

내용은 '부림사건, 37년 만에 무죄'라는 제목의 기사였다. "부산지법 제2형사부는 8월 30일, 영화 <변호인>으로 널리 알려진 세칭 '부림사건'의 관련자에 대한 재심(사실은 재재심)에서 무죄를 선고했다. 이 사건은 1981년 여름, 전두환 정권이 부산 지역에서 민주화운동을 하던 활동가 20여 명을 제거하려고 불법으로 구금, 고문으로 조작해 국가보안법 등 위반으로 구속한 사건이다. 일명 '통닭구이'라는 고문으로 조작한 사건이라 하여 피해자들을 '통닭구이로 만든 공산주의자'라 부르기도 했다."

뒤이은 문자 내용은 후배가 지인에게 전하는 자기 선언이자 '부림사건'의 종언(終焉)을 알리는 내용이었다. "나는 이 사건으로 20년 넘게 수형(受刑)생활을 했다. 당시 20대 청년이었던 우리는 어느덧 60대 중·후반의 나이가 될 때까지 긴 세월을 '공산주의자'란 멍에를 메고 온갖 고통을 겪었다. 이제 백발이 다 된 동료를 보며 가슴 아팠던 지난날을 되돌아본다. 오랫동안 고통을 함께한 가족과, 같이 투쟁한 여러분께 감사드린다. … 가야 할 길은 아직도 멀고 험난할 것이다. 이 땅에 민주와 정의가 바로 설 때까지."

부평초(浮萍草)처럼 혹은 낭인(浪人)처럼 떠돌게 만든 세월이 그의 머리를 그처럼 새하얗게 채색해 놓은 것일까? 여하간 그의 생활은 겉으로 화려한 그의 고교 또는 대학 동기들과 비교할 때 초라하기 그지없었다. 하지만 자긍심 하나만은 늘 하늘을 찌를 만큼 강해 보였다.

'부림(釜林)사건'의 대강은 후배의 말처럼 영화 <변호인>에도 어느 정도 묘사되어 있다. '다음 백과'의 이 대목 집필자는 부림사건을 이렇게 간추린다. "'부산(釜山)의 학림(學林)사건'이라는 의미인 '부림사건'은 전두환 신군부 정권 초기인 1981년 9월 부산 지역 지식인·교사·대학생 등을 체제전복 집단으로 조작해 19명이 구속된 5공화국 최대의 용공 조작 사건이다. … 당시 이 사건 변론을 맡았던 고 노무현 전 대통령은 이 사건을 계기로 인권변호사의 길을 걷게 됐다. 이는 2013년 개봉해 1천100만 관객을 모은 영화 <변호인>의 소재가 되기도 했다. … 당시 검사는 최병국(전 국회의원)과 고영주(전 방송문화진흥회 이사장) 등이었다."

후배는 사건 연루자를 20여 명이라 했고 앞의 글에서는 구속 인원을 19명이라 했다. 그러나 어느 쪽도 틀린 말은 아니다. 나중에 집행유예로 풀려났거나 고인이 된 인사는 빠졌기 때문이다. 구속자 중엔 필자의 지인도 대여섯이나 있었다. 김재규(전 국립공원관리공단 이사장), 설동일(전 진실화해위원회 사무처장), 김희욱(전 교사) 씨 등이 그들이었다. 그리고 그들의 아지트는 당시 부산 '보수동 헌책방 골목'의 어느 허름한 가옥 2층에 차려놓은 '양서협동조합'이었다.

무죄 판결로 명예를 되찾은 후배는 5년 전(2013년)의 항고와 지난해의 대법원 재심 판결을 거쳐 '공산주의자'란 주홍 글씨를 마침내 지울 수 있었다. 부산 K 고교 25회 출신인 그는 문재인 대통령, 박맹우 국회의원(울산 남구을)과 고교 동기인 것으로 알려졌다. 특히 문 대통령과는 부산서 H 신문 부산지사장-총무로 일하면서 우정을 다진 것으로 전해진다. "마누라 그늘에 가려 인생을 손해 보며 살아간다."던 너털웃음의 백발도사. 그의 이름은 송세경(현 농협중앙회 이사), 그의 부인 이름은 구성애(성교육 전문가, '푸른 아우성' 대표) 씨다.

우리에게 베트남은? | 2018.04.22.

베트남 국민에겐 매우 송구스러운 일이지만, 43년 전 4월, 베트남의 전황은 한 편의 숨 가쁜 실존 드라마와 같았다. 당시 문제의식이 별로 없었던 필자는 하루가 무섭게 색깔이 달라지는 전투 상황도를 보며 나도 모르게 베트남전쟁(1955~1975)을 즐기고(?) 있었다. 다음은 남쪽 월남군이 북쪽 월맹군에 패퇴하던 1975년 3~4월, 현지 전황에 관한 글이다(출처= <베트남 패망과 대한민국의 생존>).

"3월 26일, 전략요충지 다낭이 함락되어 중부 월남 전 지역에 월맹군이 노도처럼 밀려왔다. 4월 8일, 월맹군 지도부는 호치민의 생일(5월 19일)까지 월남 전역을 점령키로 하고 전 월맹군에게 사이공 공격 명령을 내렸다. 4월 9일, 월맹군 선두 부대가 사이공의 관문 쑤안록에 나타나자 월남군은 처절한 사투로 12일간 지켜내다가 결국 4월 21일 쑤안록마저 내주고 말았다. 사이공을 포위한 월맹군의 대공세가 벌어지던 4월 28일, 월남 공군 조종사들이 반란을 일으켰다. 4월 30일 아침, 월맹군이 사이공 시내로 진입하자 두옹반민 대통령은 라디오로 항복을 선언했다."

이 무렵 전쟁드라마의 주요 무대는 '호치민시'로 이름이 바뀐 '사이공'이었다. '사·이·공'은 묘하게도 숫자 '4·2·0'을 연상시켰다. 극적 우연을 기대한 필자는 드라마 감상 모드에 숫자 '4·2·0'을 대입시켰다. '사이공은 4·2·0(4월 20일)에 함락될지 모른다.' 그러나 이 유치한 기대감은 보기 좋게 빗나갔고, 사이공에 월남군의 백기가 실제로 올려진 것은 열흘 뒤인 4월 30일이었다.

그로부터 43년이 지난 2018년 4월 19일, 서울 여의도 국회 정론관에서는 부끄러운 기자회견이 하나 열렸다. 회견장엔 베트남 중부 꽝남성 퐁니·퐁넛 마을의 학살생존자 응우옌티탄(58) 씨가 참석해 피눈물 나는 사연을 털어놨다. "남동생이 울컥울컥 피를 토해낼 때 전 아무것도 할 수 없었어요." 그러면서 반문했다. "왜 한국군은 여성과 어린아이뿐이었던 우리 가족에게 총을 쏘고 수류탄을 던졌나요? 어째서 한국군은 끔찍한 잘못을 저질러놓고 50년이 넘도록 인정도 사과도 하지 않나요?"

회견장엔 동명이인이자 하미 마을 학살 생존자인 61세 응우옌티탄 씨도 자리를 같이했다. 두 사람은 1968년, 한국군이 쏜 총에 가족을 5명씩이나 잃었다고 했다. 그는 눈물을 흘리며 말했다. "50년이 지난 지금까지도 그날의 잔인한 학살 이유를 알지 못합니다. 참전했던 한국 군인들의 사과를 꼭 받고 싶어요. 최소한의 사과라도 있어야 용서를 할 수 있지 않을까요?"

또 이들은 21~22일, 서울 마포구 문화비축기지에서 열린 '시민평화법정'에 증인으로 참석했다. 시민평화법정은 베트남 학살 피해자가 원고가 되어 한국 정부를 피고석에 앉히고 학살 책임을 묻는 법정으로, 지난해 11월부터 민족문제연구소·한베

평화재단 등 24개 시민단체가 힘을 합쳐 준비해 왔다. 한 관계자는 시민평화법정을 "50년이나 지연된 정의를 세우고 진실을 밝히는 자리"라고 정의했다. 재판부는 김영란 전 대법관과 이석태 변호사, 양현아 서울대 로스쿨 교수가 맡았고, 김복동 일본군 '위안부' 피해 할머니는 연대사를 낭독했다.

지금도 베트남 여러 마을에는 한국군에 의해 억울하게 희생된 마을주민의 이름이 적힌 불망비가 세워져 있다는 여행객의 증언을 자주 듣는다. 베트남 사람들이 거짓으로 꾸민 말일까? 얼마 전 베트남을 국빈 방문한 우리 대통령이 정식으로 유감을 표명한 적은 있다. 하지만 진상규명에 나섰다는 소리는 듣지 못했다.

'한국군에 의한 베트남 양민 추행·학살' 주장은 시민단체뿐만 아니라 우리 정부도 '진상규명' 차원에서라도 풀어야 할 숙제다. 그래야만 일본군 '위안부' 문제를 놓고 진심으로 사과하라고 일본 정부에게 떳떳하게 요구할 자격이 있지 않겠는가.

6장

단소리 쓴소리
세상 그리고 사람 이야기

세상 사는 이야기

―

호칭의 변화 253 | 진정한 성탄절 255 | '눈 뜨고 코 베이징' 258 | "종교는?" "무교(巫敎)이지요" 260 | '월월정(月月停)' 유감 263 | 흰 소와 칡소, 그리고 흑우 266 | 결혼인턴제 유감 268 | 쉬운 공공언어 271 | '확찐자' 273 | "이 또한 지나가리라" 276 | 왜색 짙은 응원 구호 '화이팅' 279 | 호쾌대활(好快大活) 281 | "여자도 놀 줄 안다" 284 | 어감(語感)이 바뀐 이름들 287 | '워터파크'를 '물놀이 공원'으로 290 | 부활절 달걀(Easter Eggs) 293 | 장묘문화의 새 흐름 '흙장' 295 | 버스 도우미 그리고 옥천 298 | 해운대 옛 철길을 걷다가 301 | 아리송한 법조문들 303 | '글 쓰는 판사' 문유석 306 | 술 취하면 더 엄하게 해야지 309

호칭의 변화 | 2023.08.07.

여성이 운영하는 식당 혹은 포장마차를 찾는 외국인 근로자가 즐겨 쓰는 말에 '이모' 또는 '이모님'이 있다. 이모란 호칭은 아주머니보다 훨씬 정겹다. 그러나 정겹게 들리는 이 호칭도 언제 또 다른 호칭으로 바뀔지 알 수 없다.

얼마 전 고용노동부가 국민에게 당부한 말이 있었다. 가정에서 아이를 돌보고 청소, 세탁, 설거지를 도맡아 하는 가사 근로자를 '가사관리사(-관리사님)'란 새로운 이름(호칭)으로 불러 달라는 요청이었다. 이를 전하는 뉴스는 "'아줌마'나 '이모님'이 아닌 '관리사님'으로 불러주세요"라는 제목까지 달아서 눈길을 끌었다.

가사도우미란 직업에 대한 호칭의 변화에는 당시의 시대상까지 녹아있음을 알 수 있다. '식모'에서 '파출부', '가정부'로, 다시 '가사도우미'를 거쳐 '가사관리사님'으로 바뀌게 됐으니 말이다. 이런 호칭의 변화를 두고 애써 나무랄 생각은 없다. 그래도 격세지감(隔世之感)은 감출 수가 없다. 어쨌든 그 이면에는 배려와 존중, 인격적 예우의 마음가짐이 바탕을 이루고 있는 것만은 분명해 보인다. 고용노동부 관계관은 "새로운 호칭을 통해 가사관리사가 당당한 직업인으로 인식될 수 있게 하겠다."고 말했다.

법적 보호를 받든 그렇지 못하든 '-관리사'란 호칭의 직업은 의외로 많다. 농산물품질관리사, 소방시설관리사, 주택관리사, 정원관리사, 물류관리사에다 피부관리사, 산후관리사(산모도우미), 체형관리사가 있는가 하면 '스웨디시(Swedish) 관리사'도 있다.

그렇다면 조선 시대에도 관리사가 있었을까. 자료를 찾아보니 관리사(管理使)란 벼슬이 나온다. 그 뜻풀이는 '조선 시대, 관리영(管理營)의 장(長)으로서 개성 유수(開城留守)가 겸임하던 종이품(從二品)의 벼슬을 이르던 말'이다

시대는 달라도 호칭의 변화를 가장 상징적으로 음미할 수 있는 직업 명칭이 있다. 바로 '간호사(看護師, 영어: registered nurse, RN)'란 호칭으로, 참으로 파란만장한 변천사를 지녔다고 볼 수 있다. 조선조 말인 1903년에는 모두 '간호원(看護員)'으로 통했고, 이때 '員(원)'은 '담당'이란 뜻이었다. 한국 최초의 간호교육 기관인 '보구여관 간호원 양성소(1903~1933)'를 설립한 마거릿 에드먼드 여사가 'nurse'를 한국어로 번역한 말이 그 효시라고 한다.

그러나 일제강점기인 1914년에는 남녀를 따로 구분해서 부르기 시작했다. 일제(日帝)가 '간호부 규칙'을 반포하며 여성은 간호부(看護婦), 남성은 간호사(看護士)로 성별 표현을 따로 나눈 것이다. 이 호칭은 광복(光復) 한 해 전인 1944년 '조선의료령'을 반포할 때도 변함이 없었다. 하지만 1951년, 그 호칭은 우리 정부에 의해 다시 '看護員'으로 되돌아간다.

그러다가 1987년에는 선생(스승)을 뜻하는 '師(사)'자가 뒤

에 붙으면서 지금의 '간호사(看護師)'로 굳어지게 된다. 간호사의 호칭에 대한 논의는 1970년대부터 시작됐고, 1980년 '제2회 국제간호학술대회' 때부터 본격적으로 거론됐으며, 1987년 의료법 개정을 통해 새로운 호칭으로 자리를 잡게 된다.

'언어는 생물'이란 말이 있다. 어떤 낱말을 자꾸 써 버릇하면 굳어지기 마련이란 것이 그 첫째 이유로 본다. 둘째로, 하나의 낱말을 멀리하다 보면 의미마저 바래지기 쉽다. 따라서 호칭의 변화는 시대상의 변화와 늘 맞물리기 마련이다. 배려와 존중, 인격적 예우가 흠씬 묻어나는 정겨운 호칭을 기대해 본다.

진정한 성탄절 | 2022.12.18.

크리스마스트리 점등식이 서울 종로구 조계사 일주문 앞에서 열렸다. 성탄전야를 열흘 앞둔 지난 14일 오후의 일이었다. 이 자리에는 대한불교조계종 총무원장 진우 스님과 한국천주교주교회의 김희중 대주교, 한국기독교교회협의회(NCCK)의 이홍정 총무(목사)가 어깨를 나란히 했다. '종교 간 이해와 존중'이 구현되는 자리이기도 했다.

"사랑과 평화를 전하러 오신 아기 예수님의 탄생을 축하합니다. 종교가 다름에도 오늘 이 자리를 만들어 축하하는 것은 예수님과 부처님의 가르침이 다르지 않기 때문입니다."

X-트리 점등식에서 진우 스님이 띄운 성탄 축하 메시지였다. '조계사 어린이 합창단'은 캐럴 합창으로 성탄 분위기 조성에 일조했다. 조계종은 '마음이 열려 있다.'는 평을 듣는 한국 불교계의 대표종단이다. 조계종이 점등식을 가진 것은 2010년부터였고, 지난 2년간은 별도 행사는 열지 않았다. 코로나19 대유행 때문이었을 뿐 인위적 취소는 아니었다. 그래서인지 불교와 천주교(가톨릭)는 형제처럼 느껴진다는 말을 자주 듣는다.

그러나 천주교처럼 기독(예수 그리스도) 신앙을 지키면서도 마음의 문을 열지 않는 보수(원리주의) 성향의 개신교 종단들은 종교 간 대화를 거부하면서 천주교마저 이단(異端)으로 몰아붙이는 경향이 있다. 성경에서 금기시하는 우상(偶像) 숭배가 그 이유이지 싶다. 다만 개신교에 속하면서도 사회참여에 적극적인 진보 성향의 NCCK만은 결을 달리하는 느낌이다.

NCCK는 불교와의 교유(交遊)도 흔쾌히 받아들이려고 애쓴다. 천주교는 이보다 한발 앞서가는 느낌을 준다. 지난해 4월, 천주교 부산교구 울산대리구를 책임지고 있는 김영규 안셀모 대리구장 신부가 양산 통도사 방장인 성파 스님(현 조계종 15대 종정)을 만나 허물없이 대화한 것도 그런 흐름과 맥을 같이 한다. 비구니(比丘尼)와 수녀(修女)가 거리낌 없이 만나는 것도 그런 배경 덕분일 것이다.

"예수님의 탄생은 이태원 참사와 자연재해로 인한 억울한 죽음, 그리고 이것들이 남긴 깊은 상처를 치유하고 회복하는 정의의 소식입니다." 조계사 일주문 앞 X-트리 점등식 이틀 뒤인 지난 16일, NCCK가 성탄절 메시지를 발표했다. 강연홍 회장과 이홍정 총무 명의의 메시지에서 NCCK는 "절망 속에서 희망을 믿고 나누는 견고한 신앙의 삶을 살아갑시다."라고 당부했다.

로마 가톨릭 교황청이 성탄 메시지를 발표한 것은 지난 14일(현지 시간)이었다. 프란치스코 교황은 바오로 6세 홀에서 열린 수요 일반 알현에서 "올해 크리스마스는 소박하게 보내자."면서 "크리스마스 선물 살 돈을 아껴서 고통받는 우크라이나 국민을 돕자."고 호소하기도 했다.

한국 기독교 최대 연합기관인 한국교회총연합(한교총)도 18일 성탄 메시지 발표 대열에 합류했다. 이영훈 대표회장은 이날 여의도순복음교회 목사 명의의 메시지에서 "예수님의 탄생은 겸손과 평화, 회복과 희망의 의미를 담고 있다."며 "자기를 낮추시고 섬기는 종의 모습으로 오신 예수님의 겸손이야말로 오늘 우리 사회에 꼭 필요한 모습."이라고 강조했다. "저출산, 고령화, 빈부격차, 노사갈등, 여야의 극한 대립, 경제 침체, 전쟁, 기근, 이상기후 등 끊임없이 절망적인 이야기만 가득한 세상에서 예수님을 마음에 모시고 희망을 말하자."는 말도 덧붙였다.

그러나 아직도 대구시 북구 대현동에서는 찬바람이 잦아들 기미가 보이지 않고 있다. 이슬람사원 신축을 둘러싼 갈등이 2년째 이어지고 있기 때문이다. 지난 14일에는 돼지고기 바비큐 파티를 열겠다는 현수막이 내걸리기도 했다. 이슬람 문명권에서 돼지고기는 죄악의 상징인데도 그랬다.

"하늘에선 영광, 땅에서는 평화"라는 진정한 성탄 메시지가 온 누리에 울려 퍼지기를 기도드린다.

'눈 뜨고 코 베이징' | 2022.02.13.

중국인의 치기(稚氣) 어린 애국주의가 갖가지 찝찝한 화제를 뿌려대고 있다. 대표적인 것이 '2022 베이징 동계올림픽'을 '눈 뜨고 코 베인다'는 속담에 빗댄 '눈 뜨고 코 베이징 2022'란 표현이다. 뒤질세라 '눈 뜨고 코 베이징 상(賞)'이 뒤를 잇기도 했다. "그냥 중국이 메달 모두 가져가라고 하자."는 말의 속뜻과 다르지 않을 것이다.

중화인민공화국(中國)의 인구는 2021년 기준, 약 14억 1천만 명으로 그야말로 세계 제일이다. 그래서일까. 스피드스케이팅 남자 500m 은메달리스트 차민규(28, 의정부시청) 선수에 대해선 무려 1억이 넘는 중국 누리꾼들이 비아냥 댓글을 달았다니, 평소 즐기던 배간 맛이 싹 가시는 느낌이다.

그뿐이 아니다. 중국 포털사이트 <바이두>는 13일 '샤오지'라는 스포츠 관계자의 글을 인용해서 재미를 보았다. 샤오지는 차민규 선수의 행동이 4년 전 평창 대회 때 남자 쇼트트랙 5000m 계주에서 동메달을 딴 캐나다 선수들이 시상대에 오르기 전에 단체로 하던(시상대를 쓸어내던) 장면을 떠올린다고 비꼰 것이다. 당시 캐나다 선수들의 행동은 다른 종목의 자국 선수가 당한 판정 오류에 항의했다는 추측을 낳기도 했다.

샤오지는 또 차 선수가 국제올림픽위원회(IOC)의 최신 규정을 어겨 처벌받을 가능성이 높고, 은메달을 박탈당할 수도 있다는 주장도 폈다. 시상식에서 선수가 항의하는 것을 IOC가 새로운 규정을 통해 금지했다는 게 그의 주장이었다. 샤오지가 한 주장의 사실 여부를 아직은 알 수 없다. 그러나 중국인의 지나친 텃세만은 확실해 보인다. 어쩌면 이 텃세도 시진핑을 우상화하려는 중국 정부의 노림수인지도 모른다. 자국민의 콧대를 높여서 손해 볼 건 없으니까 말이다.

한편, 중국 인터넷 매체인 '소후닷컴'은 12일 "경기 후 시상식에서 차민규 선수는 시상대를 손바닥으로 쓸면서 불편한 심기를 드러냈다."고 꼬집었다. 그러자 중국 누리꾼들은 웨이보에 "자신의 무덤을 닦는 것이냐.", "판정을 받아들일 수 없으면 메달을 반납하고 돌아가라.", "심판 탓 말고 실력을 탓하라."는 식의 글을 수도 없이 올렸다.

하지만 우리 쪽에서 빈틈을 보인 일은 없었는지 돌이켜볼 필요는 있다. 차민규 선수 사태만 해도 논란의 여지가 없지 않았기 때문이다. 차 선수는 메달 수여식에서 이름이 불리자 잠시 허리를 숙여 단상을 손으로 쓸어낸 뒤 시상대에 올랐던 것으로 알고 있다. 남자 쇼트트랙 1000m 준결승에서 황대헌, 이준서 선수가 나란히 실격 판정을 받은 이후 꼬투리 잡기에 혈안이 된 중국 누리꾼들에게 먼저 빌미를 제공하지는 않았는지 되돌아보자는 얘기다.

중국 선수를 편들고 싶어 했던 일부 국제 심판들의 어이없는 편파 판정을 생각하면 지금도 분통이 터진다. 지난 며칠간 여자 500m 준준결승부터 남자 1000m 준준결승까지 비디오판독을 거쳐 비중국인 선수들에게 페널티를 매긴 횟수가 얼마나 많았던가. 그 바람에 실력파 외국 선수들이 줄줄이 불이익을 당하고 그 반사이익을 중국 선수들이 챙겨간 사실을 생각해 보라. 그리고 쇼트트랙의 특정 구간에서 자주 미끄러지도록 빙질(氷質)을 허술하게 관리한 것도 '의도된 꼼수'는 아니었는지 의문이 간다. 오죽하면 '중국판 오징어 게임'이란 비판이 나왔겠는가.

고양이한테 생선을 맡기는 격이라는 지적도 있었다. 그래도 IOC는 이참에 중국 스포츠 당국의 '국제심판 매수 의혹'도 가려내야 한다는 지구촌 일각의 주장에 귀 기울일 필요가 있다. 문득 머릿속에서 '재주는 곰이 피우고 돈은 △△이 번다.'는 우리네 속담이 떠오르는 것은 무슨 까닭일까.

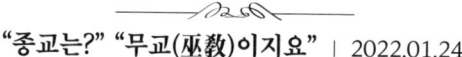
"종교는?" "무교(巫敎)이지요" | 2022.01.24.

20분 남짓한 길을 걸어서 출퇴근하는 날엔 눈을 감아도 아른거리는 환상 같은 것이 있다. 골목마다 즐비한 특수 업종의 간판들이 그것이다. 밀집도에 따라 다닥다닥 붙은 곳도 있고 일고여덟 집을 건너뛴 곳도 있다.

옛날엔 간판 옆에 대나무 가지를 내거는 게 보통이었다. 하지만 요즘은 세태의 변화 탓인지 반드시 그렇지만도 않다. 태극기를 내걸거나 흰색·붉은색·초록빛 깃발을 줄줄이 매달거나 문 앞에 대나무 화분을 내놓기도 한다. 흥미로운 것은 간판의 글귀들이다. '사주'가 전문이라는 <영혼 치유사>는 그런대로 애교 만점이다. 하지만 어떤 표현은 섬뜩한 느낌을 줄 때도 있다. <작두▽▽>이 대표적이다.

한번은 갑자기 장난기가 발동했다. 간판 이름의 특징과 공통점을 찾고 싶어서 그랬다.

휴대전화 카메라로 보이는 대로 찍었다. 그러기를 이틀이나 되풀이했으나 어느 순간 맥이 탁 풀렸다. 바둑판처럼 네모 정연한 골목길이었지만 간판 숫자가 너무 많아서 도무지 더 훑어볼 엄두가 나지 않았기 때문이다.

곳간을 열어 본 것은 최근의 일이다. 살펴보니 ~선녀, ~보살, ~장군, ~동자가 유난히 많았다. ~천황, ~대신, ~도령, ~도인, ~도사, ~명도도 있었다. ○○천황, △△장군을 동시에 모시는 집도 있었다. ~암, ~당도 심심찮게 눈에 띄었고 ~정사라는 표현도 더러 섞여 있었다. 다른 종파인데도 '대한불교 조계종'을 팔면서 궁합·택일을 봐준다는 위장 사례도 간간이 찾을 수 있었다. 불교계에서 두루 쓰이는 '卍(만)'자나 태극 문양도 빠지면 섭섭할 것 같은 느낌이 들었다.

어찌 이리도 많은 걸까. 때로는 토속, 민속이란 이름으로 무속(巫俗)이 성행하는 이 현실은 도대체 무얼 의미하는 것일까?

성직자가 인도하는 '고등종교'에서 위안을 얻지 못하기 때문은 아닐까? 특수 업종의 간판들이, 그것도 대형 교회를 에워싸듯 존재감을 과시하는 이 현실은 무슨 말로 풀이할 수 있을 것인가? 그래 놓고도 '혹세무민' 운운하며 일방적으로 몰아세울 수가 있을까? 온갖 의문부호가 내 사유의 공간을 바이러스처럼 파고드는 느낌이었다.

고민 끝에 어느 지인에게 속내를 털어놓았다. 독실한 기독교 신자인 그도 섣불리 답하기를 꺼리는 눈치였다. '역술', '점성술'이니 '철학'이니 하는 용어들의 뜻풀이는 물론 '굿'이니 '세습무'니 '강신무'니 하는 말의 개념 정리도 혼란스럽기는 마찬가지였다.

하지만 전혀 무의미한 문답 교환은 아니었다. 무속 신앙의 숭배 대상에는 중국 도교에 뿌리를 둔 신선(신선 사상)이 있다는 말이며, 일본의 신도와 우리네 무속 신앙이 근본적으로 다를 바 없다는 주장도 자양분으로 삼을 만하다고 느꼈기 때문이다. 너털웃음을 웃던 지인이 우스갯소리를 한마디 던졌다.

"어떤 이에게 가진 종교를 물었더니 '무교'라고 답하더랍니다. '무교(無敎)'가 아니라 '무교(巫敎)'라고 말입니다."

문득 대학생 때 집필 의뢰 차 만난 적이 있는, 현재 구순을 바라보는 전위예술가 무세중(巫世中) 선생이 떠올랐다. 그때 선생은, 당신의 본디 성이 '김(金)'이었으나 당신 나름의 예술혼을 불사르기 위해 '무(巫)'로 바꾸었다고 말씀하던 기억이 지금도 생생하다.

대선이 겨우 40여 일밖에 남지 않았는데 정치권은 바람 잘 날이 없다. 바로 그 '무(巫)' 때문이라는 소리도 들린다. 한쪽 진영은 공격하기에 바쁘고 다른 쪽 진영은 수비하기에 바쁘다. 그러나 표심에 미치는 영향을 어느 한쪽은 잘못 판단하고 있으니 선거 전략을 과감히 바꾸라는 조언이라도 해주고 싶다.

　"교회 다니는 사람도 점집을 찾는다던데…."

　누군가가 귀띔한 것처럼 '무(巫)'를 숭상하는 인간군상이 의외로 많아 보이기 때문에 더욱 그러하다.

'월월정(月月亭)' 유감 | 2021.11.28.

　"허허 이 사람, 같이 못 놀겠네."

　근자에 올라온 글(2021.11.26. 사설)을 봤다는 '명 회장'이 파안대소하며 보인 반응이다. 이른바 '견식문화(犬食文化)' 문제를 세상 밖으로 끌어내 공론화할 때가 됐다는 주장의 글이었다.

　솔직히 말해 그럴 때도 됐다. 일부 사시(斜視)형 서구인이 보기에는 야만스럽기 짝이 없을 수도 있는 K-전통문화의 한 조각을 끄집어내 모질게 두들겨 패든지 따뜻이 감싸안든지 그 뒤끝은 여론배심원의 판정에 맡기면 될 일이다. 그런데도 이 문제는 여태 해결의 실마리조차 보이지 않는다. 내로라하는 호사가들의 입방아에 오른 지 30년이 넘었을 텐데도 입술에 테이프

라도 감았는지 아직 누구 하나 입도 벙긋 못하는 판이다. 어느 재담꾼의 농담처럼 돌아가는 판이 '도그 테이블(dog table)' 같아서인지도 모른다.

한번은 이따금 출퇴근 길에 마주치는 어느 음식점의 간판을 사진으로 찍어서 꾼들의 대화방 한쪽 구석에 올렸다. 한데 결과는 너무 싱거웠다. 1분도 채 안 돼 정답을 말한 사람이 나온 것이다. 사설에서도 슬쩍 인용했던 <月月亭(월월정)>이란 이름의 간판이었다. 도대체 뭘 보고 금방 알아맞혔을까? 풀이는 두 가지로 좁혀졌다.

나중에 시야를 좁혀 보아서 안 일이지만, 하나는 첫 '月'자 바로 위에 그려진 작은 동물 그림이 요샛말로 '꿀팁'이었다. 다른 하나는 '월·월'을 의성어(擬聲語)로 넘겨짚으면 즉시 풀릴 일이었다. 요새 젊은이들이야 처음 듣는 소리일지 몰라도 오륙십 대 이상의 장·노년층이라면 이내 고개가 끄덕여질 일이다. '월~월~'은 바로 그 집짐승을 뜻하는 의성어였다. 그 녀석을 부를 때 내는 소리가 그래서 '워~리, 워리'가 아니었던가.

그 녀석의 이름은 관심만큼이나 가짓수도 많은 편이었다. 한번 생각나는 대로 적어보자. 멍멍이, '도꾸(←dog)', 강아지, 황구(黃狗), 누렁이, 우리 집 똘똘이…. 모두 견공(犬公)을 일컫는 낱말들이다. 하지만 순우리말 '개'는 언젠가는 '애견(愛犬)', '애완견(愛玩犬)'이란 낱말처럼 '금기어(禁忌語) 목록'에 등재될지도 모를 일이다. '반려견(伴侶犬)', '반려동물(伴侶動物)'이란 표현이 워낙 대세를 이루고 있으니까 말이다.

이 집짐승의 고기('개고기')를 식재료로 삼는 음식 이름이 몇 가지는 족히 되지 싶다. 개장국, 보신탕(補身湯), 지양탕(地羊湯) 따위가 그것이다. 북한이나 중국 조선족 사회에선 '단고기'로도 통한다. 그런데 흥미로운 것은, 농촌진흥청에서 이 음식을 '전통향토음식'으로 분류해서 그 재료와 조리 방법을 데이터베이스(DB)화해놓은 사실이다.

"1) 끓는 물에 개고기를 살짝 삶아 내고 국물은 버린다. 2) 냄비에 개고기를 넣고 물을 부어 살과 뼈가 분리될 때까지 푹 삶는다. …"

무려 아홉 가지나 되는 조리 순서 뒤끝에는 '참고 사항'도 있었다.

"먹을 때 기호에 맞게 깻잎, 고추, 들깻가루를 넣는다."

하 수상한 시절에 배짱 하나 두둑하구나 싶었는데, 그게 아니었다. 예측은 보기 좋게 빗나갔다. <리얼미터>가 지난 11월 2일 전국 만 18세 이상 500명을 대상으로 '개고기 식용 금지 법제화'에 대한 뜻을 물은 결과가 그랬다. 응답자의 48.9%가 '개고기 식용 금지'를 반대했고 '찬성한다', '잘 모르겠다'는 38.6%, 12.6%에 그쳤다.

아무튼 정부는 11월 25일 국무총리 주재로 '국정 현안 점검·조정회의'를 열고 결론을 내렸다. '개 식용 문제 논의 위원회'를 새로 만들기로 한 것이다. 이에 따라 위원회는 업계의 실태를 꼼꼼하게 조사하는 한편 내년 4월까지 가동할 사회적 논의 기구를 따로 만들기로 했다. 앞으로 '멍 회장'과 같이 놀 수 있을지 말지는 두고 봐야 알 것 같다.

흰 소와 칡소, 그리고 흑우 | 2021.01.10.

신축년(辛丑年) 새해를 '흰 소(白牛)의 해'라고 부른다. 유통업계에서는 벌써 장삿술(商術)을 발휘하느라 안달이 나 있다. '흰 소'의 좋은 이미지를 마케팅 전략에 활용하려고 애쓰고 있는 것이다. 신제품 '화이트 카우 케이크' 7종을 이미 출시한 '신세계푸드'가 선두 주자로 꼽힌다.

'흰 소의 좋은 이미지'는 엄밀히 따져 흰 소 특유의 것이 아닌, 소의 일반적 특성이다. 우직함과 근면함, '신성한 기운', '풍요로운 삶' 따위가 그것이다. 축산 전문가에 따르면 흰 소는 돌연변이종이다. 동물 세계에서 이따금 나타나는 '알비노(albino·白色症) 현상'의 하나라는 것이다. (알비노 현상은 멜라닌 색소를 만들지 못해 피부나 모발이 하얗게 변하는 열성 유전병을 말한다.)

흰 소는 그래도 토종 한우에 속하는 우리네 고유종이다. 황소(黃牛)와 칡소, 흑우(黑牛=검은 소)도 마찬가지다. 그리고 일본에는 그들이 자랑하는 '와규(和牛)'란 개량종이 따로 있다. 윤주용 농학박사에 따르면, 우리의 국권을 가로챈 일제(日帝)는 강점기에 조선에서는 황소만 기르게 하고 일본에서는 '와

규' 사육을 장려하는 차별 정책을 썼다. 1938년 일제가 '일본 소는 흑색, 한국소는 적갈색을 표준으로 한다.'는 한우표준법을 제정했다. 지금도 '검정소' 하면 일본의 와규를 떠올리는 이가 많은 것도 그 때문이다.

그 후유증이 나타났다. 칡소와 흑우, 그리고 흰 소가 도태의 내리막길을 걷기 시작한 것이다. 조선 시대 기록에도 나와 있던 이 토종 한우들은 한동안 '멸종위기 희소 한우' 신세에서 벗어나지 못했다.

여기서 잠시 한우 품종의 하나인 '칡소'에 주목해 보자. 칡덩굴같이 짙은 갈색과 검은색 무늬를 가졌다 해서 이름이 붙여진 '칡소'는 다름 아닌 '얼룩소'의 딴 이름이다. "송아지, 송아지, 얼룩송아지~"로 시작되는 <얼룩송아지>(손대업 작곡)는 1948년 국정 음악 교과서 1학년용에 처음 실린 곡으로, '칡소'를 노래했다는 것이 윤 박사의 귀띔이다. 어디 그뿐인가. 시인 정지용이 1920년에 지은 시 <향수>에 나오는 '해설피 금빛 울음을 우는 얼룩배기 황소'도 실은 '칡소' 그것이 아니던가.

'흰 소의 해' 벽두부터 반가운 소식들이 들려온다. '멸종위기 희소 한우'들의 잇단 복원 소식이다. 10년 전부터 복원 노력이 이어져 온 칡소의 경우 약 한 달 전 송아지 5마리가 새로 태어나 증식(增殖)에 힘을 실어주고 있다. 한 언론매체는 "속눈썹도 새하얀, 멸종위기 '백우'가 돌아왔다!"는 제목을 달기도 했다.

'임금님 진상품'이었다는 '제주 흑우'도 요즘 복원 노력이 한창이다. 2015년 12월, 제주대학교에 '제주흑우연구센터'가 설립된 것이 결정적 계기였고, 현재 제주도 내 90여 농가에서 1천여 마리를 사육하는 중이다. 흰 소의 해를 맞아 농촌진흥청이 흰 소 증식에 나섰다는 소식도 더없이 밝은 뉴스다. 개체 수가 적은 흰 소를 집중적으로 증식한 뒤, 칡소와 흑우 등 다른 품종의 증식 범위도 차츰 넓혀간다는 것이다.

한 가지 곁들일 애깃거리도 있다. 1954년, 서양화가 이중섭이 소를 소재로 그린 유화의 제목도 '흰 소(White Bull)'였고, 현재 홍익대 박물관에 소장돼 있다. 평소 소를 좋아했던 이중섭은 가끔 우직하고 성실한 소를 한국인의 성격에 빗대어 그렸다. 흰 소는 백의민족이었던 한국을 의미하고, 말라서 피골이 상접한 모습은 6·25 직후 먹고살기 힘들었던 당시의 상황을 표현했다는 풀이도 있다.

전통적으로 '흰 소'는 '신성한 기운을 가진 소'로 여겨져 왔다. 그 신성함의 복원 능력이 흰 소의 해를 맞아 배가된다면 어떻겠는가. 코로나19도 능히 물리치게 되기를 기원한다.

결혼인턴제 유감 | 2020.09.06.

지난 주말, 우연히 KBS의 <황금연못>을 본 순간 놀랐다. 이른바 '결혼인턴제'란 프로그램이 가부장적 사고의 소유자들에게는 경악 그 자체였기 때문이다. 결론은 '반대 여론 우세'로 기울었지만 최근 새로운 결혼 풍속도를 보는 것 같아서 한동안 긴장의 끈을 늦출 수 없었다.

결혼에도 인턴 과정이 필요하다? 사전을 들여다보았다. '레지던트(resident)'와 함께 전공의(專攻醫)로 분류되는 '인턴(Intern)'의 정확한 뜻은 '전문의 자격을 취득하기 위해 임상 과목의 실무적 기술을 연습하려고 특정 수련병원에서 근무하는 면허를 가진 의사'였다. '결혼'과 '인턴'의 접목에 대한 이해를 도우려면 아무래도 약간의 의역(意譯)이 필요할 것 같았다. 고심 끝에 내놓은 뜻풀이는 '결혼 연습'. 하긴 <이별 연습>이란 노래도 있지 않았나.

덕분에 새로운 사실 몇 가지도 알게 됐다. '결혼인턴제'란 2017년 3월 4일부터 8월 27일까지 방영된 KBS 2TV의 주말 드라마인 <아버지가 이상해>에서 처음 선보인 용어라는 사실, 그리고 '결혼인턴제'라는 먼저 말을 만들어낸 사람들이 임의로 규정한 정의가 따로 있다는 사실까지.

한마디로 결혼인턴제란 '혼인신고 전에 규칙을 정해놓고 일정 기간 살아보면서 합의 기간 안에 서로가 적합한 배우자인지를 판단한 후에 지속 여부를 결정하는' 새로운 풍속이었다. 찬성론자들은 결혼인턴제가 서로의 성격을 파악할 수 있고 이른바 '속궁합'도 맞춰볼 수 있는 절호의 기회라는 점을 내세웠다.

그렇다면 오래전부터 있었던 '혼전동거(婚前同居)'와는 어떤 차이가 있을까? 그 답도 이미 나와 있었다. 한 출연자는 "혼전동거는 결혼식을 안 하고 서로 합의해서 동거하는 것이고,

결혼인턴제는 법적 부부와 혼전동거의 중간단계로 이해하면 된다."라고 말했다.

이 지론에 따르면 내외법(內外法)이니 남녀칠세부동석(男女七歲不同席)이니 하는 고리타분한 용어는 호랑이 담배 피우던 시절의 얘기에 지나지 않는다. 고령화사회로 접어든 우리나라에서 격세지감(隔世之感)을 느끼는 분도 적지 않을 것이다. 그러나 어쩌겠는가. '꼰대' 소리 안 들으려면 '눈감고 귀 막고 입 다물고' 참고 지내는 수밖에 달리 도리가 없지 않겠는가.

그러고 보니 결혼인턴제는 약 40년 전 유럽 여행 중에 처음 들었던 기억이 있다. 1970년대 후반 스위스를 여행할 무렵 한국인 가이드가 그쪽 동네의 놀라운 풍습을 천연덕스럽게 들려주던 기억이다.

현지 가이드에 따르면, 스위스 사람들은 만 20세 성년(成年)이 되면 부모 곁을 떠나 일정 기간 독립된 생활로 자립 의지를 길러야 하고 배필이 될 인생 파트너도 이 기간에 구해야 한다. 말하자면 '배필 구하기' 즉 '결혼인턴제'를 이 기간에 체험하게 된다는 것이다. 그런데 가이드의 끝말이 우리 일행을 한 번 더 놀라게 했다. 결혼식 청첩장을 결혼 인턴 과정에서 탈락한 복수의 혼전동거(premarital cohabitation) 대상들에게도 빠뜨리지 않고 보낸다는 것이었다.

이 시각에도 인터넷 바다에서는 '결혼인턴제'에 대한 다양한 지론이 파도를 타고 있을 것이다. "혼인신고는 하지 않는다고 해도 법적으론 사실혼(事實婚)에 해당하는 거죠.", "사실혼

관계라면 유일하게 재산분할 권리만 인정된다고 하네요.", "혼인신고를 하기 전에 배우자의 행동이 맘에 안 들면 협박용으로 이용하는 일도 많다고 해요."

쉬운 공공언어 | 2020.06.21.

지구촌을 쓰나미처럼 휩쓸고 있는 코로나19 사태는 인류에게 큰 재앙이다. 그렇다고 어두운 면만 있는 것은 아니다. 때론 산타클로스처럼 뜻밖의 선물을 선사하기도 한다. 외신은 스모그 현상이 사라진 베이징의 맑은 하늘을 사진으로 전송했고, 울산의 한 지인은 대마도가 다 보인다며 그 윤곽 사진을 찍어서 보여주기도 했다.

우리네 동요의 노랫말 '기찻길 옆 오막살이'를 연상시키는 뉴스가 외신을 탄 일도 있다. 다음은 '필리핀 코로나 베이비 21만여 명 출생 전망'이란 제목의 6월 21일 자 하노이발 연합뉴스의 내용이다.

"필리핀에서 코로나19 방역을 위한 봉쇄 기간에 의도하지 않은 임신으로 21만여 명이 태어날 것이라는 전망이 나왔다. … 후안 안토니오 페레스 필리핀 인구위원회 상임이사는 필리핀대학 인구연구소의 연구 결과를 인용해 … '여성 300만 명가량이 어떠한 가족계획 방법도 이용하지 않기 때문에 봉쇄 기간에 의도하지 않은 임신은 더 있을 것'이라고 말했다."

코로나19 사태는 낯선 외래어와 함께 '쉬운 우리말 대체어'를 간간이 소개하기도 했다. '쉬운 우리말'이라면 오랜 세월에 걸쳐 단연 KBS가 '타의 추종을 불허'했으나 지금은 한풀 꺾인 듯하다. 대신 그 틈새를 연합뉴스가 신경은 앵커를 앞세운 채 비집고 들어가려고 애쓰는 것으로 보인다. 이 매체가 <맛있는 우리말>이란 프로그램을 선보인다는 사실을 안 것은 최근의 일이다. 코로나19의 사생아들을 구경하는 재미란 알사탕 깨물 듯 제법 쏠쏠한 편이다.

신경은 앵커가 한번은 이런 말을 했다.

"정부와 언론이 쓰는 외국어 표현. 국민 10명 중 4명은 잘 모른다고 하는데요. 문화체육관광부에서는 이해하기 어려운 외래어를 쉬운 우리말로 바꾸는 사업을 진행하고 있습니다. KTV(국민방송) 대한뉴스에서는 매주 금요일, 쉬운 우리말 대체어를 알려드릴 예정인데요. 오늘 알려드릴 쉬운 우리말은 바로 '팬데믹'입니다."

최근 눈에거븐 외래어에는 코로나19 사태와 유관한 것들이 많다. 팬데믹(pandemic), 엔데믹(endemic), 언택트 서비스(untact service), 풀링 검사(pooling 검사)에다 세계를 깜짝 놀라게 한 드라이브 스루(drive-through/drive-thru)만 해도 처음에는 낯설기 짝이 없었다. 의료계에서 주로 쓰는 전문용어이다 보니 어쩔 수 없었을까. 아무리 그렇다 해도 국민 한 사람 한 사람이, 그것도 까막눈이조차, '알아야 면장이라도 하고', 알아야 생활 방역인가 뭔가에 끼어들 의욕이라도 생길 것이 아닌가.

그래도 낯선 기간을 줄이는 데는 국립국어원의 구실 못지않게 신문과 방송, 언론매체의 영향이 클 것이라고 믿는다. 여기서 잠깐, 신경은 앵커의 <알기 쉬운 우리말> 풀이를 일부나마 들여다보자. 화살표(→) 다음은 다듬은 표현 즉, 대체어(代替語)다. 팬데믹→ 세계적 유행, 엔데믹→ 감염병의 주기적 유행, 언택트 서비스→ 비대면(非對面) 서비스, 풀링 검사→ 취합 선별 검사…. 하지만 뒷맛이 찝찝하다. 이른바 황우도강탕(黃牛渡江蕩= 고기가 없는 고깃국을 이르는 말)이라도 대하듯 순우리말을 여간해서 찾아보기 힘든 탓이다. 그러다 보니 '쉬운 공공 언어'는 '그림의 떡' 같아만 보인다.

이른바 '공공 언어(公共言語)'란? 정부와 공공기관에서 사용하는 공공성을 띤 언어를 통틀어 이르는 말로 각종 공문서, 대중매체에서 사용하는 언어, 거리의 현수막이나 간판에 사용하는 언어, 계약서·약관·사용설명서, 교양서적에 사용하는 언어, 대중 상대 강의 때 사용하는 언어가 이에 해당한다.

'확찐자' | 2020.05.10.

어릴 적에 들어오던 말 중에 '아나 살찐아'라는 재미난 말이 있다. 여기서 '살찐이'는 고양이의 경상도 사투리이고, '아나 살찐아'는 잘 먹어서 통통하게 살이 찐 고양이에게 먹이를 주려고 부를 때 쓰던 말이다. 그러나 이 말의 대상이 사람으로 바뀌면 의미도 분위기도 달라진다. '분수에 맞지 않은 요구나 희망을 비웃을 때 내는 말'로 변하는 것이다.

'찌다'의 사전적 의미에는 '몸에 올라서 뚱뚱해지다.'란 뜻도 있다. 해방 후 '보릿고개'가 있었던 시절, 남정네의 뚱뚱한 배는 '똥배'가 아닌 '사장배'라 해서 부(富)의 상징이자 부러움의 대상이었다. 맛있고 기름진 음식을 포식한 덕분에 생긴 돈배(錢腹)로 인식된 탓이다. 하지만 요즘의 평가 기준은 사뭇 다르다. 운동 부족에서 기인한 복부비만, 그 이상도 이하도 아니기 때문이다. 어찌 됐건 '비만(肥滿, obesity)'이란 단어가 부정적으로 비치는 세태인 것만은 부인할 수 없다.

코로나19 사태가 낳은 유행어 가운데 하나가 '확진자(確診者)'란 말이다. 말 그대로 질환의 종류나 상태를 확실하게 진단받은 사람이란 뜻이다. 그러나 군살이 붙으면 졸지에 약 올리는 말, 모욕하는 말로 둔갑하고 만다. 바로 '확찐자'라는 신조어다. 정의하기 좋아하는 언론 종사자들은 이 낱말을 코로나19 사태로 집에 있는 시간이 늘면서 '살이 확 찐 사람'이라고 의미를 갖다 붙인다. 이쯤 되면 '집콕 사태' 그 이전부터 소위 '먹방'에 탐닉한 후유증으로, 살이 쪄서 비만 상태인 사람조차 '확찐자' 소리를 도매금으로 들어야 할 것 같다.

그런데 문제는 이 신조어가 여성을 표적으로 삼을 때 심각해지는 경향이 있다는 점이다. 실제로 그런 일이 충북 청주시청에서 벌어졌다. 다음은 충북일보의 5월 6일 자 기사다.

"청주시가 지난달 24일 성희롱고충심의위원회를 열어 부하 직원에게 '확찐자'라며 외모 비하 성격의 발언을 한 청주시청 팀장급 공무원 A 씨(6급)에 대해 '성희롱' 판단을 내렸다고 밝혔다."

이 사건은 3월 18일 오후 시장 비서실에서 일어났고, 계약직 여직원 B 씨가 "모욕을 당했다."며 직접 고소함으로써 알려지게 됐다. B 씨는 고소장에서 "평소 친분이 전혀 없는 A 씨가 여러 직원 앞에서 손가락으로 신체 부위를 찌르며 '확찐자가 여기 있네.'라고 모욕을 줬다."고 주장했다고 한다.

흥미로운 것은 경찰의 판단이다. 청주상당경찰서 관계자는 "'확찐자'라는 표현이 사회 통념상 경멸적 표현이라고 보기 어려워 모욕 혐의가 없다고 판단했다."면서 이 사건을 불기소 의견으로 검찰에 넘겼다고 밝혔다. 그러나 검찰이 어떤 결론을 내렸는지는 아직은 알려지지 않았다.

이 사건이 한동안 전국을 떠들썩하게 만들자 이번에는 그 틈새를 파고든 상혼(商魂)들이 있어서 관심을 끌었다. '체형연구소장'이란 분은 지난 5일 자신의 인터넷카페에 '확찐자에서 벗어날 수 있는 급(急) 다이어트 방법'을 소개했다. 그중에는 이런 조언도 있었다.

"식탁에 냄비를 통째로 가져다 놓고 음식을 먹지 마라.", "냉장고에 '할 수 있다.' 또는 '작년에 산 옷을 기억해라.'라는 등 동기부여가 되는 문장을 적어서 붙여놓도록 하자."

아무튼 지나친 비만은 코로나19 극복에 별로 도움이 안 되는 모양이다. 미국 노스캐롤라이나대학교 공중보건대학원 교수인 바리 팝킨 박사는 "과체중이나 비만은 코로나19에 대항하는 면역력을 감소시킨다."고 말했다. 또 지난해 미국의 한 연구팀은 "과체중인 사람에게는 백신 효과도 떨어진다."고 했다. '확찐자'의 설움을 곱씹게 하는 이 조언들이 코로나19 사태의 종식에 어떤 영향을 미칠지는 미지수다.

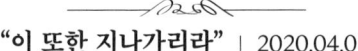

"이 또한 지나가리라" | 2020.04.05.

코로나19 사태 이후 자주 회자하는 말 가운데 영어로 "This, too, shall pass away."라는 표현이 있다. 우리말로 옮기면 "이 또한 지나가리라." 한데 그 유래를 두고 두 가지 이설이 있어 흥미롭다. 유대교의 <미드라시(Midrash=구전 율법이나 랍비의 설교를 모은 성경해석서)>에 나온다는 설과 고대 페르시아의 수피즘(Sufism=이슬람교의 신비주의 분파, 수피파) 시인의 시가 그 뿌리라는 설이 대표적이다.

전자를 철석같이 믿는 분들은 이 표현이 '유태인들이 즐겨 읽는 구절'이라고 확신에 차서 말한다. 유태인들이 나치 학살의 그 어려운 시기에도 견뎌낼 수 있었던 것은 이 관용구 덕분이었다고 살을 붙이기도 한다. 여하간 이 명언은 미국의 서정

시인 랜터 윌슨 스미스(Lanta Wilson Smith)의 시어에도 등장해 유명세를 키운다. 홍지수의 번역 시를 잠시 인용해 본다.

"걷잡을 수 없는 슬픔이 강물처럼 밀려와/ 평화로운 삶을 덮치고/ 가장 소중한 것들을 눈앞에서 휩쓸어가 버릴 때/ 시련을 겪는 순간마다 마음속으로 되뇌어라./ '이 또한 지나가리라.'…"

더욱 흥미로운 것은 목회자의 설교도 갈래를 달리한다는 점이다. 예수사랑교회의 정동수 담임목사는 지난해 8월 4일 주일 오후 예배에서 이런 말을 남겼다.

"'이 또한 지나가리라.'는 말이 성경에는 없지만, 유대인들이 보는 성경해석서(미드라시)에서 나온다."

그러나 혜천교회(담임목사 이규현) '목양 칼럼'(2017.07.29.) 필자의 견해는 또 달랐다.

"'이 또한 지나가리라.'는 관용어구가 있습니다. 세간에서 많이 인용되는 문구의 하나이고, 기독교인 중에는 이 말이 성경에 나오는 말이 아닐까 하는 생각을 할 수도 있습니다. 그러나 이와 똑같은 표현은 성경에 나오지 않습니다. … 필자가 가진 <미드라시> 번역본들을 찾아보니 '이 또한 지나가리라.'는 문구는 찾을 수 없었습니다. 혹자는 이 문구가 유대 랍비 전통에서 나온 말이 아니라 페르시아의 이슬람 전통에서 나온 말이라고도 합니다. 이 문구가 나타내는 메시지는 일희일비(一喜一悲)하지 말라는 것입니다. 내가 지금 얻은 성공과 영광, 환희가 영원할 것처럼 자랑하며 오만을 떨지 말고, 내가 지금 실패와

환난, 시련 가운데 처해 있다고 할지라도 고통으로 인해 절망하거나 포기하지 말라는 교훈입니다."

필자는 또 <미드라시>에 나온다는 세간의 말을 이렇게 소개했다.

"큰 전쟁에서 승리한 다윗 왕은 승리의 기쁨을 오랫동안 기억할 수 있게 반지를 만들도록 보석세공사에게 명령했습니다. 보석세공사는 반지를 만든 후 반지에 들어갈 글귀를 고민하다가 솔로몬 왕자에게 갔더니 그가 반지에 새기라고 한 말이 '이 또한 지나가리라.'였다는 것입니다."

다윗 왕 때 있었던 이야기라고 확신하는 천성성결교회 이선영 목사는 지난 1월 14일의 설교에서 이렇게 말했다.

"힘들고 어려울 때마다 '이 또한 지나가리라.'는 말을 자주 하시기 바랍니다. … 'This, too, shall pass away.'는 지금 좋은 것이나 지금 슬프고 힘든 것에 마음을 빼앗기지 말라는 말씀이지요. 좋은 것도 지나가는 것이고, 슬프고 아픈 것도 지나가기 마련이라는 것입니다."

명언의 유래야 어떻든, 그 말속의 참뜻을 새겨들으면 유익한 일이 아니겠는가. 코로나19 사태로 우리는 지금 한 번도 겪어보지 못한 시간을 경험하고 있다. 모든 것이 멈춰 선 시간. 그러나 우리는 믿는다. '이 또한 지나가리라.'는 것을….

왜색 짙은 응원 구호 '화이팅' | 2019.10.13.

아직도 우리 주변에는 일본말 잔재가 적지 않다. 어떤 분야는 일본식 용어를 안 쓰면 일이 안 될 것만 같은 느낌을 받는다.

몰라서 또는 바꿔 쓸 말이 없어서 그런다면 이해가 간다. 알 만한 한글 단체 어른들의 무책임이나 학자나 공무원들의 무관심, 무능 탓으로 돌리면 '면피' 정도는 될 터이니까.

지난 11일과 12일 오후 '중구 문화의 거리'를 한 바퀴 돌았다. "한글이 목숨"이라던 외솔 선생의 탄생 125돌을 기리고 한글의 우수성을 알리기 위해 나흘(10월 9~12일) 동안 열린 '울산 2019 한글문화예술제'의 분위기를 보고 싶어서였다. 태풍의 영향 탓인지 예년보다 썰렁한 분위기에 실망이 컸다. 게다가 놀라운 장면은 예술제 공연무대가 바로 코앞인 어느 식당의 차림표였다. 방어회 한 접시가 1만 9천900원임을 알리는 '방어 사시미 19.9'라는 쪽지였다. '2019 한글문화예술제' 포스터와 '한글날 특식' 간판도 얼굴을 화끈거리게 했다.

"오늘은 573돌을 맞은 한글날"로 시작된 종합유선방송 '티브로드(t-broad)'의 9일 자 보도 내용도 흥미롭기는 마찬가지였다. 주제어는 우리나라 사람이 가장 많이 쓰는 응원 구호 '파이팅'이었다. "씨름장에서도 '파이팅!', 복싱장에서도 '파이팅!' 그러나 이 말은 일본 군인들의 출진(出陣) 구호인 '화이또'에서 유래한 왜색 표현입니다." 티브로드 기자는 한국체육기자연맹이 지난해 마련한 '스포츠 용어 바로잡기 포럼'에서 우리말로 다듬어야 할 왜색(倭色) 짙은 표현이나 외래어에 '파이팅'이 들어간다는 사실도 같이 알렸다.

연맹은 '파이팅'을 '아자'로, '계주'는 '이어달리기'로, '시합'은 '경기'로, '전지훈련'은 '현지훈련'으로 바꾸어 쓰자고 제안한 바 있다.

'파이팅(fighting)'은 이제 울산 바닥에서도 익은말이 됐다. 단체 사진이라도 찍는 사람은 으레 이 말을 꺼내며 한 손을 치켜들라고 주문하는 게 예사였다. 요즘은 엄지와 검지로 '사랑(Love)' 표시를 요구하는 게 대세지만…. 여하튼 '파이팅'은 곁가지도 두어 개나 생겼다. 'f'가 'h'로 둔갑한 '화이팅' 혹은 사투리식의 '하이팅'이 그것이다.

사실 '파이팅'에 대한 지적은 이번이 처음은 아니다. 다른 이유로 도마 위에 오른 적도 있었다. 영어 본딧말 '파이트(fight)'의 말뜻이 '화합'이나 '단결'이 아닌 '투쟁'을 부추기는 것이어서 국민 정서 순화에 별 도움이 안 된다는 것이 그 이유였다. 대한민국이 참가하는 국가대항전을 보러 외국 경기장까지 가서 '파이팅'이란 구호를 '떼창'하듯이 외친다면 현지 외국인들은 과연 어떤 기분이 들겠는지, 한 번쯤 생각이라도 해보자.

앞서 티브로드 기자는 '파이팅'의 뿌리가 일본어 '화이토(ファイト)'라고 했다. 틀린 말은 아닌 것 같다. 우리 한국말과는 달리 태생적 한계가 있는 일본말의 발음과 이에 길들여진 일본인들의 짧은 혀로는 '화이토'라는 발음밖에 낼 수가 없지 않은

가. 우리 국민의 대표적 응원 구호처럼 굳어버린 '파이팅(혹은 '화이팅', '하이팅')'이란 말을 어떻게 하면 아름다운 순우리말로 바꿀 수 있을까. 한국체육기자연맹이 내놓은 '아자'도 그중 하나일 수 있겠다.

일본어 '화이또'에서 곁뿌리를 내린 왜색 짙고 전투적인 응원 구호 '파이팅'을 이 땅에서 추방할 때가 된 것이 아닐까. 이 보람 있는 일을 체육계에만 맡길 것이 아니라 온 국민이 머리를 맞대고 같이 고민했으면 하는 바람, 간절하다. 이 운동을 울산 시민들이 극일(克日) 운동 차원에서 펼친다면 더없이 좋지 않겠는가.

호쾌대활(好快大活) | 2019.07.14.

지난 주말 '호국사찰' 신흥사(新興寺, 북구 대안4길 280)를 지인과 함께 방문했다. 일 년 만에 다시 찾은 이 사찰은 임진왜란 당시(1592년 5월) 승군(僧軍) 100명이 기박산성 의병들과 힘을 합쳐 왜적을 물리쳤다는 이야기로 유명하다. 지난 14일 정재숙 문화재청장이 이곳을 다녀간 것도 바로 그런 뒷이야기 때문이었다.

일 년 전보다 몰라보게 달라진 것이 있었다. 사찰 안내판의 내용이었다. 안내판은 이 사찰의 창건주와 창건 시기, 임진왜란 당시 승군의 활약상('제월당실기'의 기록에 따른), 재건과

두 차례의 중창 시기를 간략하게 전해주었다. 특히 이 사찰의 옛 대웅전(응진전)이 울산시 문화재자료 9호로, 대웅전 단청 반자가 울산시 유형문화재 36호로, 대웅전 아미타 삼존불이 울산시 유형문화재 39호로 지정된 사실도 같이 적어놓았다.

방문객들은 석운(碩雲) 주지 스님의 불사(佛事)가 끝날 때까지 손님맞이 방에서 잠시 기다렸다. 시선이 벽으로 행했다. '珊瑚碧樹(산호벽수)'란 액자 속의 한문 탁본이 시야에 잡혔다. 자세히 들여다보니 액자 아래에 '추사 김정희 작품'이란 설명이 "바다 산호와 푸른 숲처럼 크게 번성한다."는 뜻풀이와 함께 적혀 있었다.

불사를 끝내고 입실한 스님과 대면인사를 마치기 무섭게 말머리는 액자 이야기로 돌려졌다. 스님이 말씀으로 화답했다.

"큰절(本寺=통도사·通度寺), 영배 스님 밑에서 기획국장 지낼 때 자주 보아온 글씨지요. 큰절에는 추사(秋史) 작품이 제법 많은데 완숙미가 돋보이는 말년의 작품들입니다. 다른 사찰의 추사 작품 대부분이 제주도 유배 전후에 쓰인 것과는 차이가 나지요."

이번에는 시선이 식탁형 다탁(茶卓)으로 향했다. 글씨 탁본 두어 점이 더 눈에 띄었다. '노송무영(老松無影=오래된 소나무는 그림자가 없다)'과 '호쾌대활(好快大活)'이란 글이었다. 두 작품에는 '阮堂(완당)'이란 호가 선명했다. 영락없는 김정희(金正喜) 작품이었다. 석운 스님의 말마따나 신흥사의 본사(本寺=통도사)와 말사(末寺)에는 추사 작품이 편액(扁額) 형태로 비교적 많이 남아있는 것으로 알려져 있다.

통도사에는 '산호벽수' 말고도 '탑광실(塔光室)', '노곡소축(老谷小築)', '일로향각(一爐香閣)'이란 글씨가 남아있고, 말사인 극락암에는 '호쾌대활'과 '무량수각(無量壽閣)', 사명암에는 '대몽각(大夢覺)'과 '일화오엽루(一花五葉樓)'가 지금도 내방객들의 시선을 사로잡을 거라고 했다. 석운 스님이 한마디 덧붙였다.

"추사는 통도사 스님들과도 교분이 깊었던 것으로 보입니다."

대화 도중 흥미로운 사실을 한 가지 더 알게 됐다. 석운 스님이 '好快大活'이란 탁본 글씨를 송철호 시장에게 선물한 사실이다.

"5월 18일, 시장님 일행 30여 명이 산행을 다녀오는 길에 이곳을 찾았는데 제가 방문 기념으로 그 글씨를 시장님께 드렸지요."

탁본 글씨 하단에 적힌 글의 뜻풀이는 '호쾌하게 웃어 크게 살아남'이라고 했다. 사실 송 시장은 평소에도 웃음이 많다. 한 번은 필자에게 이렇게 말했다.

"실컷 웃다가도 경기(驚氣)를 느낄 때가 종종 있답니다. '웃음 경기'라고나 할까."

순수한 웃음인데도 오해 사는 일이 적지 않다는 얘기였다. 신흥사 석운 스님 얘기도 꺼냈다.

"글 뜻이 너무 맘에 들어 집에 걸어두고 있습니다. '호쾌하게 웃으면 큰일도 해낸다.'는 뜻 아니겠습니까?"

시장은 얼마 전 지역신문에 실린 독자 기고문 '송 시장의 미소'를 접하고는 파안대소한 적이 있었다. 그러다가 수소문 끝에 글쓴이가 중구 북정동에 사시는 팔순 어르신이란 사실을 알고는 정중히 예의를 차렸다고 귀띔했다.

추사의 숨소리가 금방이라도 들릴 것 같은 통도사 극락암. 언젠가는 꼭 한 번 가봐야 하는 생각을 추스르며 대가(大家)의 속뜻 깊은 글씨를 마지막으로 소환해 보았다. 好·快·大·活!

"여자도 놀 줄 안다" | 2019.07.07.

얼마 전 울주군 G 초등학교 부근 지인의 갤러리를 둘러보고 나오는 길에 귀가 번쩍 뜨이는 얘기를 듣게 되었다.

"남녀칠세부동석인데 스킨십은 와 하노?"

물론 이 말의 주인공이 농담 삼아 한 말이었겠으나 그 여운은 오래 갔다. '男女七歲不同席'이라면 일곱 살만 되면 남녀가 한자리에 같이 앉아서는 안 된다는 유교의 옛 가르침 아니던가.

며칠 뒤 우연히 울산시청 1층 로비를 지나가게 되었다. 눈길을 끈 것은 게시판에 다닥다닥 붙어있는 오색 포스트잇(붙일 수 있게 만든 메모지)이었다. 알고 보니 '양성평등(兩性平等)주간'을 맞아 울산여성의전화가 7월 1일부터 마련한 <양성평등 찰칵展>이란 전시회였다. 재(齋)보다 잿밥이라고 정작 시선을 앗아간 것은 이른바 찰칵展(사진전)이 아닌 포스트잇展이었다.

'남녀칠세부동석'을 흠씬 패 줄 것 같은 여성들의 아우성(?)이 한가득 차 있었다.

'미디어' 쪽 요구는 익히 듣던 얘기가 대부분이었다.

"너무 폭력적·상업적인데, 청소년들도 보고 있어요."

"성(性) 상품화 OUT!"

"남녀 차별 STOP!"

"여성의 매력을 꼭 어필해야만 광고가 살아나나요?"

"사람 얼굴을 소주병 광고 모델로 쓰지 마세요. 특히 여자 연예인."

"예쁘고 날씬한 사람만 대접받는 세상, 싫어요."

'교육' 쪽은 글쓴이의 내면을 훔쳐보는 재미가 쏠쏠했다.

"바지 교복, 입고 싶어요."

"여학생 여름 교복, 치마를 반바지로!"

"남자 교복은 반바지로!"

"성폭력 예방 교육, 자주 시켜주세요."

이런 재미난 욕구도 들어 있었다.

"여학생도 쩍 벌리고 앉고 싶어."

'명절' 란은 진솔한 하소연들로 넘쳐났다.

"무서워요. 명절 보내고 오면 몸살이 납니다."

"왜 남자 어른은 명절에 음식 안 해요?"

"명절 관습, 너무 복잡해요. 시간 많이 걸리고 일도 많아 힘들어요."

"명절, 부담 백배! 음식은 먹을 만큼만…."

"음식은 엄마만 해야 하나요? 가족 모두가~"

"명절이 무서버. 남편들이여, 배려가 아니라 함께!"

"남자도 전 부치자!"

'직장·회식 문화'에 대한 하소연은 귀담아들을 만한 게 많았다.

"술 못 마시는 사람은 회식이 두려워요. 술 권하지 마세요."

"건전한 회식 문화, 음주 NO!"

"억지 술도 이제 그만! 음주문화 바꾸자!"

"남자가 술 못 먹어서 안주 먹는데, 그게 잘못입니까?"

"술은 각자 따라 마시세요."

"아직도 회식 장소에서 여직원이 술 따라야 하는 분위기, 곱표!"

"회식은 줄여주세요. 퇴근하고 싶어요."

"자잘한 심부름 내가 다 한다. 신입의 서러움."

"남녀 임금 격차 너무해요."

"남자라서, 여자라서… 그런 말 좀 자제합시다!"

"오고 가는 존중과 배려! 바뀌어야 할 직장 문화!"

"상사들의 강압적 지시 근절!"

포스트잇의 주장은 자연스레 '양성평등' 쪽으로 옮겨 갔다.

"남자도 벌레가 무서워요. 여자도 전구 끼울 수 있어요. 우리는 같아요."

"아직도 취업의 문턱이 여자에겐 높아요."

"수당·임금이 다르니 직장은 남성 위주."

"여성, 남성이 아니고 능력에 따라 똑같이 평등하게 지급하면 좋겠다."

"남자, 여자 NO. 이젠 우리!"

"요리도 남자, 여자 상관없다. 아빠도 설거지할 수 있다."

끝내 이런 말도 나왔다.

"여자도 능력 있다."

"여자도 놀 수 있다.", "여자도 놀 줄 안다."

'가정'을 지키고 싶은 희망 사항에는 간절함이 짙게 배어 있었다.

"아빠랑 놀고 싶어요. 일찍 오세요!"

"남자여, 가정으로 와라!"

"살림, 같이하자!"

<양성평등 찰칵展>은 울산시교육청(7.8~12)과 울산시청자미디어센터(7.15~19)로 자리를 옮겨가며 계속 열린다. 포스트잇 쪽지에 적힌 내용은 그때마다 달라질 것이다. 일행(一行)을 권한다.

어감(語感)이 바뀐 이름들 | 2019.05.19.

시대의 변화는 이름의 변화를 재촉하기도 한다. 사람 이름(人名)이 그렇고 땅이름·지방 이름(地名)도 예외가 아니다. 사람 이름만 따진다면 '항렬(行列)' 운운하는 양반은 한글세대로부터 '구닥다리' 취급을 받기 딱 좋을 것이다. '△하늘', '○슬기', '□힘찬' 하는 식의 '항렬 파괴' 현상이 예사로 일어나는 것이 요즘 세태의 이른바 트렌드(trend)인 탓이다.

정도의 차이는 있어도 변화의 흐름은 지명에서도 얼마든지 엿볼 수 있다. 최근에도 그런 소식이 있었다.

"19일 충주시에 따르면 금가면(金加面) 주민들은 이장단 등 42명으로 명칭변경추진위원회를 구성하고 다음 달 10일 발대식과 함께 주민설명회를 열기로 했다."(5월 19일 자 연합뉴스. 박재천 기자) 충주의 박 기자는 추진위가 명칭 변경 찬반 조사를 벌여 전체 1천730가구의 3분의 1 이상이 찬성하면 새 명칭을 공모한 뒤 주민투표로 결정짓기로 했다는 소식도 같이 전했다.

주민들은 면(面) 이름이 왜 마음에 안 들었을까? 이유는 간단했다. 한글 이름으로 부를 때의 어감(語感)에 답이 나와 있었다. '금이 간다.'는 느낌 때문이었다. 어찌 보면 미신적인 생각이다. 그렇다고 '미신적 생각'을 도외시할 수도 없다. 실제상황이 그렇게 됐노라고 누군가가 주장하기 때문이었다. 박 기자의 후속기사를 마저 읽어보기로 하자.

"금가면 행정복지센터는 '1980년대 면 중앙에 공군부대가 들어와 마을이 나뉘고, 중부내륙선 등 철도가 지역을 지나는 것도 명칭 때문이라는 의견이 있었다.'고 전했다.…"

또 한 가지 흥미로운 사실은 충주시가 2014년, 금가면과 이웃한 가금면(可金面)의 이름을 '중앙탑면'으로 바꾼 일이 있다는 사실이었다. '가금'이 날짐승(家禽) 이미지를 떠올리게 하고 이웃 금가면과 혼동을 일으키기 쉽다는 이유에서였다. 충주시가 2012년, 이류면(利柳面)의 이름을 대소원면(大召院面)으로 바꾼 사실도 흥미를 배가시켰다. '첫째'가 아니라 '둘째(二流)'라는 어감 때문이라고 했다.

어찌 보면 충주시의 사례들은 시쳇말로 '약과'에 지나지 않는다. '역사와 전통이 깊은 선비의 고장' 경북에서는 그 이상 가는 사례들이 수두룩하다는 것이 대구 매일신문 권성훈 기자의 지론이다. 권 기자가 "예천 '지보' 유래 듣고 보니, 뜻까지 그럴 줄이야…"란 제목으로 내보낸 2012년 5월 10일 자 기사를 읽다 보면 그야말로 '포복절도할 희한한 동네 이름들'을 무더기로 만날 수 있다. 지면 사정상 극히 일부만 맛보기 삼아 인용하기로 하자.

"예천군 지보면 주민들도 이런 말을 했다. '우리가 생각해도 지명이 참….'"

이야기인즉슨 전국 8대 명당 자리의 하나로 꼽히는 지보면(知保面)의 지형이 실제로 여성의 상징을 연상시켰고, 본디 이름을 못마땅하게 여긴 주민들이 이름을 거꾸로 부른 것이 현재의 지명으로 굳어졌다는 것이다.

"본지 시사상식 코너 <텐>엔 대구·경북의 많은 독자가 응모한다."고 운을 뗀 권 기자는 지명에 얽힌 그 밖의 이야기도 다수 기사 속에 담았다.

그는 "'보내는 사람'에 적혀 있는 주소들이 절로 웃음을 짓게 하는 곳이 많았다."면서 대표적인 곳으로 김천의 '신음동'과

포항의 '사정리'를 예로 들었다. 다른 지방의 '포복절도 지명' 사례로는 광주의 '방구마을', 순창의 '대가리', 인천의 '야동', 경주의 '조지리'를 들기도 했다.

어쨌거나, 시대와 세태의 변천이 인명·지명 변경의 도도한 물줄기를 인위적으로 바꾸기는 어려울지 모른다. 그런 와중에도 관심이 가는 데가 있다. 울산 시민들이 울산 쪽으로 눈길을 돌려 동네 이름, 지명 하나라도 부르기 쉽고 듣기 좋은 것으로 바꾸어 나가면 어떨까? 울주군 범서읍 입암리(立岩里)는 '선바위마을'로, 상북면 지내리(池內里)는 옛 이름 그대로 '못안마을'로 도로 바꾸자는 것이다.

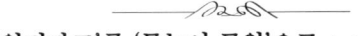

'워터파크'를 '물놀이 공원'으로 | 2019.05.12.

해양경찰청은 이달 초, 일상 업무에서 사용하는 일본식 업무 용어 100가지를 추려내 국립국어원에 검토를 요청했다고 밝혔다. 지난 7일 정부서울청사에서 열린 국무회의에서는 민법의 '총칙' 부분을 한글로 바꾸고 일본식 표현 또는 어려운 한자어를 삭제하거나 알맞은 용어로 바꾸는 내용의 '민법 일부개정안'을 의결했다. 이는 곧 우리말을 다듬어 쓰겠다는 의지를 내비친 것으로, 3·1 만세운동 및 대한민국임시정부 수립 100주년 기념의 해와 무관치 않아 보인다.

이를테면, 해경은 '모구리(もぐり)'를 '잠수부'로, '기리카시'는 '교체'로, '나라시'는 '물청소'로, '단카(擔架,たんか)'는 '들것'으로 바꾸겠다고 했다. 또 법무부는 일본식 한자어 '其他(기타)'를 '그 밖의'로, '窮迫(궁박)'은 '곤궁하고 절박한 사정'으로 바꾸고, 어려운 한자어 '念慮(염려)'는 '우려'로, '催告(최고)'는 '촉구'로, '해태(懈怠)한'은 '게을리한'으로 바꾸기로 했다. 61년 만의 개정 작업이라니 늦었지만 다행한 일이 아닐 수 없다.

지난달에도 울산시 보도자료에서 비슷한 느낌을 받았다. 정확한 날짜와 순화어는 기억이 나지 않으나 '벤치마킹(benchmarking)'이란 용어를 순우리말과 함께 나란히 표기한 일이 있었다. 그렇다면 이 '벤치마킹'이란 말을 어떻게 바꾸어 쓰면 좋을까? 이 질문은 2012년 1월 국립국어원이 '스펙(spec)'이란 용어와 한 묶음으로 '순화어 공모' 대상에 올린 바 있었다.

최근에는 '우리글 사랑 운동'을 펼치던 충청북도가 2009년 11월 '순화 대상 외래 행정용어' 48개를 골라내면서 벤치마킹을 '따라잡기'로 바꾸었으면 좋겠다는 의견을 내놓았다. 이것도 국립국어원의 도움을 받은 것으로 돼 있으나 국립국어원은 나중에 '본따기' 또는 '본따르기'로 바꾸어 쓰기를 권장했다.

그러나 국립국어원이 내놓았다고 해서 모두 빼어난 것은 아니었다. 때로는 바다 정서와 동떨어진 느낌이 들 때도 있었다. 그 흔적은 2013년 3월에 공개한 순화어(→다듬은 말)에서도 적잖이 발견됐다. '세꼬시(せごし=생선을 뼈까지 잘게 썰어

만든 회)'를 '뼈째회'로, 스마트폰을 '똑똑전화'로, 퀵서비스를 '늘찬배달'로, 싱글맘을 '홀보듬엄마'로, 러브 샷을 '사랑건배'로, 노트북을 '책크기 전산기'로, 데스크톱을 '탁상 전산기'로 바꾼 것이 대표적인 사례였다.

'억지 순화어'란 말이 그래서 나오게 된 것이다. 바닥 정서를 제대로 헤아렸다면 이들 순화어는 벌써 '굳어진 말'이 되고도 남았을 것이다. 그렇더라도 홈페이지를 '누리집', 네티즌을 '누리꾼'으로 바꾼 것은 잘한 일이다. 울산시 홈페이지의 딴이름 '울산누리'도 아주 근사하게 지은 순화어의 하나로 손꼽힌다. 하지만 아직 그 선을 못 넘어서는 것 같아 안타까울 따름이다.

어찌 됐건, 우리 말속에 앙금처럼 남아있는 일본말의 찌꺼기, 유식한 척하는 데 곧잘 이용되는 외래어, 아름다운 순우리말을 수도 없이 밀어낸 한자어 따위를 가려내고 걷어내려는 노력은 그 시기가 언제든 상관없이 값진 일이라고 생각한다.

일본어인 쿠사리(くさり)를 '핀잔'으로, 일본식 한자어인 출구(出口)·입구(入口)·출입구(出入口)를 '나가는 곳', '들어오는 곳', '나들목'으로 바꿔 쓰고, 각지를 '지미디'로, 각게를 '띠로따로'로, 매너리즘을 '타성'으로, 프로세스를 '공정'으로, 프로젝트를 '일감'이나 '연구과제·계획·기획'으로 바꿔 쓰자는 얘기다. 내친김에 머잖아 문을 열 '워터파크(water park)'를 '물놀이 공원'으로 바꿔 쓰면 금상첨화가 아닐까.

부활절 달걀(Easter Eggs) | 2019.04.21.

하찮아 보이는 달걀이 때론 유익하고 의미 있는 선물이 되기도 한다. 달걀 껍데기가 화학반응의 촉매가 되어 수소와 그래핀 개발에 효자 노릇을 한다는 사실은 UNIST(울산과학기술원) 연구진의 연구 성과가 잘 말해준다. 이 연구 성과는 19일 국제학술지 <Advanced Materials>에 실렸다.

달걀의 효자 노릇은 기독교에서 성탄절 다음으로 받드는 '부활절'에 화려하게 되살아난다. '부활절 달걀'을 뜻하는 '이스터 에그(Easter Eggs)'란 이름으로 예수 부활의 의미를 해마다 되새기게 해주기 때문이다. 올해 '부활주일(4월 21일)'에 필자가 선물로 받은 삶은 달걀 껍데기에는 'Happy Easter'란 글자가 선명했다.

그렇다면 '부활절'과 '부활절 달걀'은 언제부터 유래했을까? 부활절 달걀의 유래는 부활절의 그것과는 달리 설명이 좀 더 길다. 흥미로운 것은 부활절 달걀에 관한 언급이 신구약 성경 어디에도 없다는 것, 그리고 기독교 신자들이 이 풍습의 유래에 대해 별로 고민을 하지 않는다는 것이다.

'부활(復活)' 사상은 기독교의 특징이다. 기독교인들에게 부활은 '예수님이 십자가에 못 박혀 돌아가시고 장사 지낸 지 사흘 만에 무덤에서 다시 살아나신' 가장 기적적이고 역사적인 사건이다.

이를 기념하기 위한 '부활절'은 초대교회(=初代教會=AD 33~150년 무렵에 성립된 원시 기독교 시대의 교회들) 당시로 거슬러 오른다. 오늘날까지 지켜지는 부활절은 모두 '제1회 니케아 공의회(=AD 325년, 로마 황제 콘스탄티누스가 기독교 교리 논란에 마침표를 찍었던 회의)' 때의 결정을 따른 것이다. 시기는 춘분(3월 21일경) 후 최초의 만월(滿月) 다음에 오는 첫째 주일이 보통이다.

그런데 '부활절 달걀'의 유래라면 '로자린드 부인' 설(說)이 곧잘 이야기되곤 한다. 독일 여성 로자린드는 십자군 전쟁에 나간 남편을 찾으러 갔다가 머물게 된 프랑스 어느 산골 마을의 아이들에게 부활절을 맞아 예쁘게 색칠한 달걀을 하나씩 나눠주었고, 그 달걀 가운데 하나가 마침내 남편과의 극적인 재회를 가능하게 했다는 얘기다.

그러나 '부활'의 영문자가 'Easter'란 점은 기이한 느낌을 준다. 한 네티즌은 출처가 <가톨릭 백과사전>이라며 이렇게 인용한다.

"봄이 돌아온 것을 축하하는 이교(異教)의 많은 관습이 부활절에 들어왔다. … 달걀은 이른 봄 생명의 소생을 상징한다."

또 어떤 이는 이렇게 말한다.

"페니키아의 성(性) 숭배자들은 봄철을 신성하게 여겼다. 그들이 받드는 다산(多産)의 여신(女神) 아스타르테 곧 이슈타르(그리스의 '아프로디테')의 상징물은 달걀이었다. … 그러므로 부활절은 배교자(背教者)들이 이교도들의 관습을 따라 하면서 생긴 축제일이다."

　이쯤 되면 혼란은 극에 달하게 된다. 하지만 '부활절이 고대 이교에서 들여온 풍습이고 다산 신의 상징'이라는 설을 뒷받침할 만한 기록들은 몇 가지가 더 있다. <브리태니커 백과사전>은 "Easter(부활절) 축제가 지켜졌다는 사실은 신약성경 어디에도 없다. 이교의 풍습을 교회가 수용한 것."이라고 주장한다. <옥스퍼드 사전> 역시 "부활절은 크리스마스처럼 고대 이교의 축제를 대신한 것."이라고 주장한다.

　한 네티즌은 "부활절, 즉 이스터(Easter)는 봄의 여신 오스타라(Ostara)에게 다산을 비는 축제"라는 주장을 은근히 거든다. 또 '오스타라 여신'을 '왕성한 생식과 다산을 상징하는 성적 여신'이라며 '달걀도 생식과 다산을 상징하지 부활의 상징이 아니다.'라고 강변한다. 한 기독교 종파가 부활절에 '달걀' 대신 '떡'을 나눠 먹는 전통을 고집하는 것도 그 때문일까?

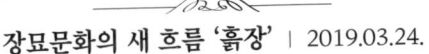

장묘문화의 새 흐름 '흙장' | 2019.03.24.

　'흙장(土葬)'이란 단어를 처음 접한 것은 23일 밤 KBS의 <특파원 보고-세계는 지금>에서였다. 워싱턴 주에서 합법화를 앞두고 있다니, 미국 사회 일각에서는 사회적 논의가 제법 깊숙이 진척된 모양이다. 듣는 이에 따라 섬뜩하게 들릴 수도 있겠지만 지구촌 현상의 한 단면이기에 애써 언급할 필요를 느낀다.

'흙장'이란 기존의 자연장, 수목장, 해양장과는 또 다른 장묘문화(葬墓文化)의 새로운 흐름으로 보인다. 사자(死者)의 주검(시신)을 30일 만에 흙으로 만들어준다는 새로운 장례 형태라고 했다. 방송에서는 미국의 비정부기구(NGO) <Recompose(=개조)>의 케이틀린 도티 이사가 이 캠페인의 주창자로 나온다.

그녀의 지론은 이렇다. 지금까지의 매장 방식으로는 시신이 전부 썩는 데 짧게는 수십 년에서 길게는 수백 년까지 걸린다. 그러나 '흙장'은 30일 안에 유골(뼈)까지 흙으로 돌아가게 할 수 있다. 그러면서 방법도 제시한다. 1) 시신을 흙으로 만드는 시설로 옮긴다. 2) 시신 위에 낙엽과 식물 같은 것을 잔뜩 뿌린다. 3) 시신을 열과 공기에 노출되게 한다.

우리로선 아직 '믿거나 말거나' 수준이지만, 이런 방식으로 장례를 지낸 뒤 30일이 지나면 시신은 완전히 흙으로 돌아간다는 것이다. 문득 인간은 흙으로 빚었기에 다시 흙으로 돌아가는 존재라는 성경 구절을 떠올리게 된다. "여호와 하나님이 땅의 흙으로 사람을 지으시고 생기를 그 코에 불어 넣으시니 사람이 생령이 되니라.(창세기 2:7)"라는 대목과 "그의 호흡이 끊어지면 흙으로 돌아가서 그날에 그의 생각이 소멸하리로다."(시편 146:4)라는 대목이 그것이다.

불교 쪽도 다르진 않다. 동국대 이필원 교수(경주캠퍼스)는 그의 저서 <인생이 묻고 붓다가 답하다> 속의 칼럼 <인생은 나그네>에서 '법구비유경'을 인용해 이렇게 말한다.

"몸이 있다고 하나 오래지 않아 모두 흙으로 돌아간다. 몸이 무너지고 마음이 떠나니 잠깐 머무는 삶(寄住=잠시 다른 곳에 얹혀사는 것), 무엇을 탐하는가?"

그러나 <Recompose>란 단체는 '흙장'을 종교적 관점에서 제안하지는 않았다. 오히려 환경보호론 쪽이었다. 케이틀린 도티 이사는 "1년 동안 관(棺) 만드는 데 들어가는 목재 때문에 1만 6천km²의 숲이 사라진다."고 주장한다. 즉 1년에 뉴저지 면적만큼의 숲이 사라진다는 것이다. 그녀는 여기서 그치지 않고 "장례식을 할 때마다 매년 300만 리터의 포름알데히드가 방부제로 같이 묻힌다."는 주장도 덧붙였다.

'흙장' 문제가 처음으로 전파를 타자 네티즌들의 반응은 찬반양론으로 팽팽히 맞섰다. 흥미로운 것은 <세계는 지금>에 출연한 패널 5인의 반응이었다. 그들은 하나같이 '찬성' 쪽에 무게를 실어주려고 애쓰는 모습이었다.

이들은 또 미국이 워낙 땅덩어리가 넓은 나라여서 쉬 이해가 가진 않는다면서 '흙장'의 출현 이유로, '묏자리 부족'을 손꼽았다. 멕시코 출신 패널도 이 점에는 동의했다.

"우리 멕시코도 공동묘지가 부족하다 보니 원래 묏자리 주인의 관을 빼낸 다음 새 묏자리로 속여서 파는 범죄도 발생한다."

묏자리 값도 화젯거리로 떠올랐다. 뉴욕의 경우 2천만 원짜리가 있는가 하면 3억 원짜리도 있다고 했다. 비수도권 지역의 웬만한 아파트 한 채 가격이 아닌가.

어쨌든 '흙장'이 국내에서도 장묘문화의 새로운 흐름으로 자리 잡을지 어떨지, 아직은 미지수인 것은 분명해 보인다.

버스 도우미 그리고 옥천 | 2019.03.10.

버스가 유일한 통학 수단이었던 청소년 시절, '콩나물버스'니 '개문발차(開門發車)'니 '버스차장'이니 하는 말은 흔히 접하던 생활 용어였다. 1960년대만 해도 전대를 허리춤에 두른 '차장 아가씨'는 대체로 '친절'과는 거리가 먼 느낌이었고, 그 이미지는 초인적 완력과 허스키 목소리로 무장한 여전사(女戰士) 바로 그것이었다.

그도 그럴 것이, 그래야만 잔뜩 돈독이 오른 버스회사 사주의 비위를 맞춰줄 수 있었으니까…. '비위를 맞춘다'는 것은 발차 순간 운전기사가 핸들을 기술적으로 꺾어서 버스 내부를 심하게 요동치게 한 다음(=승객들을 한쪽 구석으로 몰아넣은 다음) 버스 전체를 '콩나물시루'로 만드는 작업이었고, 이 작전에 반기라도 드는 기사나 안내양은 유·무형의 보복을 각오해야만 했다.

그러나 강산이 변한 탓일까, '버스 안내양'의 이미지는 180

도로 달려져서 우리 곁으로 다가와 있다. 미물들이 겨울잠에서 깨어난다는 경칩 즈음이면 제법 그럴싸한 포장으로 매스컴을 오르내리는 것이 버스 안내양의 부활 얘기다. 그중에서도 충북 옥천군의 그것을 단연 으뜸으로 친다.

흥미로운 변화 소식도 들린다. '버스차장'이란 말이 땅속으로 숨어버리고 '버스 (승하차) 도우미'란 말이 새로 선보인 것이다. 지난 3월 5일 자 옥천 발 연합뉴스는 "'탕탕! 오라이~' … 옥천 시내버스에 승하차 도우미 떴다"라는 제하의 기사를 올렸다. 2013년부터 버스 도우미 시책을 시행 중인 옥천군이 지난 5일 옥천읍과 청산면 장터를 오가는 시내버스 15개 노선에 도우미 16명을 배치했다는 소식이었다. 옛날과 달라진 게 있다면 버스 도우미 모두 머리가 희끗희끗한 중년여성들이라는 점이었다.

이들의 근무 기간은 겨울을 뺀 3월부터 11월까지, 근무시간은 오일장이 서는 날 오전 6시~오후 2시라고 했다. 하루 8시간 일하고 받는 돈은 7만 1천 원. 보잘것없어 보여도 만족도 하나는 어느 누구도 부럽지 않은 것 같았다. 주로 시골 어르신들을 도와 안전사고를 막고 용돈도 버는 일거양득의 즐거움을 누리기 때문이라는 설명이 뒤따랐다. 옥천군 관계자는 노인복지 실현, '아줌마' 일자리 마련, 인정 넘치는 사회 분위기 조성도 무시 못 할 보람 거리라고 어깨를 으쓱해 보였다.

그렇다고 버스 도우미 제도가 옥천군만의 전유물은 아니다. 그 효시는 옥천군보다 7년 먼저(2006년부터) '버스안내원 사업'을 시작한 충남 태안군이었다. 이제 이 제도는 노령화의 그림자가 점점 짙어져 가는 농어촌 지역으로 확산하는 모양새다. 충북 영동, 경북 의성, 경남 하동에서도 그렇고 최근에는 세종시 같은 도시에까지 번지는 추세다. 어느 영상매체는 태안군과 세종시 장날의 '버스안내원' 소식을 전한 지난 2월 7일 자 리포트에서 끝부분을 이런 멘트로 맺었다.

"사람 사는 냄새 물씬 풍기는 안내원 버스는 자동화 기계가 할 수 없는 정을 선물하며 오늘도 달리고 있습니다."

<향수(鄕愁)>의 정지용 시인과 육영수 여사의 고향이기도 한 충북 옥천군(沃川郡)은 인구 5만을 턱걸이하는 작은 고장이다. 하지만 화젯거리 하나만은 풍성해 보인다. 어느 시점 흑자 경영으로 돌아섰다 해서 전국의 시선을 집중시켰던 '옥천신문'이 대표적이지 않을까. (이 신문은 1989년에 222명의 주민이 군민주·郡民株 형태로 사주·社主 없이 창간한 지역신문이다.)

또 '풀뿌리 언론 운동의 성공 사례'라는 '옥천언론문화제', 특정 신문 불매운동을 겨냥해 만든 '조반마(=OO일보 반대 마라톤)'라는 마라톤대회도 그 대상에서 빼놓을 수 없을 것 같다. (이 대회는 OO일보 춘천마라톤대회 즉 '조춘마'의 반작용으로 생겨났고 언론 운동 시민단체인 민언련과 옥천신문 등이 후원해 왔다.)

한때 인구가 12만 2천까지 헤아렸다가 계속 내리막길을 걷고 있는 충북 옥천군. 언제 한 번 가봐야지 하는 생각에 잠을 설칠 때도 있다.

해운대 옛 철길을 걷다가 | 2018.05.13.

일 년에 꼭 한 번만 만나는 친구가 있다. 자택을 여러 해 전에 대구에서 경산으로 옮겼다지만 호칭은 여전히 '대구 친구'다. 같은 대학의 같은 과를 나온 이 친구가 하자는 대로 지난 주말 부산의 옛 해운대역 광장에서 만났다. 친구는 바다를 끼고 있는 해운대를 유별나게 좋아한다. 이번엔 구청 앞 단골식당 'OO복국'을 가성비가 맘에 든다는 이유로 찾아갔다.

가장 헐한 복국 한 그릇씩으로 속을 채운 두 친구는, 늘 그랬던 것처럼, 바닷바람을 끌어안으며 걷기로 했다. 말 많은 엘시티 공사 현장을 뒤로하고 동쪽으로 향하다가 걸음을 멈춘 곳은 미포마을 끝자락이었다. 찻집 여주인도 횟집 남자 주인도 거기가 끝이라고 했다. 다시 발길을 돌려 개발 붐 흔적이 뚜렷한 이 마을 심장부를 가로질러 바다를 등지면서 빠져나갔다. 걸음을 멈춘 대구 친구가 동의를 구했다.

"어이, 저 길로 한번 안 가볼래?"

친구 따라 강남 간다는 심정을 고갯짓으로 전했다. 시야에 잡힌 것은 동해남부선 폐선 부지와 닿아서 반질반질해진 끝을 모르는 철길, '둘레길 조성' 소식이 요란하던 바로 그 철길이었다.

자갈 깔린 철길을 걷다 쉬다를 되풀이하며 걸었다. 기차를 토하듯이 내보내고 해서 늘 궁금했던 굴속을 난생처음 걸어도 보았다.

얼마를 걸었을까? 얼굴이 따끔거려 왔다. 한 시간이 거의 다 지났을 무렵, 바닷가 마을이 불쑥 나타났다. 십수 년 만에 다시 찾은 청사포 마을. 중국인 남녀 '유커(游客)'들이 내뱉는 나지막한 대화의 파편들이 갯바람을 타고 큰 울림으로 다가왔다.

갈수록 벌건 녹 색깔이 짙어지는 철길을 오르내리며 걷는 사이 대구 친구와 나눈 대화는 노트북을 하나 가득 채우고도 남을 정도가 됐다. 그중에서도 윗자리를 차지한 것은 '영남권 신공항'이 다시 뜬다는 얘기였다.

"하도 설전이 심해서 공부 좀 했지. 나도 대구 사람이지만 대구시가 '밀양 신공항' 쪽에 손들어준 건 도저히 이해가 안 가. 산을 몇 개나 깎아내고 분지에다 공항을 짓는다는 건 말도 안 돼. 김해국제공항은 비좁고 시끄럽고. 인천국제공항이 들어선 영종도보다는 못해도 바다를 끼고 있는 부산 가덕도가 국제공항 입지로는 제일 낫지. 국가의 장래를 멀리 내다보는 혜안이 있어야지, 당장의 정치적 이해득실로 결정할 문제가 아니지. 안 그러나? 울산 친구야."

그러나 필자는 아직, 영남권 신공항의 입지로 어디가 최적지인지 자신 있게 말할 계제는 못 된다. 더더욱 대구 친구에게 들어보란 듯이 반론을 제기할 처지도 못 된다. 어쩌면 인터넷 공부를 대구 친구만큼 많이는 못 해서인지 모른다. 다만, 이 문제를 둘러싼 뜨거운 설전이 부산시장 여야 후보 사이에 다시 불붙는다는 사실만 확실히 알 뿐이다. 창고 깊숙이 묻어두었던 영남권 신공항 문제를 이 시점에 다시 끄집어내는 이유가 있다. 울산 시민에게도 직·간접적 영향을 미칠 중대 사안이기 때문이다.

대구 친구를 배웅하고 울산행 시외버스 좌석에 파묻히는 순간 갑자기 머리가 어지러워졌다. 머리도 식힐 겸 휴대전화를 꺼내 잠시 포털사이트 검색에 들어갔다. 기사 제목들은 금세 열기를 느끼게 했다. "'가덕도 신공항 재추진' 공방 … 부산표심 어디로 가나?", "오거돈-서병수, 이번 주말께 찬반 끝장토론"…. 부산시장 예비후보 가운데 '가덕도 신공항 재추진론'에 점화한 이는 오거돈 전 해수부 장관(민주당)이고 '김해 신공항 확장안'을 고수하는 이는 서병수 현 부산시장(한국당)이다.

끝장토론 제안자가 서 후보라고 밝힌 5월 8일 자 기사는 이렇게 이어지고 있었다.

"토론은 이르면 이번 주말께 진행될 것으로 보인다. 부산 지역 정가에서는 이번 토론이 표심을 가르는 주요 분수령 중 하나가 될 것으로 전망하고 있다. 신공항 문제가 부산 시민의 생활과 밀접하게 관련돼 있고 부산의 미래 발전과도 맞닿아 있다고 보기 때문이다. 현재 김해공항은 벌써 수용 한계를 넘어설 정도로 북새통을 이루고 있다."

아리송한 법조문들 | 2018.03.25.

'직무를 행하여 당함에 수행하면서….', '타인의 점유에 속하

는 자기 물건을 취거함에 당하여 그 탈환을 항거하거나 체포를 면탈하거나 죄적을 인멸할 목적으로…'

"이 문장, 이해 가는 사람, 손 들어보세요."
"글쎄, 무슨 뜻인지 도무지 모르겠는데요."

그러나 엄연히 법전-형법 125조, 형법 325조 2항-에 있는 표현들이다. 비슷한 사례는 얼마든지 더 있다. '대통령으로 선거될 수 있는 자'-헌법 67조-도 난해하기는 마찬가지다. 그냥 '대통령 후보자'라고 쉬운 말로 적으면 될 것을 왜 이처럼 어렵기 짝이 없는 표현을 그대로 놔두고 있을까? 혹시 헌법학자가 자신의 유식함을 뽐내기 위해 그런가? 그건 분명히 아닐 것이다. 혹자는 일본 문장을 그대로 베끼다 보니 그런 걸 거라고 그럴듯하게 토를 단다.

이러한 문제점은 완장 찬 국어학자들이 앞장서서 까발린 것은 아니다. 관심 있는 언론매체들이 청와대의 개헌안 발표를 계기로 파헤쳐 놓은 일종의 고발장 같은 것이다. 청와대는 개헌안을 만들 때 '법률 조문은 불필요한 한자를 없애고 알기 쉬운 우리말로 고쳐서 적는다.'는 원칙을 적용한 것으로 보인다.

MBC 뉴스데스크(3.16)는 국립국어원의 말을 빌려 "헌법 조문 137개 가운데 111개를 고쳐야 한다."고 지적했다. 사실이라면 헌법 조문의 81%가 오류투성이, 즉 바람직하지 못한 표현으로 채워져 있다는 얘기가 된다. 예를 들어 헌법 조문 중에 '國會(국회)로 還付(환부)하고'라는 표현이 있다. 청와대 개헌안은 이를 "국회로 돌려보내고"로 고쳐 적었다. 이 표현을 곧이곧대로 적용한다면, 한때 전국적으로 망신살을 뻗치게 했던 저 유명한 울산의 '고래 고기 환부 사건' 이름도 '고래 고기를 돌려준 사건'으로 고쳐 써야 할 판이다.

헌법은 물론 민법, 형법 조문까지 지적하자면 잘못된 표현은 헤아릴 수 없이 많다. △기망(欺罔, 헌법 12조)→속임수, △주류(駐留, 헌법 60조)→주둔, △포태(胞胎, 민법 820조)→임신, △몽리자(蒙利者, 민법 23조)→'이익을 얻는 사람', △상린자(相隣者, 민법 235조)→'서로 이웃한 사람'은 단어를 잘못 사용한 예다. △범죄행위로 인해(형법 48조)→범죄행위로 생겼거나, △직무를 행하여 당함에(형법 125조)→ 직무를 수행하면서… 따위는 문장을 잘못 사용한 보기다.

흥미로운 표현은 민법 201조에도 있다. '은비에 의한 점유자'가 그것이다. 여기서 '은비(隱秘)'란 '숨겨 비밀로 함'이라는 뜻이다. 한 네티즌은 일본 애니메이션 <센과 치히로의 행방불명>에도 이 단어가 나온다며 일본식 표현을 우리 민법 조문에 그대로 옮겨놓은 것 아니냐며 혀를 차기도 했다. 그는 "일본 것을 그대로 가져와서 베껴 쓴 것."이라며 언론의 책임도 같이 물었다. '스킨십', '멘붕' 같은 일본식 조어를 줏대 없이 갖다 쓴 쪽은 언론이라고 나무라는 것이다. 하긴 '일본식 표현 빼면 시체'라는 말이 나오게 만든 책임에서 언론이라고 자유로울 수 있겠는가?

법제처에서 '알기 쉬운 법령 만들기 사업'을 시작한 것은 2006년부터였다. 그리고 대한민국의 법령 수는 4천713개나 된다(2018.03.05. 현재). 그 진척 정도가 어느 정도인지, 정부 당국의 공식 발표가 없어서 속속들이 가늠하기는 힘들다. 그렇더라도 기대를 버릴 수 없다. 청와대 개헌안 발표를 계기로 '알기 쉬운 법령 만들기' 작업에 가속도가 붙기를 기대해 본다.

차제에 일본식 표현, 한자투 표기를 생태교란종 환삼덩굴을 걷어내듯 시원스레 걷어치웠으면 좋겠다. '갈취(喝取=남의 것을 으름장을 놓아 억지로 빼앗음)', '편취(騙取=남을 속여 재물이나 이익을 빼앗음)' 따위의 용어도 일본식이 맞는다면 주저 없이 '퇴치' 대상에 올려놓아야 할 것이다.

'글 쓰는 판사' 문유석 | 2018.02.04.

우리나라에서 성폭력 피해 고발 캠페인 'Me Too("나도 당했다.")'로 바람을 일으킨 창원지검 통영지청 서지현 검사의 일로 알게 된 사람은 한 분의 부장판사다. 엊그제까지만 해도 미지의 베일에 가려져 있던 이분의 정체는 '글 쓰는 판사'로 알려진 서울동부지법의 문유석 부장판사(49)였다. 그는 1969년생으로 서울 경복고(63회)를 나와 그해(1988년) 인문계 수석으로 서울대 법대에 들어갔고, 2007년에 하버드 로스쿨을 법학석사로 졸업했다. 1997년부터 서울중앙지법 판사를 시작으로 21년째 법복을 입고 있다.

그는 '글 쓰는 판사'답게 글솜씨에 남다른 재능이 있다. 저서에 <판사유감>(2014.4), <개인주의자 선언>(2015.9), <미스 함무라비>(2016.12) 등이 있다. 일간신문에 <문유석 판사의 일상 유감>이나 <문유석 판사의 세상 일기>를 기고하는 중이다. 그중에서도 <미스 함무라비>는 오는 5월, 옷을 '드라마'로 갈아입고 JTBC에 방영될 예정이다. 한데, 그 줄거리가 흥미를 자극한다. "강한 자에게 강하고 약한 자에게 약한 법원을 꿈꾸는 이상주의 열혈 초임 판사, 섣부른 선의보다 원리 원칙이 최우선인 초(超)엘리트 판사, 세상의 무게를 아는 현실주의 부장 판사, 달라도 너무 다른 3명의 재판부가 펼치는 법정 드라마"라는 것이다.

최근 문 판사를 화제의 주인공 자리에 다시 앉힌 것은 자신의 SNS에 올린 1월 30일 자 메시지 때문이었다. 이 글 속에서는 문 판사가 검찰 내 성폭력을 고발한 서지현 검사의 'Me Too' 운동에 연대하는 뜻으로 스스로 제안한 'Me First("나부터 나서서 막겠다.")' 운동의 결심 배경을 읽을 수 있다. "딸을 키우는 아빠로서 … 분노와 눈물을 참기 힘들었다."고 운을 뗀 그는 칼끝보다 더 강한 붓끝으로 분노를 터뜨렸다.

"가해자들은 강자에 약하고, 약자에 강하다. 그들은 아무리 만취해도 자기 상급자의 그림자도 밟지 않는다. 이들은 절대 반성하지 않는다."

"단언컨대 우리 사회가 성희롱, 성추행에 대해 가혹할 만큼 불이익을 주는 사회라면 이들은 폭탄주 100잔을 먹어도 콜린

퍼스(영화 <킹스맨>을 주연한 영국 배우)보다 신사적인 척을 할 것이다…."

그는 "눈앞에서 범죄가 벌어지는데 그깟 출세가 뭐라고 그걸 보고도 애써 모른 체한 자들도 공범"이라 했고, '지금 뭐 하시는 겁니까!' 하며 제지한다면 이런 일(성폭력)은 없다."고 할 것이라고 했다. 그러면서 "(이들의) '블랙리스트'를 만들어 원 스트라이크 아웃의 불관용 원칙을 적용해야 한다."며 목소리를 높이기도 했다.

문 판사는 "나부터 그 한 사람이 되겠다."면서 "더 노골적으로, 가혹하게, 선동적으로 가해자들을 제지하고, 비난하고, 왕따시키겠다."는 말로 글을 맺었다. 마침표는 물론 'Me First'로 갈음했다.

지금까지의 이야기는 빙산의 일각일 수 있다. 지난해(2017) 1월 10일 새해 첫 칼럼 <프리미엄 조선>과 중앙일보에 실린 <문유석 판사의 일상 유감>은 한동안 엄청난 반향을 불러일으킨 모양이다. '전국의 부장님들께 감히 드리는 글'에서 그는 "부장 직함을 달고 있는 한 사람으로서 나 자신을 포함한 전국의 다양한 직장의 부장님들 및 이와 비슷한 위치에 있는 분들이 명심하라."며 다음과 같은 당부를 '전국의 부장님들'의 귀에다 대고 했다. "경어체가 아님을 용서하시라."면서…. 맛보기만 소개하기로 한다.

"저녁 회식 하지 마라. 젊은 직원도 밥 먹고 술 먹을 돈 있다. 친구도 있다. 없는 건 당신이 뺏고 있는 시간뿐이다. 할 얘기 있으면 업무시간에 해라. 괜히 술잔 주며 '우리가 남이가' 하지 마라. 남이다. 존중해라. 밥 먹으면서 소화 안 되게 '하고 싶은 말 있으면 자유롭게 해 봐' 하지 마라. 자유로운 관계 아닌 거 서로 알잖나…(뒷부분 생략)."

술 취하면 더 엄하게 해야지 | 2017.12.10.

주취감경(酒醉減輕)이라. 처음엔 무슨 소린가 했다. 한자를 보니 대충 짐작이 갔다. '주취감경'이라! 참, 경찰 용어에 '주취폭력(酒醉暴力)'이란 게 있었지. '주취감경'도 경찰 용어 아니겠나. 형법에 나오지도 않지만 법조계에선 '주취감형'과 같은 뜻으로 쓰이는 모양이다.

청와대 국민청원 게시판의 '주취감경 폐지' 청원이 논란의 불씨를 지폈다. 한 달 만에 21만 건이 넘는 찬성 의견이 올라와 청와대를 긴장시켰다. 9년 전, 잔혹한 수법으로 8살 어린이를 성폭행했다가 복역 중인 조두순이 만기출소를 3년 앞둔 사실이 국민을 불안하게 만들었다. 흉악범은 "술 때문에 기억이 없다."고 둘러댔지만 검찰은 '무기징역'을 구형했다. 그러나 재판부는 '형법 제10조 제2항'을 적용해 12년 형을 선고했다.

이 조항은 술에 취해 심신미약 상태에 있었다 해서 처벌 수위를 낮출 때 적용된다. 여기서 '전항'이란 '형법 제10조 제1

항'(=심신장애로 인하여 사물을 분별할 능력이 없거나 의사를 결정할 능력이 없는 자의 행위는 벌하지 아니한다.)을 말한다.

현진건의 단편소설 <술 권하는 사회>가 잡지 <개벽>에 실린 것은 일제강점기인 1921년 11월의 일이었다. 하지만 96년이 지난 지금도 우리 사회는 '음주(飮酒)'라면 '허리띠 아래 사건' 못지않게 비교적 너그러운 측면이 있다는 지적이 끊이지 않는다. 그 흥미로운(?) 전통이 법조계의 뿌리 깊은 '폭탄주 문화'와 무관치 않다고 주장하는 호사가가 있다.

호사가 K 씨는, "정통한 소식통 얘기"라며, 20년 전의 어린이날 사건을 곧잘 떠올렸다. 얘기는 이랬다.

"퇴임 시기가 얼마 안 남은 울산 출신 법무부 고위인사 A 씨가 울산 지역 법무부 산하 기관장을 북구 정자의 어느 고급 횟집으로 집합시켰다. 미리 준비해 온 양주는 이내 폭탄주로 둔갑했고, 이 화학주는 대낮인데도 회식 자리를 점령해 갔다. 주량이 약한 기관장 몇은 폭탄주 겨우 서너 잔에 백기(白旗)를 들고 옆방 '열외(列外) 신세'를 자원했다

하지만 대부분은 뚝심 좋게 '주량'을 과시하는 듯했다. 그러다가 끝내 사고가 터졌다. 수사 베테랑 J 씨가 본의 아니게 실수를 저지른 것이다. 횟집 노래방기기에 한쪽 손을 다쳐 선혈이 낭자했고, 취기 탓에 그 붉은 자국은 최고위 인사 A 씨의 하얀 와이셔츠를 적시고 말았다."

'심신미약(心神微弱)' 주장은 조두순의 입에서만 나온 게 아니다. 이른바 '어금니 아빠' 이영학은 살인을 환각제에 취해 저

질렀다며 선처를 기대했다. 파렴치범의 전형적인 수법이었다. 피해자와 그 가족들의 처지가 돼 본다면 '형법 제10조 제2항'을 적용할 엄두를 낼 수 있었을까?

하지만 전문가들 사이에선 '주취감경'이 이미 제한적으로 적용되고 있는 만큼 조항 자체를 폐지할 필요까진 없다는 의견을 내세운다. 청와대도 그 때문인지 접근 태도가 아주 조심스럽다. 국민 청원에 대한 답변에서 청와대는 "성범죄에서 이미 술로 인한 심신미약이 인정되지 않고 있고, 다른 범죄에도 같이 적용할지 여부는 더 논의할 필요가 있다."면서 공을 국회로 넘겼다.

그러나 강경론자들의 견해는 다르다. "술에 취했으니 봐준다."가 아니라 "술에 취했으니 더 엄하게 다스려야 한다."고 목소리를 높인다.

지난해에 검거된 살인 및 살인미수범의 약 40%, 성폭행범의 약 30%가 음주 상태에서 범죄를 저질렀다고 한다. 지금은 검찰 고위직에 있는 J 씨라면 이 난감한 사안을 어떻게 처리할지, 그것이 궁금해진다.

7장

단소리 쓴소리
세상 그리고 사람 이야기

삶 속의 문화

전통 한지의 재발견 315 | 닥나무 심은 까닭 317 | 대공연장에 울려 퍼진 가곡 <물레방아> 320 | 사라진 통도사 수중 전시물 323 | 나훈아 현상 325 | "민화, 한국화라 불러라" 328 | 어느 콘서트 330 | '솔베이지 송' 333 | 아픈 고백, 그 이후 336

전통 한지의 재발견 | 2021.05.09.

    한동안 불붙었던 '이건희 컬렉션 울산 유치' 논쟁이 좀 식는가 했더니 또 다른 주제가 단체대화방을 달구었다. 이 일은 '문화예술계의 매치메이커(match maker)'로 통하는 김언배 울산대 교수(섬유디자인 전공)가 맡고 있었다. 화제의 핵심은 울산의 국보 두 암각화(반구대·천전리) 문양에 옻칠을 입힌 예술작품을 어떻게 하면 울산 시민이 가까이서 볼 수 있게 하느냐는 것이었다. 그러나 똑 부러진 결론은 내지 못했다. 대신 대안이 쏟아져 나온 것은 예상 밖의 수확이었다. 다음의 관심은 자연스레 '전통 한지' 쪽으로 옮겨 갔다.

    전통 한지라면 일화가 숨어있다. "프랑스 파리 루브르박물관에 전시된 오래된 책상이 있다. 바이에른 왕국의 왕 막시밀리안 2세가 쓰던 책상인데, 놀랍게도 이 손잡이엔 한국의 한지가 숨어있다."

    2017년, 이 책상의 중앙서랍 손잡이를 복원하는 데 한지가 쓰였기 때문이다. 한지가 문화재 복원 재료로 널리 인정받고 있다는 증거다. 이 말은 옻칠 암각화 작품을 몸소 제작한 통도사 방장 성파 스님도 꺼낸 적이 있다. 루브르박물관이 한·중·일 3국의 전통 종이 재질을 비교·분석한 끝에 우리 전통 한지에 최고점수를 주었다는 것이다. 올봄 성파 스님이 서운암 토굴(거처) 가까이에 해묵은 감나무를 지게차로 밀어내고 닥나무 1천600그루를 심은 뜻도 이와 무관치 않다.

전통 한지가 유네스코 세계유산 등재 목록에 이름을 올리는 날 미래의 한류, K-문화예술의 전령사가 될 거라는 기대에 토를 다는 사람은 아무도 없다. 지난달 29일 서울프레스센터 외신기자클럽에서 열린 '등재추진단' 발대식에는 성파 스님도 초청됐으나 참석하지는 못했다. 코로나 백신을 맞는 시간대였기 때문이었다.

발대식 날에 행사장에는 이어령·유인촌 전 장관 등 이름만 들어도 알만한 저명인사들이 수두룩했다. 이날 추진단장으로 추대된 이배용 전 이화여대 총장도 그런 VIP 중의 한 분이었다. 영축총림 통도사를 비롯한 7개 한국 전통 사찰의 유네스코 세계유산 등재에 일등 공신 역할을 한 분이다. 이 단장은 그보다 닷새 전 통도사 장경각 앞에서 진행된 옻칠 암각화 수중 전시 개막식에서 성파 스님의 소개를 받은 즉시 전통 한지의 유네스코 등재에 강한 자신감을 내비치기도 했다. 그런 자신감은 이배용 단장이 연합뉴스 인터뷰 글에서도 엿볼 수 있다.

"이탈리아 국립기록유산 보존복원 중앙연구소는 전주 한지의 인증 시험을 거쳐 보존·복원 용지로써 합격 판정을 내렸다. 이는 2016년과 2018년 경남 의령 공방이 만든 한지에 이어 세 번째다. 문화재 복원에서 자타가 공인하는 이탈리아의 인증을 받으면 사실상 세계적으로 그 품질의 우수성을 공인받은 것이다. 최근 문경 한지도 프랑스 루브르박물관으로부터 높은 평가를 받았다."

기사 제목은 '전통 한지 유네스코 등재 타당성, 차고 넘친다'였다.

성파 스님의 토굴(거처) 문지방 안팎에는 서너 가지 크기의 전통 한지가 가지런히 놓여 눈썰미 있는 방문객들의 시선을 사로잡는다.

"처음엔 24m 길이로 하려다가 내친김에 100m짜리도 만들어 보았지."

성파 스님이 필자에게 들려준 뒷얘기다. 혹자는 이 전통 한지가 '전주 제지'에서 만든 기계식 한지로 잘못 알고 있었다. 그러나 이석태 '레오 디자인' 대표(전 울산대 교수)의 전언은 전혀 딴판이었다. 24m짜리는 서운암 경내 작업공간에서, 100m짜리는 장경각 앞마당 비닐하우스 안에서 성파 스님이 스님 특유의 독창적 기법으로 만들었다는 것은 참으로 놀라운 일이다.

닥나무 심은 까닭 | 2021.04.11.

최근 유네스코 세계유산 반열에 오른 양산 통도사의 서운암(瑞雲庵)을 두 차례 다녀왔다. 통도사 방장 성파(性坡) 스님을 만나 뵙고 싶어서였다. 스님 특유의 옻칠 기법으로 근 3년에 걸쳐 완성한 울산의 국보급 바위그림 2점(반구대·천전리 암각화)이 언제쯤 대중에게 선보이게 될지 그것이 궁금하던 참이었다.

매번 그랬듯이 지난달 19일에도 놀라운 광경에 눈을 의심하지 않을 수 없었다. 방장 스님의 토굴(=스님의 거처) 근처 연못 아래 들판에 심어 놓았던, 30년생은 됨직한 감나무 수백 그루가 소형 중장비에 밀려 잘려 나가고 만 것이었다.

속사정이 궁금했다. 벌목작업 현장에서 연락을 받고 토굴로 돌아오신 여든셋 노스님이 말문을 열었다. 감나무를 잘라낸 것은 닥나무를 심기 위한 예비 작업이라고 했다. '생(生)과 사(死)가 그렇게 허무하게 갈리게 되는 건가.' 허튼 잡념도 잠시, 그제야 깨달음이 와 닿았다. 들어올 때 토굴 안마당 한구석을 차지하고 있던 '국내 최대'라는 100미터짜리 한지 두루마리가 생각났다. 아하, 그렇게 깊은 뜻이 있는 줄도 몰랐다니….

닥나무(楮)라면 뽕나뭇과에 속한 갈잎떨기나무로, 열매는 약재로, 껍질은 한지 재료로 쓰인다. 스님이 새롭게 추구하실 것은 다름 아닌 한지(韓紙)였다.

"김 실장도 알다시피 프랑스 루브르박물관에서 유물 보존용으로 한·중·일 3국의 선통 송이 중에서 최종 선택한 것이 중국 종이도 일본 종이도 아닌 우리나라의 '고려한지'였지. 그걸 되살리고 싶은 거라네."

3주 뒤인 지난 9일 서운암 토굴을 다시 찾았다. 이번엔 예고도 없이 불쑥 얼굴을 내밀었다. 성파 스님은 마침 노성환 울산대 명예교수의 다(茶)문화 강좌를 듣고 계셨다. 따지고 보면 스님의 공부 시간을 억지로 축낸 셈이 되었다. 그렇더라도 스님은 인자한 모습을 잃지 않으셨다. 돌아오는 길에 일행 한 분이 소감을 말했다.

"우리 불교계에선 드물게 성불(成佛)하신 분입니다."

스님께 자초지종을 여쭈었다. 닥나무는 대부분 1년생이고 약 3천 평의 땅에 옮겨 심은 숫자가 족히 1천600그루는 될 거라고 하셨다. 경주 등 외지에 수소문해서 구해왔고, 껍질을 벗겨 한지를 만들려면 2년은 더 기다려야 할 거라는 말도 들려주셨다.

다음 목적지는 성파 스님의 불심(佛心)으로 가득 찬 서운암 경내 장경각(藏經閣) 앞마당이었다. 3주 전과 달라진 게 있다면 두 바위그림을 한동안 수장(水藏)하게 될 두 종류의 시멘트 연못이 물로 그득 채워진 일이었다. 예닐곱 겹 삼베를 덧씌우고 옻칠을 수없이 한 2개의 바위그림은 오는 24일 이곳에서 첫선을 보일 예정이었다.

두어 달 전, 이 소식을 듣고 성파 스님을 예방했다는 송철호 울산시장은 두 작품의 울산 소장·전시 의향을 타진했으나 확답은 받지 못한 상황이었다. 하지만 스님은 필자의 거듭된 질문에 환한 웃음으로 답을 대신하시는 듯했다. '울산시가 하기 나름'이란 귀엣말이 긴 여운으로 이어졌다.

측근의 말을 빌리면, 유명세를 탄 지 오래인 '서운암 된장'도 숫자가 1만 6천여 장을 헤아린다는 '장경각 도자(陶磁) 경판'도 어느 하나 스님의 입김과 손길이 닿지 않은 것이 없다. 토굴에서 들려주시던 스님의 말씀이 메아리로 돌아왔다. "합천 해인사의 팔만대장경은 불경이 목판 양쪽으로 새겨져 있지만 우리 장경각 도자 경판은 한쪽으로만 새길 수밖에 없어서 개수가 그만큼 늘어난 거지."

대공연장에 울려 퍼진 가곡 <물레방아> | 2022.03.30.

"깨끗한 언양 물이 미나리꽝을 지나서 물방아를 돌린다. 팽이같이 도는 방아 몇 해나 돌았는고. 세월도 흐르는데 부딪히는 그 물살은 뛰면서 희게 웃네. … 물방아 도는 곳에 옛 생각도 그리워라. 아, 지나간 옛날이여."

우리 가곡 <물방아>. 귀에 낯선 곡이어서 작사가, 작곡가가 누구인지 처음엔 몰랐고, 뒤늦게야 알게 됐다. 노랫말은 울주군 언양 출신 정인섭 작가(1905~1983)가 지었고, 곡은 <언덕에서>, <님의 침묵>을 지은 김원호 작곡가(부산, 1936~)가 썼다고 했다. 테너 3인(김영주, 김동윤, 노현일)의 개성 넘치는 가창은 가슴을 설레게 하고도 남음이 있었다.

자료를 찾다가 이 가곡의 노랫말을 두고 정일근 시인의 기고문 <미나리란 이름의 희망>(2010.01.18. 한국일보)을 건지게 된 건 우연한 행운이었다. 다음은 그 글의 일부다.

"지금은 '미나리꽝'으로 바로 잡혀 있지만, 처음 노래를 불렀던 성악가들이 아름다운 강 이름으로 착각하고 언양까지 '미나리강'을 찾아왔었다고 한다. 국립합창단 나영수 예술감독께 오래전에 박장대소하며 전해 들은 일화다…"

'나영수 예술감독(1938~)'이라면 가수 나윤선의 부친이자 한동안 울산시립합창단을 이끌었던 분이다.

<물방아> 소리를 합창이 어우러진 중창으로 들을 수 있었던 것은 '부·울·경 특별연합 합창단 창단 연주회' 덕분이었다. 울산문화예술회관 대공연장 2층에서 조용조용 자리를 잡은 것은 공연 시각(29일 저녁 7시 반)을 조금 넘긴 시간대였다. 먼저, 대규모 단원들로 가득 찬 연주 공간(무대)이 시야를 어지럽게 했다. 눈대중으로 숫자를 서너 번 헤아려도 정확한 숫자는 가늠하기가 힘들었다. 그들 속에서도 단연 돋보이는 음악인이 있었다. 이번 연주회의 예술감독을 맡아 지휘봉까지 잡은 김광일 선생(전 부산시립합창단 상임지휘자, 연세대 음대 졸업)이 바로 그였다.

그 뒤를 든든하게 받쳐준 분은 황성진(울산메가시티합창단 지휘자, 울산문수오페라 예술총감독), 문성환(전 동아대 초빙교수), 성상철(고신대 초빙교수) 등 세 분의 지휘자였다. 연주회가 끝난 직후 김 감독에게 넌지시 합창단의 숨은 얘기를 캐물었다. 이내 답이 돌아왔다.

"경남에서 마흔넷, 울산에서 마흔, 부산에서 서른다섯 분이 오셨을 겁니다. 경남 쪽은 모두 거제 분들이고요." 이밖에 오케스트라 단원 마흔두 분, 그리고 지휘자와 성악가, 색소포니스트와 스태프까지 합치면 170명이 넘는 대식구였다. 지난 1월 셋째 주부터 연습을 시작한 이들은 연주회 전까지 모두 18회의 연습 과정을 세 지역에서 나눠 가졌다고 했다.

"연습은 지역별로 하다가 지난 13일과 28일에는 울산에서 모여 해 보았고, 전체 합동 연습은 그게 전부입니다."

사실 합창단이 이날 소화해 낸 곡은 결코 적은 숫자가 아니었다. '윤이상 주제에 의한 합창연곡' 2곡(<오 낙동강> 등)을 비롯해 '화려한 봄의 세계' 10곡, '서덕출 시인의 동요에 의한 합창 모음곡' 5곡, 오페라 합창곡 2곡 외에 앙코르곡 <상록수>에 이르기까지, 스무 곡은 거뜬해 보였다. 특히 "저 들에 푸른 솔잎을 보라~"로 시작되는 <상록수> 합창은 한동안 대공연장을 전율에 휩싸이게 했고, 색소폰 주자 김대훈 씨의 객원 출연은 소나기 박수를 끌어내기에 모자람이 없었다. 연주회가 막을 내린 뒤 김광일 감독이 감격스러운 듯 한마디를 던졌다.

"정말, 기적입니다."

정말이지 '부·울·경 특별연합 합창단 창단 연주회'는 설립 취지에 맞는 성공작이었다는 평가가 빈말이 아닌 행사였다. '뉴스 포인트'는 28일 경남 거제발 기사에서 이렇게 적었다.

"지난 25일 합창단 연습실을 방문한 변광용 거제시장은 '부·울·경의 화합을 위한 민간 문화예술 교류의 뜻 깊은 행사에 우리 지역 합창단이 당당하게 함께하여 자랑스럽다.'며 격려했다."

이번 행사의 산파역을 맡았던 송철호 울산시장이 인사말을 이렇게 했다.

"오늘 연주회는 경남, 부산, 울산을 하나의 메가시티로 묶는 부·울·경 특별연합 출범을 눈앞에 두고 있는 시점이라 그 의미가 매우 깊습니다."

이날 울산시에서는 김석명 문화체육국장과 김연옥 문화예술과장도 자리를 같이해서 부·울·경이 하나 되는 감격스러운 장면을 가슴에도 새겼다.

사라진 통도사 수중 전시물 | 2021.07.04.

며칠 전 지인이 보내온 사진을 보고 놀라움을 금치 못했다. 영축총림 통도사의 장경각 앞 인공 연못이 사라지고 없는 사진이었기 때문이다. 연못이 있었던 자리는 어느 결엔가 메워지고 아무 일 없었다는 듯 잔상만 아른거릴 뿐이었다. 장경각 앞 인공 연못이라면 울산의 국보 두 점, 반구대암각화와 천전리암각화가 화사한 옻칠로 치장한 채 수중 전시로 멋을 부리며 뭇 대중들의 찬사를 한 몸에 받던 자리가 아니었던가.

6장의 사진을 다시 살펴보았다. 지인의 설명을 듣고 나니 더 생생한 이미지로 다가왔다. 연못이 있었던 자리는 다시 자갈마당으로 바뀌어 있었다.

다음 사진들 역시 실물 크기 암각화의 그림판을 받쳤던 것으로 보이는 패널(판넬)이 장경각 마당 북쪽의 한 작은 건물 언저리로 밀려난 장면을 담고 있었다. 지인은 그 패널이 바로 옻칠 그림판이었다고 귀띔했다.

어쩌다 이런 일이 벌어졌을까. 이유가 궁금했다. 지인이 나름의 견해를 말했다. "자세히 보니 작품의 부분 소재인 합판과 삼베 사이에 칠했던 오공본드(접착제)의 접착성분이 물기를 만나 떨어지면서 문제가 생긴 것 같습니다. 그 사이로 물이 새 들어가서 작품이 뒤틀리고 만 겁니다."

지인의 말을 요약하면 옻칠 작품들이 어느 날 자리를 옮기게 된 것은 '수중 전시' 때문이었고, 옻칠을 여러 겹 했으니 작품에 물이 스며들 리 없다는 막연한 믿음이 일을 그르치고 만 것 같다는 것이었다. 그 말이 사실이라면 전시·보존 처리 과정에 '과학'보다 '비과학'이 지배하고 있었다는 얘기가 된다. 성보박물관 관계자도 그 원인을 알 수 없다고 말한 것으로 전해진다. 엄밀한 검증이 필요할 것 같았다.

이러한 사실은 울산시 관계자도 확인해 주었다. 3~4주 전쯤에 그런 얘기를 들었다고 했다. 그동안 두 옻칠 작품과 같은 품격의 작품 제작을 통도사 측에 의뢰해서 울산에서 영구히 전시하는 구상을 굳혀오던 울산시로서는 때 아닌 복병을 만난 셈이 됐다. 혹자는 '수중 전시'가 아닌 '육상 전시'로 하자던 처음 계획을 그대로 밀어붙이자는 주장을 폈다.

어쨌든 안타까운 일임이 틀림없다. 통도사 방장 성파 스님이 3년에 걸쳐 불탑을 쌓듯 공들여 빚은 세계적 작품이 일순간에 그토록 허무하게 사라지다니…. 어찌 보면 그 수하에 유능한 인재가 없어서 생긴 변고인지도 모른다. 웃어른이 한숨을 짓도록 만들었다면 그 아래 누군가는 마땅히 책임을 져야 한다는 목소리도 나왔다.

지난 4월 21일 화려한 안치 행사까지 치렀던 암각화 옻칠 작품들이다. 너무도 빼어나서일까, 잡다한 구설수도 끊이지 않았다. 연못에 물을 대고 빼내는 일이 수월치 않아서 물빛이 탁해지기 예사였고, 일부 불자나 아이들이 동전을 집어 던져 작품이 변질할지 모른다는 우려를 낳은 일도 가슴 쓰린 경험이었다.

이제 통도사 장경각 앞에서는 더 볼 기회가 없을지도 모르는 암각화 옻칠 작품 두 점. 하지만 이번 일로 세기적 예술혼의 작가 성파 스님이 낙담하고 붓을 꺾는 일만은 제발 없었으면 하는 바람, 간절하다.

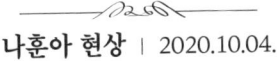

나훈아 현상 | 2020.10.04.

"과연 세긴 세던데."
"콧값 하나 지대로 하더라."
"꼬라지 꼴값하는 거지."

추석 연휴 첫날과 넷째 날, 두 차례에 걸쳐 KBS2 '2020 한가위 대기획'에 나와 비대면 콘서트의 진수를 선보인 가수 나훈아. 앞의 글은 그에 대한 지인들의 코믹 촌평 일부였다. 연예기자들은 주저 없이 그를 '가왕(歌王)'에서 '가황(歌皇)'으로 고쳐 불렀고, 어느 기자는 기사의 첫머리를 "가황 나훈아의 저력이 추석 안방극장을 점령했다."는 글로 장식했다.

KBS로서는 실로 오랜만의 '대박'이었을 것이다. 시청률 조사회사가 이를 뒷받침했다. 첫째 공연('대한민국 어게인 나훈아')은 29.0%, 둘째 공연('나훈아 스페셜')은 18.7%를 기록했다는 것이 '닐슨코리아'의 발표였다. 둘째 역시 심야인데도 나훈아의 고향 부산에서는 23.8%로 집계됐고 서울 20.5%, 대구·구미 20.0%가 그 뒤를 이었다.

난리 난 곳은 정치권, 그것도 야당 쪽이었다. 국민의힘 주호영 원내대표가 기름을 부은 다음 날 부산 출신 장제원 의원이 라이터로 불을 지폈다. '나훈아의 작심 발언'이 그 불씨였다. 가황의 말 몇 마디에 정치권 전체가 들썩거린 것이다.

첫날 공연에서 그는 "왕이나 대통령이 국민 때문에 목숨 걸었다는 사람은 한 사람도 못 봤다. 바로 여러분이 이 나라를 지켰다.", "국민이 힘이 있으면 위정자들이 생길 수 없다."는 말을 남겼다. "KBS는 국민을 위한, 국민의 소리를 듣고 같은 소리를 내는, 이것저것 눈치 안 보고 정말 국민을 위한 방송이 됐으면 좋겠다.", "KBS는 거듭나야 한다."는 말도 서슴지 않았다.

장제원 의원은 3일 페이스북에서 "나훈아가 잊고 있었던 국민의 자존심을 일깨웠다."며 "'언론이나 권력자는 주인인 국민을 위해 존재해야 한다.'는 것이 공연의 키워드"라고 말했다. 같은 당 주호영 원내대표는 전날 의원총회에서 "가수 나훈아 씨가 우리의 마음을 속 시원하게 대변해 줬다."면서 "국민이 힘이 있으면, 위정자가 생길 수 없다. 제1야당에 부과된 숙제가 분명해졌다."고 말했다(여기서 '위정자'의 한자가 '爲政者'

인지 '僞政者'인지, 아직 알려진 바는 없다).

이번에는 여당 쪽에서 들고일어났다. '아전인수(我田引水)'라고 비판한 것이다. 정청래 민주당 의원은 3일 페이스북에서 "나훈아의 발언에 부끄러워해야 할 사람들이 고개를 쳐들고 이런 말 저런 말로 남 얘기하듯 하는 걸 보니 아직도 제정신이 아닌 모양."이라며 "나훈아의 발언을 오독(誤讀)하지도 오도(誤導)하지도 말라."고 맞받았다. 박수현 전 청와대 대변인은 "감사한 말을 '정치'가 아닌 '정쟁'의 도구로 전락시키는 정치인의 아전인수식 해석이 놀랍다."고 꼬집었다.

반면, 나훈아의 쇼맨십과 가창력을 높이 평가하는 목소리도 적지 않았다. 민주당 소속 이재명 경기지사는 페이스북에서 "(코로나로 인해) 외로운 시간에 가황 나훈아 님의 깊고 묵직한 노래가 큰 힘이 되었다."고 했고, 최민희 전 국회의원은 "자유로운 영혼, 프로페셔널 대중 연예인"이라고 치켜세웠다.

울산 지역 반응도 뜨겁기는 마찬가지였다. 보수-진보 두 진영으로 나뉘어 펴는 '아전인수식 해석'도 정치권을 쏙 빼닮은 것 같았다. SNS상의 설왕설래를 눈여겨보던 L 씨가 한마디 거들었다.

"오늘(10.2) 받은 카톡 다수가 나훈아 쇼에 정치적 의미를 부각하던데 … 좋은 노래 배리났다(→버려놨다)."

K 씨는 이런 느낌을 전했다.

"이 나라를 국민들이 지켜왔다는 말은 백 번, 천 번 맞는 말이다. 이걸 야권에서는 아전인수식으로 해석하는데 이 말에 정치적 의미를 부여할 필요는 없고, 있는 그대로 해석하면 된다."

그는 "대중가수들이 유신정권의 가장 큰 피해자였고, 소위 '딴따라'들은 반골 기질이 있다."는 말도 빠뜨리지 않았다.

"민화, 한국화라 불러라" | 2020.05.31.

불기(佛紀) 2564년 5월 29일 오후, 햇볕이 불볕 같은 양산 통도사 성보박물관 앞 광장. 햇빛 가리는 모자와 감빛(紅枾色) 승복 차림의 스님들이 질서정연하게 자리를 채워 갔다. 가지런한 의자 사이의 거리와 희고 검은 마스크가 코로나19에 대비한 영축총림(靈鷲叢林) 통도사의 '생활 속 거리두기' 준비가 어느 정도인지를 짐작하게 했다.

이날 행사의 이름은 <세계문화유산 통도사와 함께하는 치유와 상생을 위한 기획전-통도사 옻칠 민화 특별전>으로 비교적 긴 편이었다. 처음엔 4월 25일부터 5월 10일까지 보름 동안 열릴 예정이었으나 코로나19 사태가 한 달 넘게 길을 내주지 않아 늦출 수밖에 없었던 모양이었다.

삼귀의례(三歸依禮)-반야심경 봉독-주지 스님 인사-내빈 축사가 뙤약볕에 달구어진 박물관 광장을 서서히 식히고 있었다. 한참 만에 이날의 주인공이자 서운암 주인장인 통도사 방장(方丈) 성파 스님이 연단에 모습을 드러냈다. 그리고 말문을 열었다.

"세계 미술을 다 봐도 민화(民畵)는 한국 토종입니다. 한국에서 생겨났고, 완전히 한국적인 것이고, 세계 어느 미술 장르에도 없는 독특한 화풍(畵風)을 간직하고 있습니다. 그래서 우리는 이 민화를 '한국화'라 해야 한다, 그런 주장을 하고 싶습니다."

늘 온화한 표정의 스님인데도 이날따라 '한국화'를 강조하는 대목에서는 듣는 이들이 장작가마의 열기를 느껴야 했다. "일본 사람이 '조선의 민화'라 했다고 해서 이름을 그대로 불러야 한다는 법이 있습니까? 통도사 성파 스님이 이 민화를 한국화라 해야 한다고 해서 그 이름을 안 불러도 된다는 법이 있습니까? 우리 '독도'를 일본 사람이 '다케시마'라 한다고 해서 우리가 독도라고 안 부르고 일본사람이 부른 그대로 다케시마라고 불러야 하겠습니까? 이것은 우리가 예사로 넘길 문제가 아니고 깊이 한번 생각해 볼 문제입니다."

대한불교조계종 종단에서도 손꼽히는 '예술가 스님'의 그 어디에 이런 우국충정(憂國衷情)이 다 숨어있었나 싶을 정도로 팔순(八旬) 노스님의 말씀은 의로운 기운으로 넘쳐났다.

"우리 민화의 화풍은 세계 어느 나라에도 없는 독특한 장르라는 것을 깊이 깨달아야 합니다. 이번 전시회의 뜻은 한마디로 '민화'를 '한국화'라 불러야 한다는 데 초점이 맞춰져 있습니다. 그리고 이번 작품에 대해 전국 미협의 이사님께서 예술적, 회화적 가치가 있다, 이렇게 말씀하시지만 저는 그렇게까지는 생각하지 않습니다. 단지 이 화풍을 많이 발전시켜 우리 민족이라면 누구나 '이것이 한국화다.' 하고, 전 세계 어느 나라 사람이 봐도 '이거 한국화네.' 하고 알아주기를 원하고, 그런 뜻에서 이번 전시회를 연 것입니다. 그림은 별것 아니고 하찮은 것이지만 뜻은 큰 뜻이 있다, 그렇게 이해해주시면 감사하겠습니다."

성파 스님의 옻칠 민화 소재는 얼핏 보기에 조선조 민화의 그것과 별반 다르지 않아 보인다. 그러나 근본적으로 큰 차이가 있다. '옻판에 옻칠'을 해서 그려낸 성파 스님 특유의 그림이기 때문이다.

성보박물관 전시실을 장식하고 있는 '미륵존', '연화도', '책가도', '금강산도', '맹호수기도'를 비롯한 전시 작품 100여 점 모두가 독특한 옻칠 기법의 작품들이다.

"18세기 이후에 등장한 민화에는 부처님의 가르침과 중생의 염원이 깃들어 있다."

스님의 말씀이다. 그래서일까, 옻칠 민화를 자세히 들여다보면 '부처님 손' 모양의 남방 과일 '불수과(佛手果)'를 숨은그림찾기를 하듯 찾아낼 수 있다.

어느 콘서트 | 2019.12.01.

지인의 번개 초대를 차마 거절할 수 없어 끌리다시피 들여다본 어느 시(詩) 낭송 콘서트 마당. 밀양 산다는 여성 손님 한 분이 마이크를 잡았다.

"이렇게 아름답고 품위 있는 콘서트는 처음 봅니다."

공치사가 분명했다. 하지만 객석 손님은 모두 열화와 같은 박수로 공감을 표시했다.

11월의 마지막 날 이른 저녁 시간, 태화로터리 옆 C 호텔 뷔페 레스토랑 3층. '함께여서 고맙습니다'란 콘서트에서는 나이, 성별을 안 가린 낭송가 24명이 무대를 번갈아 오르내렸다. 70대 초반 여류에서 7살 초등학교 남자 어린이까지.

'2019년 경담문화 송년 디너콘서트'는 그렇게 속살을 선보였다. 진행은 경담(慶談) 박순희 '시낭송 아카데미' 원장('한국스피치연구회' 초대회장)과 김지나 총괄국장이 나누어 맡았다.

출연자들이 저마다 '은장도'처럼 품고 있는 무언가가 있었다. 다름 아닌 '프로의식'이었다. 의상이나 소도구, 표정 연기, 배경음악, 무대 영상 어느 하나 흐트러짐이 없도록 뒷받침한 비장의 무기이기도 했다.

시인 정일근은 맞춤 시 <어느 낭송가의 노래를 위한 에스키스>를 바쳤다. 한 여류 낭송가는 가수 안치환의 노래로 더 유명해진 정호승 시인의 다음 시를 무대에 올렸다.

"인생은 나에게/ 술 한잔 사주지 않았다// 겨울밤 막다른 골목 끝/ 포장마차에서/ 빈 호주머니를 탈탈 털어/ 나는 몇 번이나/ 인생에게 술을 사주었으나// 인생은 나를 위하여 단 한번도/ 술 한잔 사주지 않았다// 눈이 내리는 날에도/ 돌연 꽃 소리 없이 피었다 지는 날에도/ 인생은 나에게/ 술 한 잔 사주지 않았다//"

한발 앞선 장면전환의 재능 때문이었을까? 1시간 20분에 걸친 릴레이 낭송은 지루함과는 한참 거리가 멀었다. 짜임새 있는 프로그램 순서가 특히 그랬다. '경담 영상-숙성-병아리-초대 시낭송-시노래-아름다운 관계-익어가는 중-객석 낭독-무르익다.' 행사가 끝난 뒤 콘서트 총괄지휘자 박순희 원장에게 말씀을 청했다. 반응이 돌아왔다.

"보셨겠지만, 저희들은 언제나 '최고'를 지향한답니다."

'프로정신'이 '최고 지향 정신'의 동의어란 얘기로 들렸다.

'아름다운 관계'는 모자(母子) 2쌍의 릴레이 낭송을 의미했다. 아들 서상욱 학생보다 한발 앞서 무대에 오른 조민영 낭송가는 <사랑의 변주곡>이란 시로 1960년대를 치열하게 살았던 시인 김수영(1926~1968)을 2019년 11월로 불러냈다.

"…눈을 떴다 감는 기술? 불란서 혁명의 기술/ 최근 우리들이 4·19에서 배운 기술/ 그러나 이제 우리들은 소리 내어 외치지 않는다/…"

'숙성, 병아리, 익어가는 중, 무르익다'의 말뜻도 금방 알아차릴 수 있었다. 후진들의 숙련 정도를 가늠하는 표현이라고 했다.

"'숙성'은 사오 년, '병아리'는 한두 달 배운 제자들을 말하는데 병아리들, 참 신선해 보이잖아요?"

현재 수강생은 30명, 회원은 50명 남짓. 하지만 거쳐 간 제자 수를 일일이 다 기억할 순 없다. 아카데미 역사가 자그마치 15년이나 됐으니 안 그렇겠는가.

이날 객석에는 송병기 경제부시장도 모습을 드러냈다. 콘서트가 끝날 무렵 부시장이 잠시 부름을 받았다. 사회자의 말마따나 '계획에도 없던 일'이었다. 부시장은 인사말을 나태주 시인의 <들꽃>(꽃을 보듯 너를 본다)으로 대신했다.

"자세히 보아야/ 예쁘다/ 오래 보아야 사랑스럽다/ 너도 그렇다/"

이날 '콘서트의 격을 더해준 것'에는 울산의 시노래 가수 남미경의 가슴 울리는 열연도 빼놓을 수 없었다. 기타 음률에 기댄 그녀의 시노래 두 편은 긴 여운으로 남았다. 행사가 끝날 무렵 누군가가 이런 뒷말을 남겼다.

"누가 감히 울산을 '서정 부재(抒情不在), 문화 불모(文化不毛)의 도시'라고 낮추어 말할 것인가?"

콘서트가 떨구어준 소중한 '자긍심의 이삭' 한 점, 그 이상의 보람으로 다가왔다.

'솔베이지 송' | 2019.09.29.

어릴 적 여고생이던 작은누나가 애잔한 음색으로 들려주던 노래 <솔베이지 송(Solveig's Song)>을 수십 년 만에 다시 들을 수 있었던 것은 대단한 행운이었다. 그것도 '천사의 목소리'라는 애칭이 잘 어울리는 시셀 슈샤바(Sissel Kyrkjebø, 50)의 육성으로 두 차례나 들었으니…. 한번은 KBS의 <아침마

당(9.24)>에서, 또 한번은 같은 방송의 <걸어서 세계 속으로(9.28)>에서였다. 그녀는 한국 팬들을 위해 노르웨이 자택과 KBS 스튜디오에서 이 노래를 혼신의 마음가짐으로 부르기를 주저하지 않았다.

<솔베이그의 노래(Solveigs Lied)>라고도 하는 이 노래의 가사나 작곡 배경에 대한 풀이가 해설자마다 조금씩 달라서 흥미롭다. 노랫말은 한국거래소 시장감시위원장을 지낸 이철환 씨의 번역을 잠시 차용키로 한다. 1절만 음미해 보자.

"그 겨울이 지나 또 봄은 가고~~/ 그 여름날이 가면 더 세월이 간다~~/ 아! 그러나 그대는 내 님일세~~/ 내 정성을 다하여 늘 고대하노라~~"

이 노래는 노르웨이 작곡가 그리그(Edvard Hagerup Grieg 1843~1907)의 극음악 <페르귄트(Peer Gynt) 모음곡> 중의 하나다. <인형의 집>으로 유명한 노르웨이 극작가 겸 시인 헨리크 요한 입센(Henrik Johan Ibsen, 1828 ~1906)의 부탁으로 그의 희곡 <페르귄트>를 자신의 음악으로 거듭나게 한 것이라고 한다. 노르웨이의 민속 설화를 바탕으로 만든 입센의 희곡 <페르귄트>의 속살은 '노르웨이 판 순애보'라 해서 이상하지 않을 것 같다. 다음은 간추린 줄거리다.

"노르웨이 어느 산간마을, 몰락한 부농의 아들 페르귄트는 방탕한 성격 탓에 사랑을 약속한 아름다운 여인 솔베이그(Solveig)를 놔두고 남의 결혼식장에서 신부를 납치해 산으로 도망친다. … 그는 고향으로 다시 돌아와 그녀와 같이 살면서도 몽상가적 기질을 못 버리고 그녀를 남겨둔 채 다른 나라로 떠난다."

" … 마침내 그는 미국에서 금광을 발견해 엄청난 부자가 되어 돌아오지만 노르웨이를 눈앞에 두고 풍랑을 만나 거지가 되고 만다. 간신히 목숨만 건진 채 늙고 비참한 모습으로 돌아온 고향 산중의 오막살이에는 그가 돌아오기만을 기다리던 백발의 솔베이그가 있었다. 그는 긴 세월, 그만을 기다려온 솔베이그의 품에 안겨 죽음을 맞이하고, 그녀도 머지않아 그의 뒤를 따르고 만다."

이 이야기의 줄거리도 옮기는 사람마다 조금씩 다르다. 다른 '버전'은 어떨까.

"노르웨이 어느 산간마을에 가난한 농부 페르귄트와 아름다운 소녀 솔베이지가 살고 있었다. 둘은 사랑했고 결혼을 약속했다. 페르귄트는 돈을 벌기 위해 외국으로 간다. 갖은 고생 끝에 돈을 모아 10여 년 만에 고국으로 돌아오다가 국경에서 산적을 만난다. 돈은 다 빼앗기고 간신히 살아난 그는 솔베이지를 차마 볼 수가 없어서 다시 이국으로 떠난다. … 페르귄트는 늙고 지치고 병든 몸으로 겨우 고향으로 돌아와 어머니가 살던 오두막 문을 여니 백발의 솔베이지가 늙고 지친 노인 페르귄트를 반겨 맞는다. 허약해진 페르귄트는 그날 밤 솔베이지의 무릎을 베개 삼아 조용히 눈을 감는다. 꿈에도 그리던 연인 페르귄트를 품에 안고 <솔베이지의 노래>를 부르는 솔베이지! 그녀도 페르귄트를 뒤따라간다."

또 다른 버전의 해설에는 '풍랑'도 '산적'도 아닌 '해적'이 나타난다. 그 까닭이 무엇인지는 아직 잘 알지 못한다. 그래도 솔베이그-페르귄트의 애틋한 사랑 이야기, 그리고 메말랐던 가슴에 회상의 모닥불을 지펴준 <솔베이지의 노래>의 그 뜨거운 여운은 쉬 가시지 않을 것 같다. '노르웨이의 종달새' 시셀 슈샤바의 또 다른 감미로운 노래 <타이타닉 OST>처럼….

아픈 고백, 그 이후 | 2018.02.11.

지방 문단의 한 여성 문인은 '아픈 고백'이 맞다고 했다. 서지현 검사에 이은 최영미 시인의 뼈를 깎는 폭로로 판이 커지기 시작한 '미투(Mee Too)' 운동을 두고 한 말이다.

이런 움직임이 요즘 중앙 문단을 쑥대밭으로 만드는 모양이다. <서른, 잔치는 끝났다>(1994년)로 필명을 날린 그녀의 시(詩) <괴물>에 등장하는 En 선생에 관한 얘기만 해도 '누군지 알 수 있는 원로 시인으로 드러났기 때문이다.'로 시작되는 <괴물>의 파괴력은 가히 '쓰나미급'이었다. 최 시인은 추행 사건 당시 심정을 '똥물 마신 기분'이라고 표현했다. 당사자로 찍힌 원로 시인도 최근에 말문을 열었다.

"30년 전 일이라 정확한 기억은 없지만, 당시 후배 격려 취지의 행동이 오늘날 성희롱으로 규정된다면 잘못된 행동이라 생각하고 뉘우친다."

'뉘우친다'는 그의 말이 또다시 구설에 오른 이유는 그의 '성적 기행'의 뿌리가 워낙 깊어 보이기 때문이다. 기행은 경향신문 J 기자의 2월 10일 자 기사에서도 찾아볼 수 있다. 제목은 "'술과 문학은 한 몸?' 최영미 시인이 말한 '문단 풍경'이 이런 걸까?"였다.

그는 기사 속에, 어느 작가단체 총무를 지낸 L 시인이 S 월간지 2011년 5월호에 쓴 글을 인용했다. 문인들 사이에 '고주부 소주 사건'으로 알려진 'En선생'의 기행에 대한 묘사 일부는 이랬다.

"…(시인은) 강연 전 가까운 술집에서 술을 마시고 강연장에 들어갔다. … 전작이 있었던 시인은 강연 중에도 소주를 마셨는데, 강연을 시작한 지 1시간이 채 안 됐을 때 사건이 터졌다. … 말끝을 흐리는 등 횡설수설했다. 그 때문에 강연 시간 1시간을 다 채우지 못하고 독자가 앉아 있는 곳으로 내려왔다. 문제는 다음부터였다. 그가 강연할 때 마시던 소주를 들고 내려와 맨 앞줄에 앉아서 박수를 치고 있던 주부 4~5명에게 다가가 입을 억지로 벌려 소주를 들이붓는 돌발적인 행동을 한 것이다."

J 기자는 기사 말미에 '파리에 거주하는 작가 M 씨가 지난 7일 자신의 페이스북에 올렸다.'는 글도 인용했다.

"70년대도 아니고, 2011년에, 소위 문단 술판의 걸쭉한 광경이 훈훈한 뒷얘기인 양 포장돼 월간지에 연재되었다. 최영미 시인이 증언한, 자신에게 성추행을 시도한 놈들이 한둘이 아니란 얘기가 다른 각도에서 서술되고 있다."

J 기자는 "두 글 모두 L 시인이 목격한 문인들의 술자리 풍경과 술에 얽힌 일화를 남성 중심적 시각에서 적은 것."이라고 토를 달았다. L 시인이 S 월간지 2011년 6월호에 쓴 글의 제목은 '문인들의 술 풍경(하) - 술과 문학은 한 몸이여'였다.

울산 문단은 의외로 조용하다. '오늘날 성희롱으로 규정되는 행동'이라곤 씨알도 찾아볼 수 없는 '성희롱 청정지대'여서일까? 말 나오기가 무섭게 "천만의 말씀"이라며 고개 흔드는 사람도 있다. 울산은 아니지만, 최근 이런 말이 한 블로그에 올려졌다.

"최영미 시인의 진술에 따르면, 선배 문인의 성적 요구를 잘 들어주는 후배 여류 시인은 문단에서 성공할 수 있고, 거절하는 여류 시인은 문단에서 퇴출되거나 따돌림 당한다는 내용이어서, 정말 충격을 주고 있다."

없는 얘기를 일부러 끄집어내 창피를 주자는 것은 아니다. 입가짐, 몸가짐을 스스로 조심하자는 뜻이다.

'술과 문학은 한 몸이여'엔 이런 글도 올라와 있다.

"문학이 있는 곳에 항상 술은 따라붙는다. 이때 술은 문인들에게 해학과 익살을 건넨다. 새내기 최영미가 대선배 송기원의 뺨을 때리고, 천승세는 개의 목을 물어뜯는다. 심호택은 뺨 맞고 김준태와 말을 텄고, 만취한 고은은 강연 중 청중에게 술을 먹이는 '고주부 소주 사건'을 만들어낸다."

울산제일일보 김정주 논설실장의

단소리 쓴소리
세상 그리고 사람 이야기

—

1판 1쇄　　2024년 10월 7일 발행

지은이	김정주
편집	김영석, 김동현
기획	도서출판카논
디자인	김동현
펴낸곳	도서출판카논
ISBN	979-11-93353-11-0　　03070
가격	18,000원

**이 책의 저작권과 출판권은 저자 및 출판사에 있습니다.
저자의 허락없이 내용의 일부를 인용하거나 발췌하는 것을 금합니다.**

비즈니스 및 작가 문의. canonpublisher@gmail.com